Aún Sigo Aquí

DE LA GUERRA FRÍA A COVID, HISTORIAS DE MI CAMINO ESPIRITUAL

Por Nancy Hulshult

Todos los beneficios de este libro van a MADE TO LOVE, Hamilton, Ohio para la educación de los niños en Haití

I'm Still Here

©2021 Nancy Hulshult. All rights reserved.

No part of this book may be reproduced or transmitted in any form, or by any means, electronic or mechanical, included photocopying, recording or by any information storage or retrieval system, without express written permission from Nancy Hulshult.

Scripture quotations taken from The Holy Bible, New International Version® NIV®
Copyright © 1973 1978 1984 2011 by Biblica, Inc. TM
Used by permission. All rights reserved worldwide.

ISBN: 978-1-7354852-3-2

Published by:

NarratusCreative | NarratusPress
P.O. Box 1413
Hamilton, OH 45012

Design: NarratusCreative | narratuscreative.com

Produced in the United States of America

Dedicación

Este libro está dedicado a los ganadores de almas, misioneros, educadores, apicultores y otras personas especiales que viven por un mundo mejor.

Gracias y Profundo Agradecimiento

Al Espíritu Santo, el consolador y mensajero, recordándome por qué aún sigo aquí. A Dios Padre, que ha creado y provisto todo lo que atesoro en la vida. Al Hijo de Dios, Jesucristo, quien dio Su vida por nuestra salvación y nos recordó: "El Espíritu del Señor está sobre mí para predicar buenas nuevas a los pobres. Me ha enviado a proclamar la libertad de los presos y la vista a los ciegos, a liberar a los oprimidos y a proclamar el año del favor del Señor." (Lucas 4: 17-19)

A mi esposo Darrell Hulshult, mi mejor amigo y modelo piadoso. Estoy agradecida de ser tu compañera de por vida. Te amo. Somos uno.

A nuestros hijos Benjamín, Mark y Michael Hulshult, quienes me aman todo el tiempo y me entienden la mayor parte del tiempo, quienes fueron un gozo de criar en la fe. Los amo y estoy orgullosa de cada uno de ustedes en sus propios caminos espirituales. Estoy agradecida por nuestras aventuras juntos.

A nuestras nueras Ginny, Jessica, Emily y Andrea, mujeres fuertes, inteligentes e influyentes. Gracias por formar los preciosos corazones y almas de sus hijos.

A nuestros nietos, "prácticamente perfectos en todos los sentidos", que nos hacen sonreír, nos dan alegría, nos enorgullecen y nos dan motivos para seguir moviéndonos: Evan, Reese, Madelyn, Andrew, Remy, Alex, Conner, Joey, Seth, Nathan, Bennett, Asher, Aaron, June y Noah.

A mi ahijada Erin Tunnat Mann y la sobrina espiritual Emmy Tunnat, mujeres aventureras e independientes que todavía me aman, independientemente de nuestros separados caminos espirituales a través de los años.

Al pastor Félix y Marilene, Jonathan, Hernán y Josué, nuestra familia "del alma" en Argentina, quienes ayudaron a cambiar la trayectoria de mi vida espiritual y mi vida diaria.

En memoria de mis padres, Julian K. y Jo-Ann Meyer, quienes me criaron para amar a Dios, la familia y la educación.

En memoria del pastor Leonard "Bucky" y la "tía Jean" Snyder, quienes alimentaron mi amor por la aventura en el campo misionero.

¡Gracias de todo corazón a mis amigas Debbie Day y Sheryl Burk por editar y mantenerlo real!

¡Gracias de todo corazón a mi amiga Adriana Reyes por traducir!

Aclaración: Todos los relatos son verdaderos, de acuerdo con mi memoria. Algunos de los relatos incluyen información y detalles de informes de la iglesia, mis diarios de oración y recuerdos de otras personas. Cualquier información errónea o informe incorrecto no es intencional y no afecta el propósito de este relato de las provisiones y bendiciones de Dios.

Aún Sigo Aquí

DE LA GUERRA FRÍA A COVID, HISTORIAS DE MI CAMINO ESPIRITUAL

Prólogo i
Introducción: "Aún Sigo Aquí." iii

Parte I - Aún Sigo Aquí: El campo misionero 1

1. Dios de la Mañana 3
2. Norma: Una amiga en la parte del autobús 11
3. La risa nos une 15
4. Mantenga su escoba junto a la puerta 23
5. ¡Abróchese el cinturón! 29
6. Ella vino predicando y yo vine como una payasa 33
7. Pon tus manos sobre mí, ¡oh, Señor! 39
8. Pirañas, anacondas y hormigas de Ecuador, ¡Oh, Dios mío! 43
9. El más grande, el último y el olvidado 57
10. Chiquilla 65
11. Deberías haberte ido antes de que nos fuéramos 71
12. ¡Prepárate! 75
13. ¿Escuchas lo que escucho? Escuchando a Dios en el Bronx 81
14. La Fe contra el Miedo 85
15. No es mi historia para contar: El milagro de Marilene 97
16. Viñetas de mi diario de Guatemala 107
17. ¡¡¡¡¡¡Amina!!!!!!! 113
18. Amar el idioma 117
19. Héroes de la ciudad natal de Haití: El Milagro de Christin 123

Parte II - Aún Sigo Aquí: En Casa 129

20. Siempre pensé que sería monja 131
21. Héroes de la infancia: las chispas de la enseñanza y la tutoría   137
22. No acepte caramelos de extraños 143
23. Único sobreviviente 149

24. Mi hermana corrió 153
25. "¿Quieres un vaso de agua?" 161
26. El trato que hice con Dios 167
27. Pastores adolescentes ninja mutantes 171
28. Darle a Dios (y a la gente) otra oportunidad 177
29. "El Gadd 15" 183
30. Cuando las pasiones chocan 189
31. ¡Vaya, lo hice de nuevo! 197
32. Mujer con Suerte 205
33. El mejor cumpleaños de todos 195
34. Siempre en mi mente 199
35. Su memoria amorosa 205
36. Todo el mundo necesita a Jesús 215
37. Las aldabas de latón 219
38. Semana Santa en Cuarentena 2020 239
39. 2020: el año de la pandemia 243
40. Héroes de hospitales y hospicios 247
41. Profundizar antes de excavar 251
42. Cómo se ve y cómo suena la oración 255
43. Un mapa físico de la cabeza a los pies: Inventario de la gracia de Dios   261
44. Encontrar un nuevo propósito y un nuevo amigo 267
45. ¿Quieres jugar? 275

Parte III - Aún Sigo Aquí: En el trabajo 279
46. La pequeña perla de la esquina 281
47. Para sus hijos en el autobús de la iglesia, sigue siendo una estrella de rock 289
48. La asignación 293
49. Primero en terminar en una familia de nueve 297
50. "¡Te sacarás el ojo!" 301
51. Un coche puede ser un hogar 307
52. La casa de los sueños 311
53. Llenar los zapatos de otra persona 319
54. Algunos zapatos nunca se pueden llenar 323

55. Escalando el monte Vesubio 333
56. Belleza por cenizas 337
57. El hogar es donde está el corazón 345
58. Visitantes inesperados 351
59. El árbol del dólar: la gran inauguración 357
60. No te preocupes. Son solo ratones y serpientes. 361

Apéndice 367

Cronología de mi trabajo misionero y experiencias de viajes internacionales 369
Conciencia cultural a través de observaciones al azar 373
Día tras día en la vida: temas de mi diario 379
Oraciones de Mi Diario 383
Nota Sobre la Autora 387

Prólogo de Aún Sigo Aquí

La Reverenda Dra. Nancy Hulshult, una educadora consumada en todos los sentidos de la palabra comparte en *Aún Sigo Aquí*, los distintos episodios de sus experiencias en la iglesia y el campo de la educación que marcan su camino con Dios que le cambió la vida. Cuando uno lee este texto, uno se siente inmediatamente cautivado por la comunión dinámica pero íntima que disfruta Nancy con el Señor. Ella eleva las experiencias de la vida cotidiana de las personas que ha conocido en sus años de misiones y educación al centro del escenario de lo que significa comprometerse honestamente con las realidades e incluso las complejidades de una vida dedicada al servicio del Señor. Nancy comparte con gusto las narrativas de este texto autobiográfico con quienes le han ayudado a formar y reformar su vida de compromiso genuino con la obra de Dios.

Aún Sigo Aquí, especialmente en estos tiempos más que desafiantes, requiere que el lector vea cómo los temas y preocupaciones que nos bombardean, incluso antes de COVID, se convierten en pasto de testimonios de esperanza, testigos de la intervención de la mano milagrosa de Dios en estas situaciones de la vida y motivación para seguir adelante en la fe. El texto hace que tratemos simultáneamente con contradicciones y confirmaciones en la Palabra de Dios. Alinea el miedo y la fe. Alinea la duda y la dependencia. Proyecta esperanza desde la desesperación.

No será difícil para todos los lectores encontrarse a sí mismos en las páginas de este libro. Los testimonios presentados aquí podrían muy bien ser su propio testimonio. Las preguntas e indagaciones articuladas a lo largo de este texto podrían representar muy fácilmente sus propios problemas e incertidumbres cuando se trata de vivir la vida del creyente.

El testimonio de las personas que han sido impactadas por la vida de Nancy Hulshult proporciona evidencia concreta de la afirmación del Señor, *"Aún Sigo Aquí"*. Si alguna vez hubo un tiempo en que los creyentes e incluso los incrédulos anhelaban esa afirmación del Señor, es ahora. La vida de las personas está casi incesantemente en el valle de la sombra de la muerte y el libro de Nancy Hulshult nos empuja a cada uno de nosotros a anunciar personalmente:

No temeré mal alguno, porque tú estás conmigo. Tu vara y tu cayado me infundirán aliento. Preparas una mesa delante de mí en presencia de mis enemigos. Unges mi cabeza con aceite. Mi copa está rebosando. Ciertamente el bien y la misericordia me seguirán todos los días de mi vida. Y habitaré en la casa del Señor para siempre (Salmo 23:4-6).

"Aún Sigo Aquí."

La única forma en que uno puede estar de acuerdo con y articular el testimonio de David, aunque sea en voz baja, es si tienen un mínimo de fe, una fe de semilla de mostaza que descansa en la realidad de que el Señor aún sigue aquí.

Nancy ha demostrado un gran valor para permitirle al lector conocer los detalles de su jornada de fe. Habiendo conocido a Nancy desde sus días de estudios de posgrado, sé que lo que comparte es genuino y no se basa en las preferencias o inclinaciones de ningún público. Lo que Nancy presenta aquí es auténtico. Es real. Es Nancy Hulshult en su mejor momento. Su transparencia, franqueza y viñetas personales específicas revelan no sólo las altas y bajas de un caminar dinámico con el Señor, sino que también sirve como un ejemplo de las realidades que uno debe aceptar cuando se apoya en la palabra y las promesas de Dios. Incluso en tiempos de incertidumbre, especulación y algo de miedo, Aún Sigo Aquí permite a los lectores ser honestos con ellos mismos y con el Señor tanto en los momentos de cuestionamiento y duda como en los momentos finales de victoria y superación a través de las incomparables intervenciones del Señor.

Nancy, en este libro, ha combinado la vida en su mejor momento, así como en sus, a veces, prolongados momentos de desconcierto. Es una combinación de muchos de los casos en la vida en los que debemos emprender la lucha prolongada para continuar creyendo en el poder, el amor, la gracia y el favor indescriptible del Señor. Qué texto tan oportuno Aún Sigo Aquí.

¿Quién sabe si el trabajo de la Reverenda Dra. Nancy Hulshult fue requerido en un momento como este?

Dr. Michael E. Dantley
Obispo y Pastor Principal
Christ Emmanuel Christian Fellowship
Cincinnati, Ohio

"Aún Sigo Aquí."

Bienvenidos a mi viaje espiritual. Quiero compartir historias de mi vida desde los años 60 hasta el 2020, el año en que COVID19 llevó a nuestro mundo a una pandemia fuera de control. Cuando era una niña en los años 60, me dijeron que me protegiera de un ataque atómico escondiéndome debajo de mi escritorio de la escuela o en un refugio antibombas. Cuando era una adolescente de los años 70, me dijeron que mi hermano tenía que luchar en Vietnam para proteger nuestra libertad y que cuatro estudiantes universitarios fueron asesinados en la universidad de Kent State por protestar contra la guerra. En los años 80 un actor se convirtió en presidente. En los años 90 el muro de Berlín cayó. El 11 de septiembre de 2001, nuestro país fue atacado por terroristas. En 2009, Barack Obama se convirtió en el primer presidente afroamericano de los Estados Unidos. En 2017, un multimillonario y estrella de la televisión de realidad, Donald Trump, se convirtió en presidente. Como adulta que aún vive en el 2020, me dicen que me proteja de un virus asesino con una mascarilla y desinfectante para manos. Esto lo sé con certeza: (1) el mundo es y siempre ha sido caótico, y (2) Dios es y siempre ha sido bueno.

"Aún sigo aquí" significa una variedad de cosas, dependiendo el día y los últimos desafíos o éxitos en la vida.

Decir que *"Aún sigo aquí"* significa que hemos sobrevivido el ayer: el cáncer, la quimioterapia, los resultados de un examen médico, un ataque en el hospital con COVID, desempleo, abuso, negligencia, la bolsa de valores, depresión de meses de cuarentena, el cheque que no llegó, la llamada telefónica de la escuela... o el jefe... o la sala de emergencias.... Pase lo que pase, si sobrevivimos, entonces tenemos una historia que contar.

"Aún sigo aquí" también podría significar que todavía estamos en el presente de hoy y avanzamos con esperanza: sigo empleada, sigo en una relación sana, sigo tras los objetivos de hoy, sigo pagando mis gastos, sigo manteniendo la esperanza, sigo confiando en Dios, sigo aguantando, sigo siendo capaz de decir que, ¡seguimos vivos y vivimos para enfrentar otro gran día con una actitud positiva! Si es así, entonces tenemos una historia que contar.

A través de Su Palabra, el Señor nos dice: *"Aún sigo aquí."* Dios sigue aquí: esperando, amando, perdonando, proporcionando, curando, salvando, inspirando, revelando, fortaleciendo, guiando, y así sucesivamente. Es otra forma de decir lo que la Palabra de Dios ya nos ha dicho: "Estad quietos y conoced que yo soy Dios. Dios puede hacer lo imposible cuando todo nos parece improbable.

Cuando la vida parece oscura y los problemas parecen ser insuperables, miro hacia al Señor en busca de ayuda y escucho a Dios afirmando: *"Aún sigo aquí."* Ahora me doy cuenta de que estoy usando la misma expresión de esperanza que le digo a los demás cuando hablo de problemas que nos han causado dolor y preocupación en el trabajo o en casa. "¡Aún seguimos aquí!" Sea cual sea el propósito que Dios nos tenga aquí en la tierra, aún seguimos aquí, viviendo para el Señor y sirviendo al Dios y Salvador de nuestras almas. *Aún sigo aquí*. Sigo sobreviviendo, superando y viviendo con un propósito.

Tantas veces en mi vida, Dios me ha sacado del peligro, de las dificultades y de los roces cercanos con la muerte o la derrota. Quiero honrar a Dios compartiendo estas historias con los demás.

Dios también ha tejido un tapiz increíble de personas en mi vida. Hemos cruzado caminos en nuestros propios viajes espirituales en un momento u otro, así que también he incluido sus historias. Cada uno ha tenido un impacto en cómo pienso acerca de Dios y cómo el Señor trabaja de maneras simples y complejas. Dios puede librarnos de nuestras malas decisiones, nuestra ignorancia y nuestras debilidades humanas. Cuando confiamos en él por completo, la vida se vuelve mucho más aventurera. Lo que nos espera es mucho mejor que los desafíos a los que nos hemos enfrentado.

Atribuyo el título de este libro a un viejo amigo de 30 años. Cuando lo llamo y lo saludo con lo usual, "Hola. ¿Cómo estás?" nunca responde "Estoy bien" o "Estoy bien, gracias, ¿y tú cómo estás?" Casi siempre responde: "*¡Aún sigo aquí!*" con una risa, un suspiro o un silencio prolongado. Ya sea que el día fuera bueno o malo para él, las palabras seguían siendo las mismas.

A él, y al lector, le digo: "Bendito seas, porque Dios también sigue aquí.

¡Quédense quietos, confíen y sepan que Dios los ama! Al reflexionar sobre historias de fe y milagros, podemos ver evidencia de cómo Dios obra en las vidas de aquellos que confían en él y le piden ayuda. Disfruten.

Aún Sigo Aquí:
El Campo Misionero

–1–
Dios de la Mañana

Señor, guíame en tu justicia a causa de mis enemigos; endereza delante de mí tu camino. —Salmo 5:8

¿No es la mitad de la noche un momento extraño? Apago mi conciencia y me someto a un laberinto de experiencias fuera de mi control. Puedo cerrar los ojos y relajar mis extremidades, pero mi mente sigue funcionando y nunca se apaga. Una noche podría tener sueños agradables sobre lugares de vacaciones o lugares favoritos de la infancia. La noche siguiente podría tener conversaciones con familiares fallecidos o pesadillas peores que el viaje más aterrador a través de una casa de espantos de Halloween. Resuelvo problemas que no necesitan solución y me preocupo por la gente sin preocupaciones. Después de años de retirarme de ser juez de gimnasia, juzgo rutinas completas de ejercicios en el piso mientras duermo y me despierto calculando mi puntaje. Retirada de la educación durante meses, repaso el horario escolar del día siguiente y la lista de tareas pendientes mientras duermo. En las noches más difíciles, me rindo a la locura y me levanto de la cama para redirigir mis pensamientos con la oración, un programa de televisión que adormece la mente, un refrigerio o todo lo anterior.

En una noche en particular en 1987, tuve una experiencia a media noche que nunca olvidaré. Hasta el día de hoy puedo reproducir cada detalle, y he aquí por qué. Mi corazón estaba comprometido a realizar mi primer viaje misionero internacional a Argentina. Nunca había viajado fuera de los Estados Unidos y estaba preparada para dar el siguiente paso en mi camino de fe. La Iglesia de Dios de Ohio se había asociado con la Iglesia de Dios de Argentina para construir iglesias en varias ciudades durante los próximos cinco años. Parte del propósito de la asociación era construir relaciones entre personas de Ohio con pastores sudamericanos y sus congregaciones locales a través de programas de construcción y para niños, conocidos en los círculos de la iglesia como "campos de trabajo."

Enseñando en la escuela de nuestra iglesia, la esposa del pastor me preguntó si quería ayudar con la escuela de Biblia en Argentina, así que acepté. La amaba a ella, al pastor y a la escuela, y estaba abierta a esta nueva aventura. Sin saber exactamente en qué me estaba metiendo, mi cerebro daba vueltas, tratando de recordar mis dos años de español en la escuela preparatoria, planeando juegos, canciones, historias de la Biblia y manualidades para un par de cientos de niños. Fui a clases de español para principiantes en la iglesia y escuché canciones infantiles en español una y otra vez para trabajar en la pronunciación y melodías, incluso canciones con letras que me resultaban difíciles de entender por completo.

Mis nervios estaban al límite cada vez que pensaba en dejar a mi esposo y tres niños pequeños y salir del país por dos semanas. ¿Qué pasa si les pasa algo y tengo que volver a casa de inmediato? ¿Y si me pasara algo y se quedaran sin madre? ¿Qué pasa si no puedo comunicarme por teléfono (antes de que existieran los teléfonos celulares)? Dios me estaba llamando suavemente para que confiara en él, pero el diablo me gritaba al oído: "¡Peligro! ¡Peligro!"

Para combatir esta "guerra espiritual," subí el volumen de la música en español y me calmé con las hermosas melodías y acentos de las cintas de casete (sí, casetes, en el pasado). Una de mis canciones favoritas en español que repito tenía las palabras del Salmo 5 de las Escrituras:

> *Escucha Señor mi oración*
> *Considera mi pensamiento*
> *Atiende a la voz de mi clamor*
> *Mi rey y mi Dios*
> *Porque a ti oraré*
> *Oirás mi voz de mañana*
> *Oh Dios de mañana me presentaré*
> *Ante ti esperaré*
> *Oh Dios de mañana me presentaré*
> *Ante ti, esperaré*

Mientras me preocupaba y me preparaba, el pastor y su esposa nos aseguraron a mi familia y a mí que estaríamos en buenas manos y en una parte segura de la provincia de Misiones. No hubo disturbios políticos en ese momento; no hubo advertencias de viaje; y un grupo de pastores estaría en el lugar de trabajo ayudándonos. Toda la iglesia estaba orando por nosotros, y los "guerreros de oración" individuales se enfocaron en los individuos de nuestro grupo. Necesitaba dejar de preocuparme, pero ¿cómo iba a hacer eso? ¡Después de todo, soy madre! Tenía que confiar en Dios, tenía que confiar en mi pastor y en mis compañeros de viaje, y tenía que confiar en que estaba haciendo lo correcto.

Varias semanas antes de que el grupo se fuera, nuestros pasaportes estaban listos, nuestras listas de empaque fueron confirmadas y nuestras fotos estaban al día. Mi esposo fue llamado fuera de la ciudad para un viaje de negocios. Mis tres niños pequeños dormían en sus habitaciones en el lado opuesto de nuestra casa con las escaleras entre nuestra habitación principal y la de ellos. Empecé a pensar en lo que haría si alguien entrara en nuestra casa y comenzara a subir las escaleras. ¿Tomaría el teléfono junto a mi cama y llamaría a la policía?

¿Corría hacia las escaleras para intentar detenerlos, o corría a las habitaciones de mis hijos y me interponía entre ellos y los atacantes? No había ninguna razón lógica para pensar que esto sucedería. Nuestro vecindario era bastante seguro, teníamos las puertas y las cortinas cerradas con un sistema de alarma. La ansiedad, la preocupación y el pánico no operan desde la lógica. El miedo se apoderó de mí mientras dormía.

En medio de la noche, alrededor de las dos o tres de la mañana, soñé que Satanás, de una forma muy clara y visible, estaba parado en mi porche de enfrente de la casa y encendía un fuego ardiente alrededor de mi porche delantero y los escalones de mi casa. Estaba parado fuera del círculo de fuego y mirando hacia la ventana de mi habitación, riéndose histéricamente ante la inminente condena y muerte de mis hijos. La pesadilla era tan real que no pude distinguir el terror nocturno de la realidad. Me senté en un sudor frío y estaba en pleno ataque de pánico. Traté de reducir la velocidad de mi respiración y pensar con claridad, pero no pude detener el pánico. Oré una oración rápida, como, "¡Oh, Jesús, ayúdame!" Eso es todo lo que pude decir. Cogí el teléfono y llamé a la esposa del pastor ... ¡sí, en medio de la noche! Le dije que estaba bajo ataque espiritual y que Satanás me atormentaba y amenazaba a mis hijos. Se burlaba de mí por dejar el país y me desafiaba a ir al campo de trabajo para poder tener acceso directo a mis hijos.

La esposa del pastor trató de calmarme y dijo: "Cariño, estoy segura de que es solo un sueño por comer tanta pizza, algo que comiste antes de irte a la cama. No te preocupes por eso y vuelve a dormir." Por mucho que la amaba, me decepcionó su consejo. No sirvió de nada. ¡Esto era real! ¡Satanás era real! ¿Qué podría hacer al respecto?

Cuando colgué el teléfono, me recosté en mi almohada y comencé a cantar mi himno favorito en español, el que compartí anteriormente. La canté varias veces y comencé a relajarme. Luego agarré la Biblia de mi buró, la abrí al azar en una página y leí lo que pudiera ser una palabra de Dios. Era mi Biblia bilingüe que había estado usando para aprender el idioma leyendo las traducciones verso por verso, primero en inglés y luego en español.

Empecé a leer los versos en voz alta en inglés para que me parecieran más poderosos a mí y a mi torturador. Mientras leía el Salmo, me di cuenta de que había "casualmente" caído "al azar" en el Salmo 5: "Escucha, Señor, mi oración. Considere mis pensamientos. Atiende a la voz de mi clamor, mi rey y mi Dios..." Seguí leyendo el Salmo sobre el Dios de la mañana, pensando que Él era el Dios, mi Dios, de mis 2:00 y 3:00 de la mañana, el Dios de mi mañana y el Dios de todas mis mañanas. Ante mi Dios, me presentaría a mí misma, todo mi ser con todas mis preocupaciones preocupaciones y temores ante Él y yo con esperanza, lo esperaría.

Cuando terminé de cantar el verso en español y leer el verso en inglés, sentí una paz que recorría mi cuerpo y me volví a dormir, un sueño profundo. Me desperté renovada y sorprendida de que la Palabra de Dios tiene el poder de calmarnos, darnos poder y darnos esperanza para el mañana. Entonces supe que Dios me estaba preparando en ambos idiomas para confiar en Él para lo que vendría, y no me decepcionó.

El viaje a Argentina fue un vuelo tranquilo, seguido de un viaje en autobús a Misiones, una provincia del norte de Argentina con Paraguay y Brasil en sus fronteras norte, con un suelo rico en hierro rojo y exuberantes bosques tropicales verdes. En la frontera de Argentina y Brasil se encuentra el río Iguazú y su glorioso despliegue de las cataratas de agua más grandes del mundo, las Cataratas del Iguazú, a las que los argentinos se refieren como las Cataratas. Nuestro grupo viajó por la larga pasarela sobre el río para ver la cima de las cataratas. Podíamos escuchar el rugido de las estruendosas cataratas y ver la niebla elevándose en el aire mucho antes de que llegáramos al mirador. No nos importó empaparnos con las salpicaduras de la niebla debido al clima húmedo, y teníamos dificultades para escucharnos hablar por encima del glorioso rugido. Luego nos dirigimos en autobús a la parte inferior de las cataratas y caminamos una milla o dos a través de la jungla, viendo monos en lo alto, coaties recogiendo comida arrojada por turistas y mariposas por todas partes. Nuestra caminata nos llevó a un mirador para ver la Garganta del Diablo, la más alta de las 275 cascadas de Iguazú, donde 14 cascadas caen a 260 pies.

No podía creer que existiera un lugar así en la naturaleza, y el miedo que sentía antes del viaje desapareció por completo con la paz de la magnífica creación de Dios a nuestro alrededor. Si Dios pudiera hacer que todo esto fuera maravilloso para que lo disfrutemos, seguramente podría abrirme una manera de calmar mis miedos y disfrutar del viaje. Él lo hizo y yo lo hice.

La gente de Argentina es tan memorable como su entorno. Nos recibieron calurosamente en la iglesia de Aristóbulo del Valle con una comida y un tiempo devocional, luego de lo cual revisamos la agenda del campo de trabajo. Trabajamos en equipo con la gente local y compartimos las comidas y el tiempo de adoración diario juntos. Después de la comida del mediodía, nos reuníamos y compartíamos testimonios (con la ayuda de un traductor) sobre cómo Dios estaba obrando en nuestras vidas. Cantábamos y reíamos juntos, y luego regresábamos al trabajo de construcción hasta la cena, seguido de un servicio de adoración en grupo. Varios miembros de los equipos compartirían mensajes, cánticos y oraciones. Cuando transcurrieron unos días, todos eran considerados amigos de por vida. Teníamos una agenda para la construcción y las actividades, pero nunca supimos exactamente qué iba a pasar o cómo cambiarían nuestras vidas, pero como aprendí de este primer paso de fe, estos campos de trabajo son siempre experiencias transformadoras.

Llegué a casa desde Argentina a salvo, no le pasó nada a mi familia mientras no estaba, ¡y aún sigo aquí!

Las personas que aman los viajes misioneros me dijeron: "¡No lo sabrás hasta que te vayas!"

Cuando corremos riesgos por el Señor, es posible que nos estemos poniendo a prueba tanto como Satanás. Sin embargo, la oración (y posiblemente la medicina adecuada o el apoyo de salud mental) nos ayudará a superar los desafíos que conlleva ir más allá de nuestras zonas de confort y más allá de la comodidad de nuestros hogares.

Dios es nuestro refugio y fortaleza, una ayuda siempre presente en los problemas. (Salmo 46:1)

Quédense quietos y reconozcan que yo soy Dios. (Salmo 46:10)

Quiero estar quieta, y *aún sigo... aquí.*

–2–
Norma: Una amiga en la parte trasera del autobús

Jesús dijo: "Dejen que los niños vengan a mí, y no se lo impidan, porque el reino de los cielos es de ellos". —Mateo 19:14

El primer día que conocí a la pequeña Norma, me estaba siguiendo hasta el autobús estacionado en el sitio del proyecto de trabajo Dos de Mayo, Argentina. Este autobús, prestado por el Instituto Bíblico en Posadas, fue utilizado por los visitantes norteamericanos para viajes, descanso, suministros y atención médica. Me dirigía a mi asiento para tomar otra dosis de "medicina para viajeros" cuando escuché una vocecita que me llamaba: "¡Tía! ¡Tía!"

Me agaché para ayudar a esta pequeña niña a subir los escalones altos del autobús. Sus ojos castaños oscuros, su cabello largo castaño y su rostro sonriente me recordaron a los niños de otros campos de trabajo de Argentina: reservados, obedientes, respetuosos, amantes de la diversión, receptivos y entusiastas. Saben cuándo es el momento de trabajar y cuándo es el momento de jugar.

Sostuve la mano de Norma mientras regresábamos al asiento donde guardaba mis cosas. Dije algunas palabras en español para presentarme. Ella respondió con más español del que podía entender, pero escuché suficientes palabras familiares para saber que estaba feliz de conocer a la gente de Ohio y que algún día quería venir a los Estados Unidos.

Algunas tarjetas con imágenes que había traído para usar en la escuela bíblica iniciaron nuestra conversación. A un lado había una imagen de Jesús con niños de diversos orígenes étnicos, respaldada por una oración infantil en inglés. Le ofrecí a Norma una de las tarjetas y ella inmediatamente quiso saber qué significaban las palabras en inglés.

Norma dijo la palabra "Jesús" con tal brillo en sus ojos que obviamente lo conocía y lo amaba. Su patrón de habla incluía un ceceo que hizo que la maestra en mí comenzara a entrenar sus labios para decir la letra "s" con los dientes juntos. Pronto ella estaba diciendo "Jesús" una y otra vez en inglés. Sonaba maravilloso.

Como puedo recordar más palabras en español de las canciones, me resultó más fácil enseñar a Norma inglés a través de la música. Observó mi boca con atención mientras cantaba lentamente: "Jesús me ama." Su sonrisa se iluminó al reconocer la melodía como una que ya conocía en su idioma. Cantamos la canción en inglés repetidamente, primero por frases y luego por oraciones. Norma aprendió rápidamente para una niña tan pequeña. Contuve las lágrimas de alegría mientras cantábamos juntas, en silencio, con reverencia, solas en la parte posterior de un autobús.

Luego Norma se convirtió en mi maestra mientras me enseñaba la canción en español junto con palmas rítmicas. Aprendí lentamente, pero ella cantaba y aplaudía con la paciencia del Maestro Jesús. Rara vez se alejaba de mi lado hasta que tuvimos que despedirnos.

Siempre atesoraré unos momentos en la tranquilidad de un autobús vacío, cuando Norma de Argentina se convirtió en una parte inolvidable de mi vida. Ella debe tener hijos propios a estas alturas. Me pregunto si les está enseñando "Jesús me ama". ¡*Aún sigo aquí* enseñándoles esa canción a mis nietos, en inglés y en español!

–3–
La Risa Nos Une

Aún llenará tu boca de risa y tus labios de gritos de alegría. —Job 8:21

Probablemente porque mis años de adolescencia fueron una montaña rusa de gran alegría y angustia, tiendo a ir hacia los adolescentes. O tal vez porque me llena de energía su espíritu adolescente de aventura, su atrevimiento y su encantadora habilidad para permanecer despiertos toda la noche jugando, hablando o escuchando música. Cualquiera sea la razón, parte de mi vida siempre se ha centrado en nuestra juventud y su potencial para cambiar su mundo. Mi primer viaje misionero internacional fue a Aristóbulo del Valle en la provincia norteña argentina de Misiones. Nuestro grupo misionero trabajaba en una iglesia con una pareja pastoral que había adoptado y criado a un gran grupo de niños de dos a 18 años de edad. Los niños dormían en una pequeña habitación independiente con bloques de cemento cerca de la casa del pastor. Nuestro grupo de Ohio construyó literas (o camas cuchetas) para ayudar a acomodar la cantidad de niños que dormían ahí. También construimos paredes de bloques de cemento y techo de madera para el santuario. El lugar para los servicios de adoración había sido el sótano de concreto, por lo que pintamos las paredes de un verde brillante en preparación para el espacio que se usaría para un salón de congregación, clases de Biblia y ministerios infantiles.

Después de un día de pintar, construir y limpiar la iglesia y la casa pastoral, todos comían y tenían un tiempo devocional juntos. Luego los adultos se dispersaban para limpiar y acostarse mientras los adolescentes y un par de adultos "jóvenes" se quedaban afuera en un círculo para cantar, hablar, tocar la guitarra y reír mucho. Tenía quejas por mi fuerte risa y por mantener despierta a algunas personas, así que traté de reprimirme cuando estábamos abrumados por la fatiga y las payasadas humorísticas que no son importantes, pero increíblemente divertidas después de un largo día de trabajo duro y servicios de adoración cargados de espiritualidad.

Me asignaron a un equipo de pintura con una pareja de recién casados, junto con un joven de 16 años llamado David, uno de los adolescentes adoptivos que vivían ahí. Los recién casados pintaron los techos y lugares altos en la sala de reuniones y la cocina del pastor mientras David y yo pintábamos las paredes. Solo sabía términos básicos en español y algunas frases y David no sabía inglés, pero eso no impidió que los cuatro nos divirtiéramos mientras trabajábamos. Entre señas, un par de palabras en español o inglés y grandes sonrisas, el "equipo poderoso de pintores" pudo comunicarse. Cantamos canciones de niños que habíamos aprendido en español antes de salir de viaje, o nos las enseñábamos unos a otros mientras trabajábamos. Algunas canciones con "Aleluya" o "Jesús" fueron fáciles de cantar juntos para todos. Nos encantó la combinación de adoración y aprender los idiomas de los demás.

Una tarde, tomé un descanso para beber agua del equipo de pintura y fui al santuario de la iglesia para verificar el progreso allí. Dos de mis queridos amigos estaban trabajando en el techo del santuario: Noel, un trabajador de la construcción por cuenta propia y padre mayor de edad, el Rev. Floyd Klotzbach (a quien llamamos "Paco" durante todo el viaje). Normalmente, Noel y Floyd trabajaban continuamente mientras se burlaban y bromeaban con la gente, lo que nos facilitaba el trabajo a todos. En ese día, los hombres estaban preparando una gran cruz de madera para el frente del santuario. Fue una donación de una buena amiga mía, Betty, a quien no le gustaba ir en viajes misioneros, pero siempre enviaba dinero para ayudar con alguna necesidad material de la iglesia. La cruz estaba hecha de enormes vigas de madera que debían lijar y barnizar antes de montar. En lugar de nuestras bromas humorísticas habituales, Floyd y yo hablamos sobre lo que debió haber sido estar en la crucifixión, estar tan cerca de la sangre derramada de Jesús. Hablamos del símbolo de la cruz para todos los cristianos y para el mundo de hoy: nuestra esperanza, nuestra salvación, nuestro motivo de servicio. Mientras este hombre de más de 80 años lijaba la madera y hablaba reflexivamente sobre su amor por Jesús, pasé las manos por la madera lisa y pensé en el momento en que el cuerpo torturado de Jesús fue arrojado sobre las toscas tablas de madera para ser crucificado. Mis ojos se llenaron de lágrimas y no pude detener la abrumadora sensación de tristeza por la crucifixión y el aprecio por tal sacrificio hecho por mí. Floyd no me dijo nada más que "Sí, Jesús nos amó hasta la muerte en la cruz."

Cuando finalmente recuperé la compostura, regresé con mis compañeros de pintura para completar el borde verde brillante para la sala de reuniones. Estaban en la pared opuesta haciendo lo mismo. No sé qué pasó, ni cómo pasó, pero comencé a llorar de nuevo y David me preguntó por qué lloraba. El Espíritu Santo debió habernos cubierto con el don de los idiomas en ese momento, porque David y yo tuvimos una larga conversación sobre la cruz, el amor de Jesús por nosotros y cómo nunca había sentido una cercanía tan personal con Jesús en todos los días de mi vida adulta. Hablé sobre mi viaje de fe a través de la iglesia católica a la Iglesia de Dios, desde Ohio hasta Argentina, y sobre mi familia. David dijo que entendía cómo Dios nos había provisto y que estaba agradecido con Dios por haberle dado a él y a sus hermanos un lugar para vivir en este orfanato que también era su iglesia y hogar. Disfrutaba trabajar en el molino de madera frente a la iglesia y sentía una conexión con Jesús como ayudante de carpintero. Durante ese lapso, no recuerdo haber tropezado con las palabras o haber tenido problemas para comprender. Ni siquiera sé cuánto se dijo en español o en inglés, pero sabía que acababa de dar mi primer testimonio real a otro ser humano. Yo era una persona cambiada.

También hubo algunos grandes momentos más ligeros en el viaje. Pude visitar el aserradero cuando llamaron a David a trabajar, y su jefe le permitió a David darme un recorrido y mostrarme lo que hacía en el trabajo. No hubo precauciones de seguridad, ni lentes de seguridad, solo equipo básico, pero David estaba feliz de ganar algo de dinero para ayudar a mantener a la familia.

Un día, la hermana de David, Andrea, y su hermano mayor fueron enviados a comprar hielo al mercado local. Andrea me hizo un gesto para que fuera con ellos y gritó: "¡hielo!" así que la seguí de buena gana. Pensé que íbamos a comprar pintura amarilla, (yellow en inglés), pero resulta que nosotros íbamos por hielo. La palabra en español para hielo me sonaba exactamente como el color amarillo en inglés. En secreto, esperaba que alguien hubiera decidido que la pintura verde brillante era demasiado, pero ese no fue el caso. Les encantaba el color. Nos subimos al traqueteo de un sedán azul oxidado sin cinturones de seguridad y tratamos de girar el encendido varias veces antes de que arrancara. Finalmente, el motor rugió y nos dirigimos a la tienda por caminos de tierra con las ventanas abiertas, contemplando los verdes campos de yerba mate (té) y frondosos árboles. Cuando llegamos a la tienda, tanto el hermano como la hermana cargaron una gran bolsa de hielo en la cabeza y los hombros y regresaron al auto. Desafortunadamente, el coche no arrancó esta vez después de varios intentos. Me hacían señas para que comenzara a caminar con ellos porque el hielo se estaba derritiendo.

Quizás porque tenían los brazos llenos, o porque estaba contagiada de la aventura, pregunté si podía intentar arrancar el coche. Estábamos en la cima de una colina y pensé que deberíamos intentar soltar el embrague. Había funcionado en casa en la escuela secundaria con un Ford Rambler que pertenecía a mi amiga, Joan Downie, en muchas ocasiones de aventura, así que estaba dispuesta a probarlo en Argentina, y ellos también.

Casi como si estuviéramos en una comedia de payasadas, los dueños de la tienda vieron a una "gringa" detrás del volante mientras los dos pastores hijos empujaban el auto por detrás hasta que el auto ganaba velocidad bajando la colina. Apreté el embrague varias veces hasta que escuché el motor arrancar. Grité y grité y les hice señas para que alcanzaran el auto y saltaran adentro. Seguí conduciendo mientras me señalaban en qué dirección girar para volver a la iglesia.

Nos reímos mientras entregamos las bolsas de hielo parcialmente derretidas a las personas que ayudaban en la cocina. Recibí una mini-conferencia sobre los peligros de conducir en un país extranjero sin licencia y cómo podría haber terminado en una cárcel argentina sin mi pasaporte. Mientras tomaba mi corrección con respeto, sonreía por dentro como una adolescente irresponsable, pero también agradecía a Dios que *aún sigo aquí* para contar esta historia.

Normalmente no lloro mucho, pero tuve mi propio colapso en nuestro último devocional con la gente de la iglesia, iglesia con los pastores, sus niños huérfanos y nuestra compañía misionera. Después de que Andrea, David y sus dos hermanos mayores y su hermana cantaron algunas canciones de adoración con una guitarra rítmica argentina, me hicieron señas para que me uniera a ellos para cantar la última canción. Fue todo lo que pude hacer para reunir una voz para cantar un hermoso coro con ellos, una canción que había aprendido de David y Andrea mientras pintaba y hacía mandados. Nos abrazamos y otros se unieron a nosotros en la canción. Fue un tiempo de unidad, un tiempo de lágrimas, pero un tiempo con el Espíritu Santo demostrando nuevamente el don de los idiomas para personas de diferentes culturas.

Después, David me hizo a un lado y me regaló una Biblia compacta del tamaño de mi mano. Estaba grabado con las palabras "Santa Biblia" en la portada y escrito a mano en la portada interior fue una bendición para mí y mi familia, firmado por David. Las palabras no podían expresar mi agradecimiento por este regalo de un joven que tenía pocos o ningún recurso. Esta Biblia siempre ha sido un tesoro en la caja de recuerdos de mi misión.

De regreso a casa, tuve dificultades para adaptarme nuevamente a la cultura norteamericana con todos los derechos y privilegios que la acompañan. Estaba feliz de ver a mi esposo y mis tres hijos y retomé mis responsabilidades escolares normales, pero extrañaba tanto a nuestra familia argentina que me sentía culpable. Nuestro pastor me ayudó con este sentimiento desgarrador de que nunca volvería a ver a esos grandes amigos. De vez en cuando y a menudo durante su tiempo de oración, su mente se distraía a ese campo de trabajo especial o viaje misionero o amigo de otro país y oraba especialmente por cada uno que ahora era parte de nuestra "familia de Dios." Orar por ellos lo acercó aún más a ellos en su corazón. Dijo que cuando lleguemos al cielo, todos estaremos juntos en una gran celebración de fe y adoración al Dios a quien servimos y que nos ama a todos.

Esta práctica me ayudó a adaptarme al choque cultural del regreso a casa, pero también pude inscribirme en otros viajes misioneros a Argentina, que incluyeron un viaje de regreso a la iglesia Aristóbulo del Valle, donde pudimos ver cómo su iglesia estaba progresando.

Cuatro años después, en mi tercer viaje misionero a Argentina, después de trabajar una semana en la provincia de Misiones Dos de Mayo, nuestro grupo abordó nuestro autobús para pasar por la iglesia Aristóbulo de Valle para compartir un breve tiempo devocional con su pastor y su familia de huérfanos, junto con algunos miembros de la iglesia. No era una noche de adoración regular, sino una multitud de personas reunidas para cantar y compartir testimonios. Me senté en la parte posterior de la iglesia y busqué entre la multitud a David y sus hermanos. Su hermano mayor, Juan Carlos, tocaba la guitarra para el grupo, así que tenía la esperanza de poder ver a los demás y visitarlos, o al menos enviarles un saludo con él. Juan Carlos informó que David ahora vivía solo y asistía a una iglesia diferente. Prometió darle mis saludos, pero estaba muy triste por no haberlo podido ver. Incluso el helado que se sirvió en el pequeño evento social al aire libre tampoco me animó. Intenté hablar en español e inglés con Andrea, usando señas para recordar nuestra aventura con las bolsas de hielo en la cabeza y yo apretando el embrague y manejando colina abajo en su chatarra oxidada de automóvil. Nos reímos recio y fuerte de los buenos momentos que tuvimos durante esas dos semanas juntas hace cuatro años. El conductor del autobús tocó la bocina, indicando a nuestro grupo que abordara el autobús y para dirigirse a nuestro próximo destino. Mientras caminaba hacia el autobús, sentí que me tocaron mi hombro. Al darme la vuelta, vi el rostro de un viejo amigo desde hace mucho tiempo, ¡mi joven amigo, David! Le di un abrazo y le pregunté en inglés y español entrecortados cómo le estaba yendo y si todavía estaba trabajando en el aserradero. Explicó que estaba bien, que iba a una iglesia bautista y que estaba trabajando en una panadería haciendo pan durante 10 horas al día.

La bocina del autobús volvió a sonar, y supe que tenía que despedirme de nuevo de alguien a quien tal vez no volvería a ver. Toqué a nuestro traductor en el hombro y le pedí que dijera rápidamente lo que tenía que decirle a David. A través del intérprete, le expliqué que lo había extrañado a él y a nuestro equipo de pintura, que oré por él y su familia, que estaba aprendiendo más español leyendo la Biblia que me dio y que esperaba que nos volviéramos a encontrar algún día, si no en Argentina, entonces en el cielo. David explicó a través del traductor que lamentaba no haber sabido que nuestro grupo vendría a visitarnos. Él también me extrañaba y me agradeció por orar por él. Le pregunté: "Si no sabías que nuestro grupo vendría, ¿cómo supiste que vendrías aquí a esta iglesia esta noche?"

David sonrió y explicó a través del traductor con su voz tranquila: "Hoy estaba trabajando en una panadería a unas calles de la iglesia. Mientras caminaba a casa, escuché risas que venían de la iglesia. Supe de inmediato que era tu risa. Tuve que venir y ver si realmente estabas aquí, o si era solo mi imaginación."

Le pregunté: "¿Pero cómo supiste que era yo?"

Él respondió: "Por los días en que tú y yo cantábamos y reíamos juntos cuando tu iglesia vino a ayudarnos aquí. Siempre seremos amigos y siempre te recordaré."

La bocina del autobús se hizo escuchar por tercera vez y no quedaba más que abrazar y decir adiós nuevamente. Dije adiós con la mano a David y a la familia de la iglesia hasta que ya no pude verlos.

No he vuelto a ver a David desde entonces, pero cinco años después, la esposa del pastor y uno de las huérfanas, llamada Gabriela, estaba en un servicio religioso en Buenos Aires cuando fui bautizada por el pastor Félix Escobar en la iglesia de Villa Ballester después de un campamento de trabajo en las cercanías de San José. (No lo sabía en ese momento, pero era la primera vez que un pastor argentino iba a bautizar a un norteamericano, y la gente vino desde muy lejos para presenciar este evento histórico en la vida de la iglesia sudamericana. (Para mí, fue un resultado espiritual y natural de una amistad respetuosa con el pastor argentino a través de años de trabajo misionero juntos.) Gabriela y la esposa del pastor de Aristóbulo del Valle habían viajado más de 600 millas en un autobús durante 11 horas desde el norte hasta la parte sur del país por algunos negocios relacionados con la iglesia. Cuando me vio en las aguas del bautismo y escuchó mi nombre, no podía creer lo que veía. Sentí lo mismo cuando la escuché gritar mi nombre: "¡Nancy! ¡Nancy! Nancy!" mientras salía de la iglesia después del servicio. Compartimos abrazos y lágrimas de alegría, especialmente al escuchar que esta hermosa niña de ojos azules del pasado ahora era una adolescente y estaba siendo adoptada oficialmente por el pastor y su esposa. Agradecimos a Dios por reunirnos de esta manera nuevamente, tan inesperadamente y con tanta alegría. Le pregunté por todos sus hijos y escuché noticias sobre mis amigos adolescentes, que para entonces habrían sido adultos mayores. Todos estaban saludables y les iba bien, pero ella no había escuchado mucho de David. Envié saludos a todos y a David, por si acaso se encontraba con él en algún momento en el futuro.

Es curioso cómo nuestros recuerdos congelan a las personas en el tiempo y los lugares, ignorando el hecho de que las personas envejecen y las cosas cambian. Sin embargo, en una noche clara de verano, cuando las estrellas están apagadas y la luna brilla intensamente, a veces pienso en David caminando a casa desde la panadería y escuchando mi fuerte risa que recorre las calles hasta sus oídos. Qué gracioso que Dios usó esto como una forma de responder a mi oración para unirnos nuevamente para una breve reunión. Con la diferencia de edades, probablemente volveré a casa al cielo mucho antes que David. Cuando finalmente llegue allí, sé cómo me encontrará entre la multitud. Pero por ahora, *aún sigo aquí* orando por él y sintiéndome más cerca de él a través del amor que ambos tenemos como hijos de Dios.

-4-
Mantenga su Escoba junto a la Puerta

Jesús le dijo: "¡Apártate de mí, Satanás! Porque está escrito: 'Adora al Señor tu Dios, y sírvele sólo a él.'" Entonces el diablo lo dejó, y vinieron ángeles y lo atendieron. —Mateo 4:10-11

"Aún Sigo Aquí."

En un campamento de la iglesia cerca de Beattyville, Kentucky, nuestros jóvenes de Ohio pasaron una semana con Pine Crest Ministries, encabezados por Garland Lacy y su familia. Nuestro grupo de hombres y mujeres jóvenes subieron tejas por escaleras hasta los tejados de varias cabañas. Los hombres de nuestro grupo les mostraron cómo poner nuevos techos para prepararse para la próxima temporada de jóvenes campistas. Garland trabajó duro para mantener el lugar en condiciones de funcionamiento para las familias de los Apalaches que necesitaban un levantamiento temporal de la pobreza con semanas gratuitas de "campamento de la iglesia." Además de las cabañas (o dormitorios), el campamento tenía un edificio dedicado a ropa usada y artículos domésticos para ayudar a las familias, especialmente para prepararse para la escuela en el otoño.

Hice la tarea de la cocina con un par de jóvenes, ya que era mejor dejar subir y bajar escaleras a mis tres hijos y sus cordiales amigos. También contamos con la ayuda de uno de nuestros jóvenes con muletas. Nada le impediría ir de viaje misionero con nuestro grupo de jóvenes. (Hoy es pastor en Ohio). Un arduo día de trabajo comenzó con un gran desayuno y cuando teníamos todo limpio, llegó el momento de preparar el almuerzo, seguido inmediatamente de la preparación para la cena. La cocina de Pine Crest estaba llena de risas y diversión. Garland pasaba por allí y nos contaba una historia y luego nos ofrecía consejos sin solicitarlos sobre nuestra cocina, así que intentábamos echarlo de nuestra cocina. No creyéndose por nuestras payasadas, Garland aceptó nuestro desafío de quién podía cocinar los mejores huevos revueltos y al día siguiente, se sirvieron dos tipos de huevos. Sin embargo, como saben la mayoría de los padres de adolescentes, no hubo un ganador definitivo. La mayoría de los huevos se consumieron sin preferencia por el sabor. Sin embargo, Garland puso un plato pequeño de ambos tipos de huevos para que sus mascotas vieran cuales huevos "eran para los perros." Más tarde ese día, nos reímos y reprendimos por el hecho de que los huevos de Garland todavía se quedaban para los perros mucho después del desayuno, pero los de nosotros habían desaparecido del plato ... por algunos animales, pero no estábamos seguros de cuáles. Insistió en que sus leales perros hubieran preferido sus huevos, pero estaban tan mimados que no tenían hambre de las sobras del desayuno. Reclamamos la victoria y él nos ignoró. Nos reímos. Un par de tardes a lo largo de la semana, después de una mañana de trabajo en las cabañas, organizamos una feria infantil para los niños del área con globos, parodias, títeres, canciones y cánticos para enseñar sobre el amor de Jesús. Aunque sabíamos que el área estaba económicamente deprimida, las familias no estaban deprimidas emocionalmente. Los niños se rieron y participaron con entusiasmo.

Encontré una gran alegría al ver los rostros de mis hijos y los otros adolescentes de Ohio. Animaron a todos a unirse y encontraron algunos favoritos que los seguían. Cada niño tenía un adolescente como compañero y cada bebé tenía un adulto al que abrazar y arrullar. La feria infantil se terminó con una gran comida y la familia de Dios se reunió alrededor de mesas y bancos de madera. Cuando nos despedimos, había lágrimas detrás de las sonrisas de los niños y de nuestros adolescentes. Esperábamos volver de nuevo, pero la vida tiene una forma de llevarnos a todos en diferentes direcciones.

El sábado, Garland nos llevó a un pequeño valle cerca de los campamentos para mostrarnos una gran estructura que estaba construyendo para llevar la iglesia. Las personas que tengan problemas para llegar del campo a la iglesia podrían reunirse en este nuevo sitio cerca de casa. La estructura estaba en la ladera y tenía techo de madera y piso de cemento con lados abiertos. Algunos niños vinieron a ver a los visitantes en el valle, y el pastor les pidió que llevaran saludos a sus padres en casa.

Por las noches, después de un día de trabajo o diversión con las familias locales, nos reunimos en la enorme sala familiar de la casa principal y escuchábamos a Garland y a sus hijos adultos tocar el mejor banyo, guitarra, piano y armónica de bluegrass que jamás había escuchado. Con armonía y espíritu, cantamos los himnos favoritos de la Iglesia de Dios y los favoritos locales del pueblo. Cada noche fue un concierto memorable, seguido de oración y poderosos testimonios del día. Cada persona contaba una breve historia de cómo Dios había bendecido, hablado o mostrado a través del ministerio del trabajo, el juego y la presencia. Por lo general, había algunas lágrimas cuando alguien compartía un momento que cambiaba la vida y sabíamos que el Espíritu Santo nos estaba transformando a todos de diferentes maneras y en diferentes grados.

Una tarde visitamos el valle para ver a la mujer más vieja de la zona. Tuvimos que conducir varios kilómetros hacia las colinas, por caminos sin pavimentar, y finalmente por un camino rocoso y embarrado para encontrar su casa. Al acercarnos a un tramo aislado de terreno montañoso, vimos un enorme jardín rodeado por una cerca de alambre y una casa de un piso con un porche de cemento y un techito. Junto a la puerta principal había una escoba de paja hecha a mano cerca de una mecedora de madera antigua. La dama llamada Pearl era legalmente ciega y se acercaba a los 100 años de edad, pero se negó a desalojar su propiedad. Tocamos a la puerta y le gritamos, pero nos dijeron que no podía escucharnos. Abrimos la puerta con cuidado y una de las hijas de Garland la encontró en la cocina y le gritó al oído que estábamos ahí. El rostro de la Sra. Pearl se iluminó con una gran sonrisa arrugada y se arrastró hasta la sala para encontrarse con sus invitados de Ohio.

La Sra. Pearl dijo que le encantaba cantar y quería que le cantáramos algunas canciones. La hija de Garland nos dijo que cantáramos a todo volumen, y lo hicimos. La Sra. Pearl se unió con nosotros por algunas canciones, una de los cuales fue mi favorita, "Voy a volar lejos." Mientras llenábamos la habitación de gente y cantos fuertes, me sentí bendecida de estar en presencia de una mujer luchadora de 100 años, que tenía la voluntad y el espíritu lo suficientemente fuertes como para quedarse viviendo en su casa que le había pertenecido a su familia a través de generaciones. Todavía cuidaba y limpiaba su casa.

Según la Sra. Pearl, mantuvo su escoba junto a la puerta para poder protegerse y mantener al diablo fuera de su casa. Dijo que barría el piso todos los días para asegurarse de que su casa estuviera limpia y llena del Espíritu Santo. Cualquier rastro del diablo sería barrido por la puerta. Según la Sra. Pearl, ¡el diablo podría salirse y quedarse afuera!

Nos dieron un recorrido rápido por su pequeña casa compuesta por una sala, comedor, cocina, dormitorio y baño. El baño fue una adición reciente a la casa de la Sra. Pearl como un regalo de la gente de la iglesia. Sin embargo, nunca usó las nuevas instalaciones interiores. Ella insistió en usar la letrina ubicada detrás de la casa y más cerca de los árboles. Dijo que sus instalaciones interiores eran demasiado bonitas; ella reservaba su baño solo para invitados especiales. La Sra. Pearl había agradecido al pastor por el maravilloso regalo y estaba "muy orgullosa" de poder decir que tenía plomería interior.

Hicimos un círculo en oración antes de irnos, y recuerdo haber gritado mi oración a todo pulmón para que la Sra. Pearl pudiera escuchar. Pero realmente no importaba si escuchaba cada palabra. Dios lo hizo. Todos sentimos el amor y el espíritu en ese momento.

La Sra. Pearl había sobrevivido a la mayoría de sus parientes, pero tenía un hijo que regresaba al valle para ver cómo estaba ella semanalmente. El pastor la incluyó en sus rondas de visitas, y me pregunto quién sería más bendecido en esas visitas, la Sra. Pearl o el pastor. Mi familia nunca olvidará a la Sra. Pearl del valle. Cuando veo una escoba de paja con mango de madera, pienso en ella sacando al diablo. Mi hijo piensa en su encanto de los Apalaches y en expresiones memorables, como "Si viene el diablo, lo echaré en carrera, le dispararé por la espalda con la pistola del Evangelio."

Recientemente, mi hijo mayor estaba de visita en el área de Pine Crest y preguntó dónde podía encontrar los campamentos donde había trabajado cuando era adolescente. Podría darle el nombre de la ciudad y los parques alrededor, pero nunca podría encontrarlo por mi cuenta. A mí también me encantaría volver y ver si la Sra. Pearl todavía está haciendo jardinería y barriendo su casa en el valle. Algunas personas simplemente no las podemos olvidar, nunca. Y es bueno saber que Dios tampoco nos olvida. *Aún sigue aquí.*

–5–
¡Abróchese El Cinturón!

De modo que las iglesias se fortalecieron en la fe y crecieron diariamente en número.
—Hechos 16:5

"Aún Sigo Aquí."

Nuestro plan para nuestro viaje misionero era construir las paredes exteriores de bloques de cemento y colocar el techo de una residencia pastoral para el pastor Juan Rodríguez y su familia en Eagle Pass, Texas. Enviamos dinero por adelantado para asegurarnos de que los cimientos estuvieran hechos antes de que llegáramos, solo para encontrar que el pastor y su hermano habían terminado las paredes exteriores. El enfoque de nuestra tarea pasó a ser la construcción del techo y las paredes interiores.

Once personas de Ohio tomamos un vuelo a San Antonio y luego alquilamos una camioneta, conduciendo aproximadamente 140 millas hasta Eagle Pass. Disfrutamos del paisaje de Texas y de la compañía de los demás. Liderando nuestro grupo de 11 en la construcción estaba Earl Dawson, junto con Bob Groh, quien es dueño de su propia empresa de construcción. También en el equipo estaban dos de nuestros hijos adolescentes, Mark y Michael, y Jeremy Spence de nuestro grupo de jóvenes de la iglesia, junto con otros cuatro. No podía haber sabido en ese momento que estos tres jóvenes eventualmente se convertirían en líderes de la iglesia. Jeremy es pastor de una Iglesia Bautista y nuestros hijos tocan y cantan música de adoración y sirven como líderes en sus respectivas iglesias. Además de fomentar el espíritu cristiano en los viajes misioneros, aprendieron mucho sobre construcción, trabajo en equipo, diferencias culturales y flexibilidad.

Por ejemplo, en Ohio, esperamos que junio sea un mes caluroso, pero en Texas, no esperábamos el intenso calor de 112 grados Fahrenheit, por lo que reorganizamos nuestros horarios del día. Trabajamos desde las 6:30 a.m. hasta la 1:00 p.m. y regresamos más tarde en el día a trabajar hasta las 9:00 p.m. cuando salían los mosquitos. A los pocos días, el techo estaba hecho y las tejas puestas.

Normalmente unimos fuerzas con la congregación local en los campos de trabajo, pero en esta situación, la mayor parte de la iglesia estaba formada por trabajadores migrantes; El 80% de los hombres de la iglesia habían emigrado a los campos de Dakota del Norte en junio. El día de trabajo consistió principalmente en interacciones con nuestro propio grupo y una cena con el pastor, su esposa y sus cuatro hijos de entre 10 y 16 años. De su ejemplo, aprendimos de la participación de toda la familia en el ministerio y el trabajo físico de cuidar la iglesia.

Además de hacer crecer la iglesia Eagle Pass, el pastor Rodríguez participó en dos nuevas iglesias en Piedras Negras, México. La primera iglesia, la Iglesia Monte de Sion, está ubicada al final de un camino de grava y escondida en una colina apartada. La segunda iglesia, La Iglesia de Dios ubicada en una concurrida carretera urbana en un almacén abandonado con piso de tierra, viejos asientos de autobuses y camionetas que se usan como bancas de la iglesia. Mientras me sentaba en uno de los asientos y miraba los humildes alrededores, pensé en otras estructuras de la iglesia, como las basílicas de Roma y la arquitectura de la Catedral de Cristal en California. Me preguntaba por qué la gente piensa que se necesita tanto dinero para construir una iglesia. La iglesia no es el edificio; la iglesia es la gente. Ninguna de las tres iglesias en Eagle Pass o Piedras Negras tenía mucho dinero, pero tenían pasión y compasión: pasión por difundir la Palabra de Dios a los inconversos y compasión por alcanzar a todas las almas para Cristo, las de las colinas apartadas y las de dentro de la ciudad. Estaban menos enfocados en los presupuestos para ejecutar programas y edificios y más enfocados en llegar a personas con recursos limitados.

Aprendimos que deberíamos haber presupuestado los gastos materiales inesperados y las comidas para la familia y los trabajadores locales. Cada comida incluía a todos los trabajadores y, por supuesto, hubiera sido una falta de respeto alimentar solo a nuestro grupo. Pasar tiempo juntos en devociones y en el lugar de trabajo nos permitió aprender más sobre su cultura y cocina local, los tamales en hojas de maíz. Las mujeres mantuvieron a sus familias en marcha mientras los hombres emigraron en busca de trabajo y se iban durante meses.

Nos turnamos para compartir testimonios durante las devociones y predicar durante los servicios. Prediqué el jueves por la noche, Ron Dickman el domingo por la mañana y Jeremy el domingo por la noche. A pedido de la esposa del pastor, Diana, Michael y yo realizamos varias parodias de payasos en ambos servicios dominicales, y Mark y Jeremy realizaron un espectáculo de títeres de dos personas para los niños. Los niños locales son bilingües. Todas las clases en las escuelas se imparten en inglés y el español se habla en casi todos los hogares y durante los momentos de oración hablada. Ya sea que entendiéramos o no las oraciones en español, definitivamente podíamos escuchar y sentir la fuerte conexión espiritual entre la gente y el Señor.

En solo 10 días de viajar, trabajar, comer, orar y disfrutar del tiempo libre juntos, nuestro grupo se conectó estrechamente y se entristeció al despedirse de la familia Rodríguez. Todos nos fuimos con impresiones de nuestro viaje. Algunos recuerdan las discusiones sobre milagros mientras trabajábamos; otros recuerdan los chistes en la camioneta; y otros las amistades recién hechas.

Visitar otra cultura puede ser un choque para nosotros y regresar a casa puede ser un choque cultural inverso. El pastor Snyder nos enseñó a ser conscientes del cambio dentro de nosotros y de abrumar a nuestros seres queridos a nuestro regreso. Mientras fuimos transformados de manera espiritual, nuestras familias estaban en casa haciendo sus actividades habituales. Usó un ejemplo humorístico de un esposo que regresa a casa de un viaje misionero e inmediatamente quiere contarle a su esposa todos los detalles de su increíble viaje. Mientras tanto, la esposa ha estado trabajando horas extras mientras él estuvo fuera, cuidando a los niños y cumpliendo con sus deberes de él mientras él estaba fuera. Después de algunos abrazos y besos y un par de historias, ¡ella solo quiere que él lleve a los niños a la cama y destape el fregadero de la cocina! Puede ser desalentador, estresante para las relaciones y posiblemente deprimente si no reservamos momentos de ensueño para nosotros mismos cuando sea el momento adecuado. Se refirió a ello como tomar unas minivacaciones en nuestras mentes y luego regresar rápidamente al tiempo real.

Han pasado años desde que estuve en esa iglesia humilde con el piso de tierra y mi banco favorito de la iglesia de asientos viejos de autobús con cinturones de seguridad. Por las mañanas después de mis devociones, puede que *aún siga aquí* descansando físicamente en mi silla de oración, pero mi corazón acaba de tomar unas mini vacaciones de larga distancia a un lugar favorito de Dios en mi viaje espiritual. Puedo escuchar al Señor susurrar: "¡Abróchense el cinturón, creyentes! ¡Te espera un viaje emocionante!"

–6–
Ella Vino Predicando y Yo Vine Como Una Payasa

Y así fue conmigo, hermanos y hermanas. Cuando vine a ustedes, no vine con elocuencia o sabiduría humana mientras les proclamaba el testimonio de Dios, porque resolví no saber nada mientras estaba con ustedes, excepto Jesucristo y él crucificado. Vine a ti en debilidad, con gran temor y temblor. Mi mensaje y mi predicación no fueron con palabras sabias y persuasivas, sino con una demostración del poder del Espíritu, para que su fe no descanse en la sabiduría humana, sino en el poder de Dios. —1 Corintios 2:2-5

"Aún Sigo Aquí."

La historia de la evangelista Lillian McCutcheon, se titula *"Ella Vino Predicando"*, sobre una líder en el Movimiento de Reforma de la Iglesia de Dios. Tuve el privilegio de poder ir en un viaje misionero a Brasil con su sobrina y ministra ordenada, Judy Hughes. La pastora Judy era una personalidad carismática que podía motivar a las personas a querer servir a Dios de manera atrevida. También era hija de Austin Sowers, un pastor famoso y querido en la Iglesia de Dios. Yo también había viajado con el Rev. Sowers en un memorable campo de trabajo en Argentina.

La pastora Judy dirigió un grupo de su congregación y un par de otras congregaciones, incluyéndome a mí. Quería que yo planeara una Escuela Bíblica de Vacaciones para los niños de Brasil. Iba a tomar mi disfraz de payaso, marionetas y accesorios, y realizar parodias espirituales durante varios eventos educativos que iban a tener lugar en una escuela primaria y secundaria pública. Estaba un poco nerviosa por dos cuestiones: (1) no había actuado en una escuela pública en otro país, y (2) mis compañeros de teatro de mi iglesia no iban conmigo. No había otras personas en la lista de trabajadores que hicieran payasadas o titiriteros. Judy continuó animándome a confiar en Dios y a encontrar a alguien del grupo que iba a participar, y por supuesto, podría enseñarles qué hacer en el camino o en el lugar de trabajo.

La gente de este viaje fue tan amable que parecía que había conocido desde antes de reunirnos y esperar en el aeropuerto. Tuve dos voluntarios: la hija adolescente de Judy y un señor llamado Keith Kelly. Me recordó al famoso payaso, Emmett Kelly, con sus expresiones faciales y su comportamiento tímido. No sabía cómo iban a ir las parodias, pero Keith estaba dispuesto, y necesitaba un compañero para contar la historia de salvación del payaso triste que encuentra el amor de Jesús y la redención a través de la dirección del payaso feliz. Con la forma en que pintamos nuestras caras, tanto Keith y yo pudimos cambiar nuestras expresiones faciales de desagrado a sonrisas exaltadas. Hubo una dinámica especial entre nosotros dos, y el Espíritu Santo guió el resto de nuestras parodias. Era un artista natural, un alma amable que haría casi cualquier cosa para ayudar a contar la historia del Evangelio a los niños.

Llevamos nuestro espectáculo de payasos espirituales a las escuelas y terminamos dando varias presentaciones con la casa llena cada vez en su auditorio. Subimos a los estudiantes al escenario para que participaran en las parodias, cantamos con los estudiantes y dimos nuestro testimonio sobre el amor de Jesús por nosotros... todos en una escuela pública en Brasil. Con la ayuda de traductores locales, también dimos conferencias en el aula sobre la vida en los Estados Unidos con mapas y fotografías. Respondimos a las preguntas de los 40 estudiantes que se portaron bien, quienes principalmente querían saber qué tipo de música escuchan nuestros estudiantes y qué tipo de trabajo hacíamos cuando no estábamos viajando.

Pasé parte de mi tiempo de descanso en el lugar de trabajo tratando de dominar el portugués, pero fracasé estrepitosamente en aprender un tercer idioma. Los cocineros del lugar de trabajo intentaron enseñarme expresiones portuguesas y vocabulario básico, pero no pude distinguir algunos de los sonidos, incluso cuando practicaban conmigo. Finalmente, una niña me trajo un libro en portugués. Esperábamos que, aprendiendo a leer las palabras portuguesas en voz alta, pudiera entenderlo. Debo haber leído tres cuartas partes del libro sobre Samuel Morris, quien escapó de Liberia, se hizo cristiano y llevó a muchas personas a Cristo. Si bien amaba la práctica de lectura y la paciencia de mi joven maestra, nunca terminé el libro ni aprendí ningún portugués que me ayudara a comunicarme con nuestros amigos brasileños.

Nuestro tiempo de adoración juntos en la iglesia fue poderoso. Judy agradeció a la iglesia por acoger a nuestro grupo con tanto amor y servicio. Ella predicó y cantó, y otros miembros del grupo compartieron testimonios. Nuestro grupo también cantó como coro para el servicio con la gente local. Aunque cantábamos en inglés, a los brasileños les encantaba escuchar nuestro idioma en la canción. Luego cantamos "Estoy tan contento de ser parte de la familia de Dios" en inglés, portugués y algo de español simultáneamente. Fue un momento celestial para todos nosotros.

Mucha gente se acercó al altar para aceptar a Jesucristo como su Salvador o para orar por sanidad. Como Keith y yo hicimos las parodias de payasos para la congregación, no nos pareció apropiado orar con la gente en el altar con pintura de payaso, así que nos sentamos juntos en la parte de atrás de la iglesia orando por todos en el altar. Esta área en particular de Brasil estaba saturada de prácticas satánicas, y había personas en la iglesia que parecían estar poseídas e impulsadas por espíritus malignos. Judy y otros pastores de nuestro grupo oraron fervientemente por estas personas y vimos una transformación física en aquellos que fueron liberados de su oscura opresión. Esta realidad de liberación espiritual fue más dramática que cualquier cosa que haya visto en persona. El poder sanador en el nombre de Jesús fue real y la vida de las personas cambió, incluida la mía.

Durante nuestros días de trabajo, la pastora Judy tuvo que hacer más que liderazgo espiritual. Estuvo a cargo de proyectos de construcción, grupos de trabajo, compras, negociación, todas las tareas requeridas de un líder de equipo misionero. Judy fue la primera mujer en dirigir un viaje misionero de este tipo. Los equipos de construcción estaban compuestos en su mayoría por hombres, y tenían que acostumbrarse a recibir instrucciones de una mujer para el cemento, la carpintería y la pintura. Judy aprendió mucho sobre la construcción y los hombres aprendieron mucho sobre Judy y su estilo colaborativo de liderazgo. Todo el campo de trabajo fue innovador en su estructura, enfoque y resultados.

Mis disfraces y accesorios de payaso están empacados y listos para la próxima vez que Dios me llame a ser una payasa para Jesús en el campo misionero. A diferencia de los niños en los Estados Unidos que han sido aterrorizados por caras de payasos malvados y pervertidos en películas y otros medios musicales, los niños en áreas remotas del mundo todavía disfrutan de una cara pintada, una gran nariz roja y una peluca rizada en un personaje con una pajarita de gran tamaño y zapatos rojos gigantes. Mientras el mensaje del amor de Jesús se pueda traducir a través de la mímica a niños y adultos por igual, todavía estoy aquí con mi pasaporte y mi Biblia, esperando la próxima llamada para pintar y llevar el espectáculo de payasos en el viaje.

En julio de 2018, después de que falleciera el padre de Judy, Austin Sowers, Judy y yo intercambiamos el siguiente texto:

Yo: Viaje misionero de Aristóbulo (fotos enviadas)... amo a tu papá.

Judy: ¡Él también te amaba, Nancy!

El 9 de octubre de 2019 intercambiamos esta noticia:

Yo: Judy, Félix me envió un mensaje para decirme que Mario Hort falleció. No sabía si ya lo habías escuchado. Murió otra leyenda.

Judy: Gracias, Nancy, por avisarme. No había escuchado. ¡Tienes razón en que ha muerto otra leyenda! ¡Tengo tan buenos recuerdos de nuestro tiempo en Brasil! ¡Espero que tú y tu familia estén bien!

Yo: ¡Gracias, Judy! Eres un capítulo del libro que estoy escribiendo sobre misiones. ¡Tú también eres legendaria!

Judy: ¡Ay, bendiciones mi amiga! ¡Seguro que has tenido experiencias maravillosas en viajes misioneros al extranjero y sirviendo a otros aquí mismo en casa! ¡Estás dando y compartes el amor de Cristo dondequiera que estés! Estoy muy contenta de que estés escribiendo algunas de estas experiencias en un libro. ¡Muchos pueden aprender de tu corazón servidor! ¡Extraño verte! (emoticono de corazón)

Yo: El capítulo sobre Brasil se llama "Ella vino predicando y yo payaseando."

Judy: ¡¡¡¡LOL ME ENCANTA!!!!

El 1 de noviembre de 2019, Judy y su esposo, Malcolm Hughes, murieron en un trágico accidente automovilístico. Familiares y amigos se sorprendieron al enterarse de su fallecimiento. Judy tenía 65 años y Malcolm 67. Juntos Judy y Malcolm sirvieron al Señor, y juntos dejaron este mundo.

Gracias, Judy, por tu pasión por el Señor y tu amor. Sé que estás en el cielo. Por ahora, *aún sigo aquí*. ¡Te extraño mucho!

–7–
Pon Tus Manos Sobre Mí, ¡Oh, Señor!

Nadie tiene mayor amor que este: dar la vida por los amigos. —Juan 15:13

"Aún Sigo Aquí."

En Quevedo, Ecuador, me encantaba reunirme con una iglesia llena de niños todos los días. Los involucramos en batallas de David y Goliat a gran escala con un lado de la iglesia animando al niño más pequeño parado al frente mientras el otro lado de la iglesia aplaudió al hombre más grande y peludo del grupo, Earl Dawson. Earl tenía una barba desaliñada, espacio entre los dientes frontales y un fuerte gruñido que podía asustar al chico más fuerte de la multitud. Earl también podría ser dulce como sus raíces de melaza de Kentucky, pero jugó un papel importante en nuestra historia bíblica. Después de una obra de teatro interactiva en la que participaron todos los niños, algunas mujeres adultas y adolescentes ayudarían a los niños a hacer una manualidad para ayudarlos a recordar la historia bíblica del amor, la provisión, la protección, etc. de la Biblia para que pudieran volver a contar la historia a sus familias.

En el patio lateral, la gente llevaba baldes llenos de agua y grava para que los hombres los arrojaran a la antigua mezcladora de cemento con un cable largo hasta la fuente de electricidad más cercana. Los hombres pelearon con la mezcladora de cemento, que se apagó varias veces y sonó como un dinosaurio moribundo. Tengo una gran fe en el poder de sanar a las personas en el nombre de Jesús, como sucedía tan a menudo en los viajes misioneros, especialmente cuando la medicina moderna no estaba disponible. De la misma manera, pensé que Dios podría curar esta mezcladora de cemento enferma, así que cerré los ojos y oré para que Dios reiniciara la máquina y dejara que los hombres continuaran con la construcción de su santo templo. A los pocos segundos de orar, escuché que la mezcladora de cemento se reiniciaba, acelerando con un zumbido metálico ensordecedor. No pude escuchar nada de lo que gritaban los hombres, pero supuse que estaban aplaudiendo y dando órdenes para reanudar el proceso. Antes de que pudiera darme cuenta de lo que estaba pasando, un hombre vino corriendo hacia mí con los brazos extendidos, empujándome con fuerza bruta contra mi pecho, tirándome al suelo. No tenía idea de por qué había venido hacia mí, pensando que tal vez estaba poseído por algún espíritu demoníaco o que no apreciaba mis oraciones o estar cerca de una zona de trabajadores. Los gritos continuaron cerca de la mezcladora de cemento hasta que el encargado jaló del cable eléctrico y detuvo la máquina.

Confundida y tambaleante por mi caída, sentí que alguien me levantaba y me decía "Lo siento," volviendo al círculo de hombres alrededor de la batidora. Vi a los trabajadores concentrados en la máquina, intercambiando herramientas de mano con el encargado, pero pronto todo volvió a funcionar. Regresé a la iglesia y descansé, hablando con algunos de los niños que siempre estaban en el lugar queriendo visitarnos y compartir nuestras golosinas y calcomanías.

Fue solo durante la cena que me di cuenta plenamente de las intenciones de mi agresor. Mientras oraba con las manos levantadas hacia la mezcladora de cemento, el motor había puesto en marcha, pero el tornillo que sujetaba la manija se había quebrado y existía la posibilidad de que la manija saliera volando en la dirección en la que yo estaba parada con mis ojos cerrados. Poniéndose en riesgo de resultar gravemente herido, mi "agresor" corrió rápidamente entre la máquina y yo y me empujó fuera del posible camino del mango de metal. ¡El hombre me había salvado la vida arriesgando la suya! Me sorprendió y me sentí honrada cuando escuché esta noticia. Ya se había ido a casa por ese día, y no fue hasta el día siguiente que pude, respetuosamente, aunque de manera inadecuada, agradecerle su valiente gesto. El hombre parecía un poco avergonzado por mi efusivo agradecimiento, pero simplemente dijo: "Dios te bendiga, hermana" y continuó con su trabajo.

Supongo que a veces Dios quiere que actuemos, y otras veces, el Señor solo quiere que nos quitemos del camino. También aprendí que Jesús no es el único que daría su vida por otros. Conocí al menos a un hombre en Quevedo, Ecuador, que haría lo mismo, incluso por un extraño. *Aún sigo aquí* porque las manos de Dios estaban sobre mí allí. ¡Doy gracias al Señor porque Dios nos cuida incluso cuando no estamos mirando!

–8–
Pirañas, Anacondas y Hormigas de Ecuador, ¡Oh, Dios mío!

Haré un pacto de paz con ellos y libraré la tierra de las bestias salvajes para que puedan vivir en el desierto y dormir en los bosques con seguridad. —Ezequiel 34:25

"Aún Sigo Aquí."

Un viaje misionero exitoso comienza con la voluntad de Dios, la oración de personas llenas del Espíritu Santo, el discernimiento espiritual, los recursos financieros, la planificación responsable, la fe en Dios y una iglesia que cree en el valor de la participación activa en el trabajo misionero. No tenía planes de ir a Ecuador. Había estado interesada en tres viajes misioneros diferentes a Sudamérica, pero Ecuador no estaba en mis planes. Sin embargo, Dios tenía mi nombre en la lista de los que iban a visitar una pequeña iglesia en la pobre ciudad de Quevedo, Ecuador. Mientras nadaba en la piscina de Fairfield YMCA, Dios interrumpió mi tiempo de oración con la urgencia de hablar con el pastor sobre ir a Ecuador.

Poco después, Mark, mi hijo de 18 años, llegó tarde a casa una noche para decirme que se iba. Estaba decidido, seguro y sin miedo. Dijo que estaba cansado de jugar a la vida con tanta seguridad y anhelaba una aventura espiritual en la que arriesgaba algo por Dios. Admiré la claridad de la voluntad de Dios en su decisión. La parte emocionante fue ver cómo Dios reunía a un grupo especial de seguidores para llevar a cabo su misión.

Nos conectamos con al menos tres compañeros de oración que nos apoyarían desde el principio con la promesa de orar. La oración funciona. La guerra espiritual comenzó temprano para cada uno de nosotros. En el momento en que partimos hacia el aeropuerto, cada uno de nosotros tenía una historia que contar.

Jon and Karen Lambert, misioneros originarios de una iglesia de Hamilton, nos enviaron correo electrónico para decirnos de un clima peligroso con huelgas telefónicas, huelgas de transporte, campistas de trabajos anteriores varados, boicots de aerolíneas a Ecuador y una situación política volátil. Los rebeldes colombianos estaban cruzando la frontera, deteniendo a los turistas alrededor del río Amazonas, donde estaba programada nuestro recorrido. Nuestro pastor tuvo que cancelar debido a una enfermedad en su familia. Una persona en el viaje no estaba segura de los recursos económicos para pagar el pasaje aéreo. Otro se enteró de que su madre descubrió que tenía una mancha en el pulmón que podía ser maligna. Su esposa no estaba segura de sí la gran altitud de la Cordillera de los Andes afectaría su tendencia a las convulsiones. Su hija adolescente admitió sus temores de viajar a un país extranjero con anacondas y pirañas. Mi esposo, Darrell, que había sido hospitalizado anteriormente, experimentó un dolor similar que lo llevó al médico de cabecera. Otra adolescente llegó al viaje después de que su madre se despertó en medio de la noche y le dijo a su esposo que debían ir, aunque no conocían a la mayoría de las personas en la lista de pasajeros.

Cada vez que encontrábamos otro obstáculo, comenzaba a crecer la sensación de que este viaje iba a ser "grande." Satanás estaba tratando de hacer que nos quedáramos en casa, y Dios nos estaba probando para ver si confiamos en Él lo suficiente para llevarlo a cabo. Cuando nuestro pastor canceló, le pidió a una pareja con experiencia que lo reemplazara como líder. designada a ser la predicadora y me puse a orar y pedirle ayuda a Dios. Dios me llevó a Zacarías con la imagen de todas las naciones agarrándose firmemente al borde del único judío. Entonces Dios me llevó a Mateo cuando Jesús les dice a los discípulos que vayan al mundo y prediquen, enseñen y bauticen a las naciones. El libro de Zacarías es un mensaje de aliento para los judíos dispersos, para el remanente que regresó a un templo parcialmente reconstruido. Me recordó a la iglesia de Quevedo, una iglesia a medio construir y un pueblo que necesita desesperadamente nuestro aliento.

Nuestro grupo se reunió en la iglesia, rodeándose para orar y salimos hacia el aeropuerto. Recibimos una bendición inmediata al tomar un vuelo directo a Miami en lugar del itinerario actual. Al llegar a Quito, la capital y la elevación más alta de Ecuador, los misioneros nos recibieron con una rosa y luego apilamos nuestro equipaje en un autobús. En lugar de dormir en un dormitorio de seminario, se cambiaron los planes para que durmiéramos en la casa de los misioneros. Su casa era hermosa: pisos de mármol, herrajes españoles, carpintería tallada a mano y una terraza con vista a la ciudad de Quito y la Cordillera de los Andes con los picos Altisana y Cotepoxy. Karen Lambert tenía agua pura y comida deliciosa esperándonos. Jon Lambert estaba preparado con sucres para cambiar por moneda estadounidense. Nos aconsejaron sobre la aclimatación a las grandes alturas. Todos estábamos respirando con dificultad debido a la gran altura, pero no estaba preparada para el mareo con náuseas y calambres de estómago. Intenté con todas mis fuerzas concentrarme en nuestras devociones nocturnas, pero caí en mi colchón vestida y oré pidiendo alivio. Nos enfrentábamos a un largo viaje por la montaña hasta la costa, donde trabajaríamos unos días. No podía soportar la idea de quedarme atrás o ser separada de mi hijo en un país extranjero.

Por la mañana, la líder me dio antibióticos y una amiga me impuso las manos con una oración de sanación. Saturada con Immodium, Dramimine y Cipro, dormí la mayor parte de las seis horas hasta Quevedo, despertando cuando la gente decía "ooooh" y "ahhhh" sobre el paisaje: exuberante vegetación de la selva tropical, cascadas de las montañas, lamas, indios nativos, chozas construidas en la ladera de la montaña y mercados rudimentarios al borde de la carretera con piña fresca y plátanos.

Quevedo era extremadamente diferente al Quito metropolitano. La ciudad era más pobre, más sucia y rural. Los edificios de bloques de cemento no fueron acentuados con los techos de tejas de Quito. Había más techos de hojalata y barro, rocas y caminos de tierra, falta de carteles en las calles, más bicicletas mezcladas con autos.

Nuestro hotel para la semana fue el Hotel Casablanca (sin Rick ni gente rica con bebidas y cigarrillos de la famosa película). Había una recepción que daba a la calle, un sofá y un televisor en el pequeño vestíbulo, y tres tramos de escaleras de cemento a nuestras habitaciones, equipadas con camas, una pequeña mesa de madera y un pequeño baño con agua fría solamente. Habíamos llegado.

Nuestro restaurante para nuestra estadía estaba abierto a la calle, pero nuestro protector, el pastor Jaime de Ecuador, insistió en que comiéramos adentro cerca de la cocina y lejos de la acera y el flujo de peatones. La pobreza en la zona dejó a la ciudad propensa a robos y mendigos. Nuestras características norteamericanas llamaron la atención en la ciudad. Uno de nuestros adolescentes tenía cabello rubio, que era único en una cultura de piel morena, cabello castaño oscuro, ojos castaños y cuerpos pequeños. La altura y los grandes pies de Earl Dawson eran una anomalía en esta población indígena andina. Nos conocimos en el restaurante como personas con aprecio, risa y modales. Los dueños del restaurante proporcionaron un pastel de cumpleaños para una de nuestras adolescentes por su cumpleaños número 18, una ocasión memorable para una campista que trabaja por primera vez.

Nuestro grupo se vistió para nuestro primer día de trabajo con bloqueador solar, repelente de insectos, gorras y guantes de trabajo. Jon Lambert nos llevó en dos grupos desde el hotel hasta el lugar de trabajo de la iglesia, a varias calles de la carretera principal en un vecindario con caminos de grava y tierra. Se construyeron pequeñas casas una al lado de la otra con paredes de bloques de cemento a medio terminar. La iglesia tenía dos filas de seis bancos de madera y un piso de tierra con una plataforma elevada y un podio que decía: "Jehová es mi pastor". Había decoraciones de papel en las paredes y un gabinete cerrado con llave en el frente contenía suministros de comunión, algunas manualidades para niños, Biblias, etc. La construcción más grande detrás de esta iglesia contenía un inodoro (instalado especialmente para los visitantes norteamericanos), tres paredes y un piso de tierra. El proyecto principal fue verter un piso de cemento. Con trabajadores dispuestos, una mezcladora de cemento eléctrica primitiva, carretillas y un clima templado nublado, el piso estaba listo para la hora del almuerzo. Se había calculado que el proyecto tardaría dos días.

Oramos por la maquina de cemento cuando no arrancaba. Rezamos cuando se rompió. Celebramos cuando se arregló. Mi trabajo consistía en suministrar cubetas de agua para la batidora desde un enorme barril de agua cercano. Incluso había una planta con sombra para bloquearme el sol, lo cual fue una respuesta a la oración por mi cuerpo de media edad sensible al calor.

Cuando muchos niños y familias vinieron a ver nuestro trabajo, el pastor Jorge y su esposa fijaron una cita a las 3:00 para una escuela bíblica infantil improvisada. Con los materiales que había puesto en una funda de almohada y llevado al lugar de trabajo, nuestro grupo se fue creando a medida que avanzábamos. Hicimos pulseras de amistad con los niños. La hija de los misioneros, Rachel, leyó una historia bíblica de una Biblia para niños que habíamos traído con nosotros. Usamos perforaciones de papel en los diseños de corazones y huellas para perforar bordes en papel de construcción. Los niños escribieron con marcadores de Crayola, "Cristo te ama" dentro de los bordes del corazón, o "Sigue Jesús" dentro de los bordes de la huella. Usaron hilo de bordar para tejer dentro y fuera de los bordes y luego pegaron el papel del borde en otro color de cartulina. También les dimos calcomanías y muchos abrazos.

Cantamos, trabajamos y tocamos hasta pasadas las 5:00. Me sorprendió que un hombre mayor viniera y pidiera que le hicieran un brazalete de amistad. Usé hilo azul, negro y blanco tejido juntos mientras él sostenía el extremo de los hilos. Se lo puse en la muñeca, le estreché la mano y dije: "Amigo." Más tarde esa semana, con el brazalete de amistad aún atado en la muñeca, dio un testimonio de su fe.

Durante nuestro servicio vespertino, Jon predicó mientras su hija traducía un mensaje sobre cómo avanzar y acercarse a Dios. Mientras cerrábamos los ojos e inclinábamos la cabeza al son de una hermosa canción a capella de los misioneros, me encontré orando fervientemente por la mujer que estaba a mi lado. Compartimos un himnario y pude ver sus frágiles brazos y manos. Cuando abrí los ojos después de la oración, ella estaba en el altar tomando la decisión de seguir a Jesucristo. Tuvo cuatro hijos con su pareja, el hombre con el que vivía. No podían darse el lujo de casarse y estaban luchando. No podía dejar de pensar u orar por ella.

Llevamos a cabo devociones nocturnas en el hotel. Uno de los miembros de nuestro equipo se echó a llorar y dijo que había sentido el impulso de bautizarse y que iba a preguntarle a nuestro pastor al respecto cuando regresara a Ohio. El pastor Jaime dijo: "No le preguntes al pastor. Pregunta a Dios." Di un testimonio de mi bautismo en Argentina y abrimos la puerta a la posibilidad de que ella se bautizara en Ecuador al día siguiente. Regresamos a nuestras habitaciones para preparar más manualidades para la escuela bíblica dominical para niños. Nos reímos mucho esa noche, tan llenos del Espíritu Santo y del gozo de estar juntos sirviendo al Señor.

Al día siguiente llegó un montón de tierra, y las mujeres y los niños sacaron las rocas enormes de la mezcla y llevaron cubetas de piedras y tierra a la parte trasera de la iglesia. Mark y el líder nombraron sus carretillas mientras subían y bajaban por los tablones de madera tirando montones de arena mientras una de las mujeres barría el exceso de tierra y agua de sus caminos. El pequeño Marcos cabalgaba sobre los extremos de sus carretillas, llamándose a sí mismo "rey de los castillos de arena." El tiempo pasaba rápido con el humor y la risa aunque estábamos sudando bajo el sol del mediodía.

Cuando llegaron los bloques de cemento, todo nuestro grupo hizo una línea de montaje, cantando y balanceando bloques hasta que el camión lleno de bloques se apiló en el edificio de la iglesia más grande en el piso de cemento nuevo (pero seco). El pastor Jaime hizo una seña a una de nuestras adolescentes y le enseñó a golpear la pared con un mortero y rellenar las grietas. Earl y compañía construyeron una cerca y una puerta de madera para encerrar el patio que conduce a la iglesia. Uno de nuestro equipo y la esposa del líder fueron de compras con la esposa del pastor para comprar hermosas urnas de flores de seda rojas y amarillas para la iglesia.

Después de un almuerzo para llevar en la iglesia, todos nos subimos a un camión de plataforma y recorrimos las calles hasta las afueras de la ciudad. Los nativos de Quevedo se unieron a nosotros vestidos con ropa de iglesia. ¡Íbamos a un bautismo! Caminamos aproximadamente 30 minutos por un sendero entre árboles y follaje hasta que llegamos a una colina que conducía a un río. Un hombre estaba allí lavando sus zapatos. El pastor Jaime y el pastor Jon revisaron la profundidad del agua y nos llamaron a un círculo, donde cantamos, oramos y escuchamos los testimonios de cada persona para ser bautizada.

Uno por uno, los candidatos se metieron en el agua. Cuando todos salieron de estar sumergidos en las aguas del bautismo, la multitud en la orilla del río gritó aleluyas y aplaudió. El cristiano recién bautizado abrazó al siguiente candidato que se metía en el agua, y luego cada persona recibió más abrazos en la orilla. Con nuestro miembro del equipo de los Estados Unidos y varios de Quevedo dando un paso más cerca de Dios en su fe, el sentido de unidad en la familia de Dios fue fuerte y conmovedor. Después, algunos del grupo nadaron, un par de ecuatorianos se enterraron en la arena, los niños jugaron y luego nos fuimos para caminar de regreso al camión.

Al regresar del viaje en camión, los pastores nos invitaron a su casa para tomar un refrigerio. En el hogar más pequeño y humilde, fuimos tratados como invitados de honor. La decoración de papel de nuestra época de la escuela bíblica estaba colgada en la pared. Nos dieron pequeños vasos de aluminio de Coca-Cola fría y galletas. Nuestro grupo de once abarrotó su casa. En la parte de atrás había una tienda de madera y una lavandería colgando de una cuerda. El divisor entre la sala y la cocina era una sábana de flores. La esposa del pastor quería cocinar para nosotros, pero nuestros misioneros se negaron diplomáticamente y los invitaron al restaurante a cenar con nosotros. Es difícil explicar a personas de otras culturas cómo la preparación del agua y los alimentos afecta nuestro cuerpo de manera diferente.

Después de la cena, íbamos a encontrarnos en la iglesia para otro servicio nocturno. Sin tiempo para reescribir el sermón de Zacarías, tomé algunas notas y oré, pidiendo al Espíritu Santo que me guiara. Rachel y yo tuvimos muy poco tiempo para compartir los versículos de la Biblia y el tema que ella me iba a traducir. Cuando llegué a la iglesia, volví a estar bajo ataque espiritual. Podía sentir mi cara enrojecer con un calor intenso que viajaba desde mi cabeza hasta mis pies. Me abaniqué y noté que nadie más estaba caliente. No sabía si podría transmitir el mensaje. Hice otra oración pidiendo fuerzas y comenzó el servicio. Cuando comencé a compartir la Palabra de Dios, miré al grupo de campistas de trabajo agotados, los rostros tristes de la gente de Quevedo, los niños pequeños en brazos de sus madres y las miradas vacías de algunos de los hombres. Encontré un rostro resplandeciente de alegría que me animó a continuar: nuestro estadounidense recién bautizado. El resplandor del bautismo todavía irradiaba de todo su ser. Hablé de que Dios es más importante que la familia, de la apertura del evangelio, del bautismo y del poder sanador de Jesucristo. A veces me encontraba esperando y mirando a Rachel mientras interpretaba mis palabras. Tuvimos un tiempo de oración e invitamos a todos los que quisieran venir al altar para orar y recibir apoyo adicional. Después del servicio, intercambiamos saludos con la gente de la iglesia y luego regresamos a nuestro hotel.

De regreso al hotel, preparamos manualidades con pinzas para la ropa con figuritas de Jesús pegadas a la cruz con velcro para que pudieran volver a contar la historia de salvación a sus familiares y amigos. Al levantarme temprano para recolectar materiales para manualidades, orar y aplicar mi cara de payaso, no pude unirme a los demás para desayunar. Íbamos a tener un estudio bíblico de 9 a 10:30 con salida inmediata en el autobús de regreso a Quito. No estaba segura de si iba a tener que viajar seis horas con cara de payaso, así que empaqué las toallitas para desmaquillar. El pastor Jaime me envió al piso de arriba para pintar una sonrisa más grande en mi rostro. Compartió que también hizo dramas cristianos. Para divertirme, le puse un casco vikingo y unas gafas ridículas con una nariz de castor con un letrero que decía "pecado." Inmediatamente comenzó a interpretar el papel y lo reclutamos a él y a otro de nuestro grupo para que nos ayudaran con una obra de teatro en la iglesia de niños esa mañana.

Cincuenta niños vinieron a la iglesia para cantar con Karen, hacer manualidades, ver nuestras parodias y disfrutar de las calcomanías que les dejamos. Me asombró su atención. Todavía puedo ver sus ojos brillantes, la esperanza en sus expresiones. Recé para que algún día los rostros de los adultos tuvieran esa expresión de esperanza y alegría. Nuestra misión era animar a la gente. Creo que la tarea se cumplió, pero queda mucho por hacer.

Como es típico en la cultura sudamericana, no salimos a tiempo. Fue más importante compartir despedidas, fotos, regalos de agradecimiento presentados por la familia del pastor y muchas lágrimas. Las despedidas siempre son difíciles, pero más después de haber compartido juntos una experiencia tan espiritual.

Ansiosos por regresar a las montañas a Quito antes del anochecer, Jon nos dijo que siguiéramos adelante. Fatigados pero contentos, nos acomodamos para el viaje de 6 horas. Recuerdo haber pensado que debería recordarle a Mark que este es el momento en que nos relajamos y nos sentimos demasiado cómodos en un viaje. Debemos recordar sobre el agua y la seguridad, etc. Debería haberme recordado a mí misma. En el lujoso baño de una gasolinera con dispensador de papel higiénico y agua, coloqué mi riñonera sobre el dispensador y lo olvidé allí. Alguien estaba emocionado por un enorme insecto en el mostrador y salí corriendo a ver. Cuarenta y cinco minutos más tarde en el autobús, el color de mi cara se desvaneció cuando me di cuenta de que todo mi dinero, mi licencia de conducir, pasaporte, lentes de sol y tarjetas médicas estaban de vuelta en el baño público. El pastor Jaime detuvo el autobús y habló con el pastor Jon, que conducía detrás del autobús. Inmediatamente se dieron la vuelta para regresar a la gasolinera. Rezamos. El pastor Jaime sintió un fracaso personal por mi error. Me sentí terrible por la pérdida de tiempo, las molestias a los demás mientras esperaban en otra área de descanso.

Mientras oraba, recuerdo el musical juvenil "Any Road, Any Cost" ("Cualquier Camino, Cualquier Costo"). Dios me dijo en oración que estaba en ese punto. Estaba en un camino extranjero desconocido sin dinero, pero todavía estaba en Sus manos. Milagrosamente, 30 minutos después, el pastor Jon regresó con mi riñonera con todo el contenido. Todavía estaba colgando donde lo había dejado. Me había disculpado una y otra vez cuando uno de los líderes me dijo: "Realmente creo que todo esto está en el plan de Dios. Por alguna razón, no íbamos a estar por delante en la carretera en este momento. Él está a cargo." Amén.

Milagrosamente también, regresamos antes del anochecer y disfrutamos de la pizza y ensalada de Pizza Hut de la zona llamada Jipijapa. La entrega en Ecuador es en motocicleta. Esa noche, Mark dirigió devociones. Estoy muy agradecida de haber compartido esta experiencia misionera con uno de mis hijos. Él y Earl Dawson compartieron habitación juntos y se hicieron buenos amigos en este viaje.

Paramos en Zabala, donde los misioneros habían comenzado una iglesia sin una congregación establecida o un liderazgo en su lugar. El pastor Jon sintió la guía de Dios para construir una iglesia para las personas que tenían tanta tristeza en sus rostros. La historia cuenta que cuando se completó el proyecto de tres años, el primer servicio comenzó sin visitantes presentes. Mientras Jon y los demás oraban, un hombre caminó hacia las puertas traseras y llamó al "predicador" para que viniera a ver. Desde varios caminos hacia la pequeña iglesia, vinieron más de 100 personas al servicio. Ahora hay una pastora y su esposo que tienen la visión de comenzar una guardería, atención médica y almuerzo gratis para los niños en las calles.

De regreso en Quito, nuestro grupo trabajó en un seminario pintando y haciendo pequeñas reparaciones. Al día siguiente fuimos al mercado indio de Otavalo, donde Karen compró bizcochos recién hechos y jarabe de mora, un delicioso jarabe embotellado que se usa en panes, helados o lo que sea. Vimos millas y millas de plantaciones de rosas con invernaderos alineados en el camino. Ecuador es conocido por sus rosas y chocolate (hogar de Nestlé). Mark y yo compramos artículos de lana de lama y lana de alpaca, cerámica, instrumentos con pezuñas de cabra, tapices de pared y figuritas de masa de pan. Otros compraron chaquetas de cuero y suéteres de alpaca.

Al día siguiente, volvimos a trabajar en el seminario y luego empacamos algunas cosas y abordamos el autobús hacia la selva. La ciudad de Quito se convirtió en selva tropical hasta que nos quedamos sin camino pavimentado. Realmente estábamos en la jungla. Las montañas estaban heladas y la jungla era cálida y húmeda. La patrulla fronteriza de la policía nos detuvo y nos hizo bajar del autobús, pero se nos permitió continuar nuestro camino. Paramos en un mercado al borde de la carretera y compramos una mezcla de maíz envuelta y cocida en una hoja de plátano. Algunas eran dulces y otras saladas. Girando hacia un camino de ripio con hojas golpeando las ventanas de nuestro autobús, el autobús recorrió 25 km en un viaje accidentado hasta que llegamos al río Napo, un afluente del río Amazonas. Dejamos nuestro equipaje en canoas de balsa y nos dirigimos río abajo hasta un hotel resort. Después del almuerzo, nos dirigimos en canoa al zoológico del Amazonas con animales en libertad. Se nos indicó que no gritáramos si un animal se nos lanzaba encima. Estaríamos en peligro de ser atacados por especies protectoras más grandes. Earl Dawson se comunicaba bien con diferentes tipos de animales. Ellos lo amaban. Un mono trepó por el brazo y se subió al hombro de una de nuestras adolescentes. Sostuvimos serpientes y observamos cientos de hermosas mariposas. Luego regresamos al hotel para devociones y testimonios sobre el valor del voluntariado y el servicio.

Al día siguiente, como un viaje para apreciar el país de Ecuador, nuestro grupo viajó en canoa río arriba para una caminata de dos horas en la selva amazónica. Las botas nos las proporcionó el hotel. Esta no fue la única vez que Dios tuvo que protegerme de mi propia ignorancia, pero es la más memorable.

Aprendimos que todo lo que necesitamos para existir está ahí. Nuestro guía nos mostró cómo los nativos hacían sombreros, ropa y cabañas con grandes hojas de palmera para protegerlos del clima. Probamos palmitos, tallos de ruibarbo y otras provisiones seguras de la jungla. Nuestro guía tejió una hoja de palma en una falda y luego una corona para nuestra adolescente de cabello rubio, a quien luego llamamos nuestra "reina de la jungla." Nos mostró productos de la selva: peines, cuentas, pinturas y todo lo necesario para sobrevivir en la selva. La temperatura en la jungla era agradable, pero la caminata fue extenuante. Comimos hormigas limón vivas de la rama de un árbol. Cuando presionamos las hormigas contra el paladar con la lengua, pudimos saborear el sabor de, ¡lo adivinaste, limón! Estuvimos atentos a "La Hormiga," la hormiga que podía matar a un hombre adulto de un mordisco. Era más grande que las hormigas limón y tenía diferentes marcas, que nos lo mostró nuestro guía tomando una rama y dejándonos ver correr a la hormiga asesina de un extremo al otro.

Nos enseñaron cómo disparar dardos venenosos con bastones ahuecados, trozos de madera tallados. Las vainas de algodón de las plantas contenían el veneno, las cáscaras de coco enteras contenían el "algodón." Las redes tejidas con enredaderas sostenían la pistola de dardos y los bastones ahuecados sostenían dardos adicionales. El guía se llevó la pistola de dardos a la boca y disparó un dardo venenoso hacia los árboles, demostrando su destreza en la caza. Los monos, las aves exóticas y otras maravillas de la selva tropical nos mantuvieron caminando, observando y aprendiendo más sobre la asombrosa provisión de Dios a través de la naturaleza.

Mientras caminábamos a lo largo de una cresta, nos detuvimos y miramos las copas de los árboles que se elevaban sesenta pies sobre el suelo muy por debajo de nosotros. El misionero y el guía nos mostraron cómo la gente podía columpiarse en los árboles, como Tarzán, con las fuertes enredaderas que colgaban de estos árboles gigantes. Ellos agarraron la enredadera entre sus rodillas, la sostuvieron con ambas manos y se alejaron de la cresta donde estábamos parados. Las enredaderas colgantes los llevaron a salvo a nuestro lugar en la cresta, y todos aplaudimos su actuación. El guía se ofreció a que cualquiera probara la enredadera oscilante y, por supuesto, mi hijo se ofreció como voluntario antes de que pudiera objetar. No tuve tiempo para rezar, simplemente inhalé un poco y lo mantuve hasta que sus pies volvieron a estar en tierra firme. Después de que elogió lo divertido que se había divertido haciéndolo, cada persona tomó un turno, excepto yo. Sabía por mis clases de gimnasia en la escuela secundaria que mis brazos débiles nunca podrían soportar el peso de mis caderas.

Cuando los miembros del grupo comenzaron a reanudar su caminata, sostuve la viña en mis manos y le dije al misionero: "Desearía poder hacer esto, pero mis brazos nunca me apoyarían."

Él respondió rápidamente: "¡Por supuesto que lo harán! ¡La pura adrenalina te mantendrá!" mientras me empujaba lejos de la cresta y hacia las copas de los árboles. Él estaba en lo correcto. Mis músculos básicos de supervivencia se contrajeron y estaba colgando de mis manos y pies, literalmente, por vida. No recuerdo haber disfrutado de la vista o cómo volví a estar a salvo. Solo sé que sucedió... y que nunca volverá a suceder. Gracias, Dios, por salvarme de mí misma... de nuevo. ¡Uf! ¡Aún sigo aquí!

Cuando nuestra caminata llegó a su fin en la orilla del río de un afluente amazónico, nuestro grupo trabajó con nuestro guía para construir balsas para llevarnos de regreso río abajo hasta nuestro punto original de entrada a la selva tropical. Las balsas consistían en seis troncos paralelos con un tronco cruzado en cada extremo atados con una cuerda. Nos dividimos en grupos más pequeños encabezados por hombres jóvenes con palos para dirigir nuestras balsas río abajo. Estaba en una balsa con mi hijo y otros dos adolescentes. La corriente del río fluía de manera constante bajo el sol de la tarde con el agua del río Napo subiendo entre los huecos de los troncos. Hundimos los dedos de los pies en el agua cuando era profunda y escuchamos cómo los pequeños rápidos nos navegaban. Fue surrealista. Le pregunté a nuestro guía si podíamos meternos en el agua y colgarnos de la balsa para refrescarnos. Indicó que sí. Preguntamos si era seguro, y nuevamente dijo que sí, así que todos nos deslizamos al agua y flotamos, charlando y burlándonos unos de otros sobre ser mordidos por pirañas. Pregunté si había pirañas en este río y el guía dijo que las había, pero no en esta zona con los rápidos. Sintiéndonos más nerviosos y con la esperanza de entender el iidioma uno del otro, regresamos a la parte superior de la balsa y terminamos nuestro corto viaje a un lugar seguro. Solo después de que nos unimos a los demás escuchamos que los otros guías les informaron que se había visto una anaconda de 20 pies debajo del puente río arriba, no cerca de nosotros en ese momento, pero lo suficientemente cerca para saber que estábamos locos para sumergirnos. en las mismas aguas que las anacondas, pirañas, caimanes negros y esturiones de 9 pies que le llaman hogar. Esa fue la tercera vez en un viaje que Dios me protegió, y aún sigo aquí, así que debo tener fe en que Dios realmente nos salva de nosotros mismos a veces.

Más tarde en el día, hicimos otra excursión y recorrimos un pueblo indígena, probando pistolas de dardos, viéndolos hacer ollas y cuencos de barro, haciendo chicha (una bebida indígena fermentada) y aprendiendo más sobre las provisiones de la jungla. Seguimos este recorrido nadando en la piscina del hotel y comiendo nieve junto a la piscina, donde Earl pudo describir cada sabor: coco, chocolate, frambuesa, etc. Por la noche, los murciélagos volaron sobre la piscina para atrapar los insectos en la parte superior del agua. No eran tímidos, sino rápidos. Las luces de la piscina reflejaban sus estómagos rojos y alas en ángulo. Podíamos escuchar los pitidos de su sonar mientras volaban cerca de nosotros. Fue espectacular de ver.

Mark y yo compartimos una habitación con un porche privado y una hamaca con vista al río. Las paredes y el techo parecían troncos tallados a mano. Fue maravillosamente pacífico y agradable. El ventilador de techo nos mantuvo frescos y los sonidos de la vida salvaje nos recordaron dónde estábamos.

El viaje temprano por la mañana de regreso a Quito fue un poco aterrador con las sinuosas carreteras de montaña cuando los autobuses se encontraban con los autobuses en las esquinas. Un toque de lluvia hacía que el autobús se deslizara de vez en cuando. Echaba de menos las barandillas de Estados Unidos. De regreso a "casa" en Quito, fuimos a un rancho de rosas y compramos rosas a cincuenta centavos la docena. Compartimos una última devoción vespertina que fue emotiva. Nos reunimos con los líderes nacionales de la Iglesia de Dios para cenar y me dieron buenos consejos para recibir a nuestros amigos argentinos el verano siguiente. Cantamos las mismas canciones que se cantaron para el llamado al altar en Quevedo, y nos sentimos atraídos hacia la gente humilde en una parte remota de Ecuador. Nos acostamos temprano para despertarnos a las tres en la mañana para el viaje de regreso a los Estados Unidos. De nuevo, cuando llegamos a Miami, solicitamos un vuelo directo de regreso a Ohio, y fuimos bendecidos nuevamente, y cada uno de nosotros recibió un Vale de $600. En Chicago, uno de nuestros amigos, mi hijo Mark, y yo acordamos que nos subieran a un vuelo sobrecupo, y recibimos otro vale de $250. En total, Mark y yo fuimos bendecidos con $1700 en pasajes aéreos para el futuro, ¡que fue más que el costo de nuestra misión en Ecuador!

Nuestro amigo tenía familia en Chicago, así que nos quedamos en su mansión: pisos de mármol, alfombra blanca, cine en casa y "sobras" exóticas de brochetas de res, frutas frescas, vegetales, fresas cubiertas de chocolate, etc. La anfitriona fue tan amable como la esposa del pastor en Quevedo, pero los extremos de la pobreza a la riqueza nos dejaron a Mark y a mí en un choque cultural.

Muchos años después, Mark y yo *aún seguimos aquí* en Ohio. Él y su esposa, Jessica, tienen cuatro niños pequeños. Sus gemelos, Asher y Aaron, me recuerdan al pequeño Marcos con su cabello espeso y oscuro y ojos oscuros. Mientras siguen a papá Mark por el jardín mientras él corta el césped, no puedo evitar pensar en el pequeño Marcos en la carretilla de Mark en Ecuador. Por nuestras experiencias espirituales, cambiamos para siempre.

–9–
El Más Grande, El Último y El Olvidado

Me olvidan como si estuviera muerto; Me he vuelto como cerámica rota. —Salmo 31:12

"Aún Sigo Aquí."

Allen, Dakota del Sur, población 420 se considera el lugar más pobre de los Estados Unidos. Cerca de allí es la Reserva India Pine Ridge, cuya tasa de pobreza es del 53% para los indios Oglala Lakota que viven allí. Pine Ridge es también una de las reservas más grandes de los Estados Unidos con 3,468.85 millas cuadradas con más de 40,000 personas, que tienen la esperanza de vida más baja y algunas de las comunidades más pobres del país. También es el sitio histórico de la Masacre de Wounded Knee.

Nuestros misioneros de la Iglesia de Dios vivían cerca, pero no en la reserva. La pareja de ancianos vivía en una casa rodante con un espacio del tamaño de un garaje que se usaba para un centro de adoración. Ellos ministraron al pueblo sioux con un enfoque evangelístico diferente a cualquiera que haya visto, probablemente debido a la desconfianza entre las culturas blanca y nativa americana. Su propósito era sensibilizar acerca de las necesidades de los más pobres, obtener fondos para ayudar con el cuidado de la salud y la educación y compartir el amor de Dios con ellos. Parecía haber una mezcla de cristianismo y la conciencia de la importancia del espiritualismo tradicional de los indios americanos que se conectan tan profundamente con la tierra, los animales y sus guías espirituales.

Nuestra tarea fue construir un par de baños con duchas, dormitorios adicionales y un anfiteatro común al aire libre para que los jefes y líderes de las tribus de una zona vasta circundante pudieran reunirse en busca de apoyo, dirección y estrategias para ayudar a su gente a salir de la pobreza, alcoholismo, enfermedades tratables y disfunciones que destruyen familias.

Nuestro grupo misionero voló de Ohio a Rapid City en avión, se reunieron con los misioneros en dos camionetas y viajaron en caravana detrás de una plataforma llena de materiales de construcción que habíamos comprado localmente. Cuando llegamos al aeropuerto de Dakota del Sur, veníamos del verano asoleado, pero como sucede con frecuencia en esta parte del oeste, el clima cambia rápidamente. Con un viaje de dos horas hasta Allen, nos encontramos en medio de una tormenta de nieve, que se convirtió en una ventisca. Incluso antes de la nieve, vimos muy pocos autos, ni casas, ni carteles publicitarias ni negocios a los lados de la carretera. El camión de plataforma con su carga pesada lo pasó mejor conduciendo por las colinas que las camionetas más ligeras de los trabajadores campistas. Había poca tracción en las carreteras heladas y los limpiaparabrisas apenas podían darnos una vista hacia adelante. Los enormes copos de nieve soplaron de lado con un viento fuerte, por lo que la visibilidad desde cualquier punto de vista era limitada.

La caravana avanzó lentamente, porque no había rampas de salida, ni arcenes anchos ni forma de dar la vuelta. Tuvimos que seguir avanzando, hasta que una pendiente dejó el camión y las camionetas se detuvieron con las ruedas girando. Los conductores y algunos de los hombres salieron y trataron de encontrar una manera de aumentar la tracción y de alguna manera el camión subió la colina, ayudado por los neumáticos grandes y el peso de los materiales. Las camionetas fueron una historia diferente. No fueron hechas para advertencias invernales, y ninguna cantidad de empujones, oraciones o maniobras ayudó al vehículo.

Nuestro conductor, mi esposo, regresó a la camioneta para calentarse y reagruparse. Nos dijo que estábamos atrapados y que cualquier cosa que funciona en la nieve de Ohio no servía de nada en esta tormenta de nieve. Puede que tengamos que esperar hasta que los vientos y la nieve se calmen para intentarlo de nuevo. Todos nos ofrecimos a salir y empujar, pero él dijo que no. Sin abrigos gruesos de invierno y botas de nieve, seríamos responsabilidades adicionales en la superficie resbaladiza de las carreteras. Si alguien resultaba herido, no había ayuda por millas y millas y no había forma de traer a alguien ahí en medio de la nada. Decidimos dedicarnos a la oración mientras esperábamos.

En cuestión de minutos, alguien tocó la ventana del lado del conductor y había un hombre parado allí que no era de nuestra caravana. Parecía ser nativo americano y vestía una chaqueta de cuero de gamuza liviana sin capucha y sin guantes. No podía verlo claramente porque la nieve entraba en la camioneta. Le preguntó a mi esposo: "¿Quieres ayuda?" Mi esposo salió de la camioneta y nos dijo que nos quedáramos adentro.

El hombre se unió a los otros conductores y algunos más y en minutos, nuestra camioneta llegó a la cima de la colina. Aplaudimos y agradecimos al Señor y miramos a nuestro alrededor para abrazar a nuestro "ángel en la nieve" que había venido a salvarnos. Se había perdido de vista en la tormenta de nieve. Simplemente había ido y venido sin dejar rastro. Nos sorprendió que alguien pudiera desaparecer tan rápido y que cualquiera pudiera sobrevivir en condiciones de frío extremo y tormenta de nieve.

Cuando llegamos a la casa de los misioneros, les preguntamos a todos en nuestra caravana sobre la identidad de nuestro "ángel." Nadie sabía su nombre ni lo había visto antes. Les preguntamos a los misioneros sobre alguien que pudiera vivir cerca de la colina donde estábamos atrapados y dijeron que no. Era un tramo de carretera bastante desierto desde el aeropuerto hasta su casa. Quién más podría haber sido sino un ángel de misericordia del Señor en nuestro tiempo de necesidad el espíritu de ayuda de nuestros amigos indios americanos y una señal inolvidable de Dios de que nunca estamos solos, ni siquiera en una tormenta de nieve en el medio de Dakota del Sur.

Al día siguiente, a la luz de la mañana, pudimos ver carámbanos de hielo que se habían formado en los aleros de la casa de los misioneros. Los carámbanos no colgaban, sino que se habían formado horizontalmente, ¡directamente desde el techo! Pensé en lo fuerte que había soplado el viento maligno y frío la noche anterior en la carretera, y me pregunté si nuestro amable extraño todavía estaría en alguna parte, ayudando a otros.

El sol de la tarde derritió la nieve y el hielo rápidamente y empezamos a trabajar. Al día siguiente, estábamos afuera en pantalones cortos y camisetas. La carretera a lo largo de nuestro lugar de trabajo estaba tan desierta que mis hijos adolescentes y amigos se tomaron fotos unos a otros parados en medio de la carretera de dos carriles. La forma natural de la tierra detrás del remolque facilitó la creación de un anfiteatro. Excavando en el suelo y formando un círculo, luego colocamos ladrillos y bloques de concreto como soporte. Las duchas y los baños se completaron en una semana, y tuvimos tiempo adicional para invitar a la gente local a cenar juntos y conocerlos a nivel personal.

Compartimos juntos un servicio de adoración en la pequeña capilla del tamaño de un gran garaje. Cantamos canciones mezcladas del cristianismo blanco tradicional y coros de indios americanos. Presentamos historias bíblicas en forma de parodias para los niños e hicimos manualidades junto con los padres y sus hijos.

Más tarde, los misioneros nos organizaron para visitar algunas casas en la reserva. Nos sorprendieron los severos niveles de pobreza que nos rodeaban. Estábamos viendo a los más pobres de Estados Unidos y fue desgarrador. Para ayudar con su economía, preguntamos si se nos permitiría comprar algunos de los artículos hechos a mano de las mujeres Lakota. Hicieron colchas, cuentas y otros artículos para vender. Su artesanía experta estaba más allá de la descripción, pero sus precios de venta eran vergonzosamente bajos. Por cada cuadrado acolchado, había una muñeca grande con cabello de hilo negro peinado en un moño o una cola de caballo, collar de cuentas, blusa y falda de colores y pequeños zapatos decorados. Cada cuadrado debe haber tomado horas para crear y la colcha muchos días. Fue un honor conocer a la mujer que tenía el talento para crear una obra de arte tan hermosa. Hablaba suavemente con amables ojos castaños oscuros, un rostro arrugado por el sol, una sonrisa vacilante que revelaba algunos dientes perdidos, manos apretadas y una ligera curva en su estatura. Su casa era pequeña con poca luz y las habitaciones sólo lo suficientemente grandes para que dos de nosotros las ocupáramos al mismo tiempo. Ella estaba contenta de que nos gustara su obra y nos sentimos honrados de haber conocido a una artesana tan talentosa. La visita tocó mi corazón, ver tanta belleza en medio de la pobreza. Nuestro mundo está desequilibrado.

Cuando visitamos Wounded Knee, nos quedamos sin palabras al ver un montón de tierra tan grande que fue la tumba de tantas víctimas anónimas de la masacre allí. Estábamos en tierra sagrada. La historia registra que justo después de la Navidad de 1890, las tropas de caballería estadounidenses rodearon y dispararon contra una banda de Lakota Sioux cerca de Wounded Knee Creek, Dakota del Sur, matando a la mitad de la población Sioux. Los indios ya se habían rendido, pero cuando alguien disparó un tiro, como registra el letrero en Wounded Knee: "Se desató el infierno." El letrero conmemorativo de madera rojo frente al monte de sepultura dice que después de los asesinatos, "Se levantó una tormenta de nieve. Cuatro días después, un destacamento del Ejército recogió a los indios muertos y los enterró en una fosa común…" Pensé en nuestra experiencia con la tormenta de nieve y me estremecí.

Qué trágico que el acto impulsivo de una persona disparando un arma durante un tiempo de rendición, combinado con presunciones y suposiciones sobre la cultura y las prácticas religiosas de otra persona, pudiera resultar en la muerte de tantas personas, incluyendo mujeres y niños. Pensé en la mujer que acabábamos de visitar en la reserva y sus hermosas colchas y baratijas para vender para ayudar a alimentar a sus hijos. Visitar la casa de una madre pobre sioux el mismo día que visitáramos la tumba histórica de la masacre de Wounded Knee me hizo pensar si nuestro país ha logrado algún progreso en nuestros esfuerzos por la justicia y la igualdad. Si el acto de una persona puede llevar a tantas muertes, quizás el acto de una persona podría llevar a muchas más personas a vivir.

En Lucas 4: 14-20, Jesús leyó del sagrado rollo de las Escrituras: "El Espíritu del Señor está sobre mí, porque me ha ungido para llevar la Buena Noticia a los pobres. Me ha enviado a proclamar la libertad a los presos y la vista a los ciegos, a liberar a los oprimidos, a proclamar el año del favor del Señor." Lo enrolló de nuevo, se lo devolvió al ayudante y se sentó. Los ojos de todos en la sinagoga estaban fijos en él. Comenzó a decirles: "Hoy se cumple esta Escritura que han escuchado."

Jesús proclamó esta buena noticia en el templo judío de su ciudad natal de Nazaret. Desde su época, ha habido muchos intentos de genocidio con el asesinato de 6 millones de judíos, 7 millones de ucranianos, 3 millones de camboyanos, 1.5 millones de irlandeses, 1 millón de tutsis en Ruanda, 120,000 indios americanos y muchos más.

Es difícil para mí mantener la esperanza de que alguna vez lleguemos a un acuerdo de paz en nuestro mundo, pero no podemos dejar de trabajar para llegar a ese fin. Quizás el Espíritu del Señor esté sobre cada uno de nosotros para proclamar buenas noticias a los pobres, para proclamar libertad a los presos y vista a los ciegos, para liberar a los oprimidos. ¿Qué podemos hacer cada uno de nosotros para ayudar a los pobres y oprimidos de nuestro mundo?

Tengo esperanza en Jesucristo y vida eterna en el cielo. Tengo la esperanza de que la educación pueda conducir a una mejor comprensión y conciencia. Tengo la esperanza de que los científicos e inventores encuentren curas para las enfermedades y la pobreza.

Tengo la esperanza de que cada persona tenga la capacidad de dar, compartir, ayudar, construir, crear algo nuevo para mejorar el mundo. Tengo la esperanza de que la mayoría de las personas realmente amen a otras personas. Y cuando la esperanza se desvanece, el poder de la oración puede mover la mano de Dios más allá de lo que podemos hacer por nosotros mismos.

Nuestro proyecto era construir baños en lugar de edificios para iglesias. Pensé que era cómico al principio. Hice bromas irreverentes acerca de que me llamaron para ir a Dakota del Sur a construir "letrinas para Jesús." Bromeé diciendo que cuando Dios nos llama, "tenemos que ir." Sin embargo, no me di cuenta de que el viaje fue un tirón espiritual y emocional en nuestros corazones para presenciar a los más pobres de los pobres, la evidencia de un intento de genocidio y los resultados de los enfrentamientos culturales y la opresión que afecta a tantos hombres, mujeres y niños en nuestro propio país.

También amplié mi conciencia de por qué los indios americanos no querían renunciar a su fe en el "Gran Espíritu" por un sistema de creencias diferente que les trajeron los blancos. He llegado a ampliar mi aprecio por Dios como Creador, el creador de todas las cosas. Los Sioux no ven ninguna separación entre el mundo físico y el espiritual, especialmente porque su existencia se ha basado en vivir de la tierra. Hay un Gran Espíritu, del cual provienen todas las cosas, animales, plantas y humanos. Su creencia en el Gran Espíritu es similar a mi creencia en Dios Padre, Creador y Dador de vida. Más allá de eso, la manera en que vivimos nuestra fe es muy diferente, especialmente con Jesús como nuestro Salvador humano, pero divino, de nuestras almas.

Al pasar tiempo con los misioneros y las familias locales de Lakota, aprendí que nuestros esfuerzos de construcción tenían un significado mayor de lo que había pensado originalmente. Los resultados de nuestro campo de trabajo habían creado un espacio de reunión para acomodar a los líderes de los indios americanos para su conferencia regional en un lugar neutral; iba a ser un evento monumental para ellos. No me había dado cuenta de que estábamos sirviendo a más de una tribu de indios americanos. Deseaba que pudiéramos estar allí para organizar el evento, pero teníamos que volver con nuestras familias en Ohio.

Estoy feliz de que nuestro Dios y su Gran Espíritu nos trajeron a Dakota del Sur por un corto tiempo para entender y servir a personas sobre las que solo hemos leído en los libros de historia. No necesitábamos nuestro "ángel de la nieve" Sioux en nuestro viaje de regreso. Aprovechamos las temperaturas más cálidas y visitamos el Monumento Nacional Mount Rushmore en Keystone, una ciudad en Black Hills a solo 30 millas de Rapid City.

Parados al pie de la montaña y mirando los rostros tallados de cuatro presidentes estadounidenses, me quedé asombrada por la magnitud de esta escultura. Me emocionó la lealtad nacional de un cantero que pudo presentar a los líderes de nuestro país de una manera tan permanente y poderosa. Sin embargo, recientemente me había parado al pie de un cementerio en Wounded Knee leyendo un letrero de madera roja sobre las acciones de nuestros soldados estadounidenses hacia los indios americanos. Estaba en un estado conflictivo mental y emocional.

Al salir de Mount Rushmore, experimentamos cómo esta atracción turística ayudó a la economía de Lakota en las tiendas artesanales de los alrededores. Había tiendas con artefactos de indios americanos, joyerías de Black Hills y tiendas de cerámica. Nuestro grupo disfrutó de un recorrido privado por una tienda de cerámica Lakota por familiares de nuestros nuevos amigos en Allen. La tienda abrió temprano, especialmente para nosotros, para que pudiéramos recorrer y aún hacer el viaje de regreso al aeropuerto de Rapid City. Pudimos entrar a la sala de trabajo trasera y ver el proceso desde la arcilla hasta el horno. En la parte inferior de cada pieza de cerámica estaba la firma del escultor y artista. Nos dieron una tarjeta que nos dijo el significado de cada símbolo tribal incorporado en la obra de arte. Sentí tal aprecio por la gente y su arte que compré tres cajas de cerámica y las envié a casa. Algunos amigos se burlaron de mí por mis compras excesivas de "recuerdos", pero esas piezas de cerámica son atesoradas y exhibidas en lugares prominentes de nuestra casa hoy.

La colcha de muñecas única en su tipo no se quedó en Ohio. En un viaje a Argentina, se lo di a nuestros amigos en Berisso, Argentina, donde fue exhibida en la pared de su sala como una obra de arte. Ellos también aprecian los colores brillantes de los materiales y las cuentas, y la similitud con la vestimenta brillante de los quechuas, personas que han sido víctimas de conflictos políticos y persecución étnica en América del Sur.

Dios nuestro Creador le da a toda su creación un espíritu de belleza, propósito y la capacidad de crear algo nuevo. Desde la madre más pobre de Oglala que hace una colcha una obra maestra hasta un famoso racista que esculpe figuras colosales de piedra; desde los vientos de tormenta de nieve que forman carámbanos horizontales hasta las tierras desiertas bañadas por el sol de la reserva, podemos ver el espíritu de Dios en todas partes. Creo que nuestros corazones humanos tienen suficiente compasión para compartir el espíritu de amor a través de actos tangibles de justicia y bondad con los más bajos y los últimos de la humanidad.

El Cementerio

En mi ciudad del medio oeste
En una calle de dos carriles con robles y arces,
Mis padres están enterrados en el cementerio de Santa María,
Sus tumbas marcadas con una gran piedra de mármol negro
Con sus nombres y fechas de nacimiento y muerte grabados en letra formal
Para que sus hijos, nietos y bisnietos los recuerden.
En una reserva occidental
En un montículo de tierra sobre las llanuras secas
Apiladas, cubiertos de tierra y sin nombre
Son los hombres de nuestro país, y muchas mujeres y niños
Su enorme tumba marcada con un letrero rojo brillante
Con palabras talladas en madera
Contando el relato de sus muertes
Después de que ya se hubieran rendido.
Un disparo fallado, el caos resultante, y como dice el letrero,
"Se desató el infierno."
Cuerpos esparcidos por millas y abandonados en una tormenta de nieve
Antes de ser recogidos y arrojados a un gran hoyo en el suelo.
El sitio de la aniquilación de una noble nación Sioux
Para que los restantes los recuerden
Sin embargo, los hijos y nietos siguen siendo olvidados.

–10–
Chiquilla

Hagas lo que hagas, hazlo de todo corazón, como si trabajaras para el Señor, no para los amos humanos. —Colosenses 3:23

"Aún Sigo Aquí."

Earl Dawson fue la persona más divertida que he conocido en un campo de trabajo misionero. Desde que dejamos la iglesia hasta que llegamos a casa, Earl nos hizo reír a todos. En la camioneta, en el desayuno, en el lugar de trabajo y en la limpieza al final del día, Earl contaba chistes, la mayoría de ellos sobre su esposa, Marleen. Podía ponerse en racha y seguir hasta que literalmente estábamos conteniendo nuestros estómagos y perdiendo el aliento porque su acento sureño de Kentucky hacía que todo fuera tan real, tan original y tan divertido. Para cuando condujimos de Texas a Saltillo, México, cerca de la frontera, ya estábamos contentos de estar en este viaje con este dulce hombre, a quien todos amaban tanto. "Big Earl" ("Earl el Grande"), como lo llamaban los muchachos, tenía unas manos enormes que parecían haber construido o reparado muchas casas, automóviles y maquinaria. Podía arreglar cualquier cosa, trabajar con cualquiera y hablar con cualquier extraño en la calle. Había trabajado para la ciudad en Parques y Recreación y había sido un contratista independiente, pero le encantaba ir en viajes misioneros con la iglesia. Había estado en Perú, Guatemala, Ecuador, Argentina, Honduras y Brasil, y esta vez se dirigió a México.

Cuando se ponía a reír de sus propios chistes, su amplia sonrisa mostraba los espacios entre los dientes, lo que lo hacía aún más cómico. Cuando estábamos cansados o aburridos o agotados por conversaciones serias, alguien en la camioneta le gritaba a Earl: "Oye, Earl, ¿cómo está tu esposa?" y Earl volvería a incorporarse con material nuevo. "Mi esposa nunca puede ser feliz simplemente dejando las cosas como están. Ella siempre tiene que estar cambiando las cosas. ¿Por qué es eso? Un día, mi lista de tareas del hogar estaba completada y la vi mirando a su alrededor y diciendo que quería una nueva apariencia. Esperaba que solo quisiera un nuevo peinado o un lavado de cara, pero no, me hizo reorganizar todos los muebles que teníamos... dos veces. Incluso me hizo mover la chimenea de ladrillo al lado opuesto de la sala."

Llegamos después de un largo día de viaje desde el aeropuerto y al otro lado de la frontera mexicana. Mi esposo Darrell y yo, junto con algunos otros de nuestro grupo, hicimos un recorrido a pie por el pueblo cercano para estirar las piernas y experimentar la cultura mexicana. Nos sentíamos más seguros en territorio extraño porque "Big Earl" estaba con nosotros. Saludamos a las personas que pasamos con nuestro español limitado. "¡Hola!" o "¿Cómo esta?" Destacamos en esta pequeña ciudad con nuestra piel más clara y nuestra charla fuerte. La mayoría de la gente asintió y siguió caminando, pero siempre le devolvieron la sonrisa a Earl. Nos sorprendió que una mujer se detuviera a hablar con nosotros en inglés, preguntando por qué estábamos en Saltillo, de dónde éramos y cuánto tiempo nos quedaríamos. Earl era parte de nuestro grupo y se unió a las bromas. La mujer preguntó de dónde era Earl porque dijo que obviamente era de otro lugar. Ella dijo que podía entender el inglés de todos, excepto el de él. Earl explicó que era de Kentucky, e incluso la gente de Ohio ni siquiera podía entenderlo a veces, ni siquiera su esposa. Dijo que probablemente por eso su esposa nunca hizo lo que él le decía que hiciera. Le dijimos que sabíamos que ella era la que le decía por esa lista de cosas que hacer de la que hablaba.

Cuando comenzó la construcción de la casa de un pastor, Earl se puso manos a la obra mientras trazaba el diseño, asignaba tareas a la gente y tomaba la iniciativa en los caballos de sierra midiendo, cortando, lijando, preparando tablas para los marcos de las puertas, las paredes y el techo. A pesar de lo rudo que parecía en su exterior, tenía el espíritu más paciente con los jóvenes que se habían ofrecido como voluntarios para venir y ayudar. Earl fue el mentor de mis hijos, explicándoles, mostrándoles, dándoles gracia con los errores y siendo el mejor capataz que jamás hayan tenido en un sitio de trabajo.

En ese momento yo era madre de hijos adolescentes y no era hábil con un martillo ni podía levantar ningún peso, pero Earl también me puso a trabajar. Yo era su "Chiquilla Arrima Todo". Mi trabajo consistía en pararme al pie de su escalera y esperar a que me pidiera que le entregara una herramienta, que encontrara la cinta métrica, que consiguiera más clavos y que hiciera cualquier otra cosa que le impidiera subir y bajar por la escalera todo el día. También estaba a cargo de asegurarme de que Earl y otros se mantuvieran hidratados con agua limpia y fría bajo el cálido sol mexicano. En nuestros descansos para tomar agua o en el trabajo, a menudo comenzaba a cantar. Era miembro de Elktones, un grupo de canto masculino de Ohio. Earl podría llevar una melodía y sería uno de los cantantes más fuertes en nuestro coro de grupo para los servicios de la iglesia de Saltillo. Escucharlo cantar mientras cortaba, martillaba o medía una tabla de madera hizo que todos amaramos aún más nuestro trabajo voluntario. Durante las devociones o las conversaciones serias, Earl me llamaba por mi nombre, pero en el lugar de trabajo todo el día decía: "Hey, Chiquilla, necesito …" y yo hacia el mandado. En ese trabajo, podía observar su habilidad, escuchar sus instrucciones paso a paso para mis hijos en el techo y escucharlo resolver un problema de construcción al mismo instante. Trabajó con los otros hombres para construir una hermosa casa, no solo un cuadrado de cuatro paredes, sino arcos y vigas que diferenciaban la casa de las demás. Los días estaban llenos y estábamos fatigados al final de la jornada laboral, pero Earl intensificaba su comedia en la cena. Nunca se cansaba de hacer que la gente se sintiera mejor. Nunca escuchamos una palabrota en el sitio de construcción, nunca escuchamos un chiste sucio y nunca lo vimos renunciar a un problema.

El segundo día, pensé que debía haber hecho un buen trabajo para él porque me asignaron nuevamente para ser su ayudante todo el día. Earl dijo: "Hiciste un buen trabajo impidiéndome subir y bajar por la escalera y asegurándome de que beba agua. Le prometí a mi esposa que me haría cargo de mí mismo, pero voy a necesitar ayuda ".

Le respondí: "Está bien, Earl Baby, seré tu chiquilla y haré lo mejor que pueda."

Earl sonrió y respondió: "Si no fueras buena, ya te hubiera despedido."

Dije: "Eso es lo que Marleen dice de ti."

Él dijo: "Ella es una de las buenas. Sigo pidiéndole que venga conmigo en estos viajes, pero ella sigue diciendo que no. Creo que necesita un descanso de mí, así que se alegra cada vez que llega el próximo viaje misionero. La pongo de nervios tanto que creo que son sus vacaciones de mí."

Le dije: "Entonces deja de contarle todos esos chistes malos."

Entonces Earl empieza de nuevo. "No son chistes malos. Todas son historias reales. Pregúntale… "

"Bueno, ella no está aquí."

"Exactamente," decía con su sonrisa malhumorada. Y luego sacaba otra divertida historia de la vida con Marleen.

Earl era un trabajador tan estable y solo se detenía para tomar agua, comer y devociones. Cuando Earl trabajaba, trabajaba duro. Cuando oraba, oraba con profunda devoción. Cuando cantaba, cantaba con un tono profundo y conmovedor. Y cuando era gracioso, ¡nos mataba!

Después de muchos campos de trabajo, demasiados para contar, Earl se puso muy enfermo. Su hija Linda me dijo que su estado era grave y que sus días en la tierra eran pocos. Le pregunté si podía visitarlo mientras estaba en el hospital. Ella dijo que le encantaría la visita de una vieja amiga. Entré a su habitación, sin saber qué esperar, pero allí estaba Earl sentado en su cama hablando con unos amigos de la iglesia. Me sorprendió ver cuánto había cambiado su apariencia. En lugar de su pelo corto, liso, canoso y la barba de un rostro sin afeitar, Earl estaba bien afeitado con una cabeza llena de cabello castaño oscuro, grueso y rizado. Lo saludé con una sonrisa y un abrazo. "¡Earl, cariño, te ves genial! ¡No recuerdo que tu cabello fuera tan grueso y ondulado! "

Earl me dio una gran sonrisa y dijo: "¡Oye, Chiquilla! La quimioterapia me hizo daño, ¡y ahora me parezco a Elvis!" Comenzó a cantar una canción de Elvis Presley. Dijo que a su esposa le encantaría su nuevo cabello cuando lo viera en el cielo. La amaba tanto. Marleen había fallecido un poco más de un año. Contamos historias de viajes misioneros anteriores. Le encantaba recordar momentos divertidos, trabajar con mis hijos y mi esposo, grandes momentos devocionales y todos los buenos amigos que conoció en el camino. Le agradecí por ser un gran modelo a seguir para que mis hijos aprendieran a trabajar duro, a blandir un martillo malo, a amar a Jesús y a contar una gran broma.

Le pregunté si podía orar con Earl y, por supuesto, concedió. Nos pusimos a su alrededor y oramos. Sabía que esta sería la última vez que vería a Earl. Después de orar, las enfermeras vinieron a buscar a Earl para otro procedimiento. Mientras sacaban la camilla de su habitación, Earl me miró fijamente y levantó el dedo índice. "Uno más. ¡Solo quiero uno más!" mientras las lágrimas llenaban sus ojos.

"¿Uno más, Earl?" Yo pregunté.

"Nancy, antes de que el Señor me lleve, quiero ir a un viaje misionero más."

Creo que su viaje al cielo fue su "una misión más."

Por alguna razón, *aún sigo aquí* y Earl se ha ido. Murió el 20 de octubre de 2006. A menudo, su nombre aparece en nuestras conversaciones en casa. Señalamos hacia arriba y decimos: "Sólo uno más," y sabemos lo que eso significa. Esa es también nuestra oración: vivir la vida con alegría y trabajo duro sirviendo al Señor, como Earl Dawson, y pidiéndole a Dios solo uno más.

–11–
Deberías Haberte Ido antes de que Nos Fuéramos

Mira, estoy enviando un ángel delante de ti para que te guarde en el camino y te lleve al lugar que he preparado. —Éxodo 23:20

"Aún Sigo Aquí."

Siempre me aseguro de ir al baño antes de hacer un viaje largo. Nunca sé cuándo llegaremos a detenernos, así que trato de estar preparado. Sin embargo, no había forma de prepararse para lo que sucedería en nuestro viaje a la cima de una montaña en las afueras de Saltillo, México, para visitar una congregación pequeña y en ciernes. El pastor de la ciudad había preguntado si podíamos llevar nuestra Escuela Bíblica de Vacaciones con títeres y payasos a los niños de las montañas para compartir el gozo de Jesús. ¡Por supuesto que lo haríamos! Nunca hemos rechazado una invitación para llevar nuestras historias de Jesús de viaje.

A medida que la carretera serpenteaba hacia arriba desde la ciudad, había cada vez menos coches en la carretera. La altitud aumentó y les hicimos la pregunta habitual a nuestros amigos mexicanos en la camioneta: "¿Ya llegamos?" A través de las ventanillas laterales, no vi nada más que terreno rocoso y montañoso, pero a través del parabrisas delantero vi una vista extraña. Más adelante había una barricada con soldados con uniformes camuflados verdes y negros que llevaban rifles largos. No había otros coches, ni grandes edificios, ni letreros, sólo una puerta temporal y una estructura de hormigón blanco del tamaño de una caseta de peaje, una caseta de peaje primitiva.

El amigo mexicano en nuestra camioneta nos dijo que no nos preocupemos, que solo eran guardias fronterizos de la ciudad (que nos íbamos). No me preocupé, ya que sabía que no teníamos armas, drogas o contrabando que pudieran preocupar a nadie... hasta que agregó que no debíamos decir una palabra, que él traduciría las instrucciones dadas y que escondiéramos nuestra Biblias. Metimos nuestras Biblias en nuestras bolsas de títeres y equipo para la iglesia de niños y oramos para poder vivir esta experiencia de la patrulla fronteriza.

La idea era pasar a los guardias lo más rápido posible, pero cuando detuvimos la camioneta, los guardias nos pidieron que entregáramos nuestros pasaportes y que saliéramos del vehículo para que pudieran registrar nuestras cosas. Mi corazón quería explicarles que éramos inofensivos y solo queríamos visitar a algunos niños en la montaña, pero mi mente recordó permanecer callada y complaciente. Nuestro grupo parecía inquieto mientras los ojos pasaban de un rostro a otro, preguntándose qué pasaría a continuación. Vi a un guardia abrir mi bolsa de disfraces con mi Biblia en la parte inferior y, después de pasar la mano por algunos artículos, pasó a la siguiente bolsa. Solté un suspiro de alivio y contuve el aliento de nuevo cuando uno de nuestro grupo preguntó: "¿Hay algún lugar donde pueda usar el baño?"

Pensé: "¿Estás bromeando? Primero que nada, le dijeron que no dijera una palabra. En segundo lugar, aguante hasta que salgamos de esta situación obviamente peligrosa. Y, en tercer lugar, ¿no te enseñó tu madre que siempre debes ir antes de subir al auto?"

No había nada espiritual o noble en mi actitud. Simplemente no quería morir al costado de una carretera de montaña, arrojado a una zanja donde nadie nos encontraría jamás. Estaba enojado con un amigo por pedirme hacer pipí. No es mi mejor momento pastoral.

Nuestro guía le indicó que fuera a la parte trasera de la "caseta de peaje" de hormigón. Como nuestra regla es que nadie va solo a ninguna parte, los miembros del grupo lo acompañaron, alejándose de la camioneta hacia esta parada en boxes unisex mexicana. Eso lo hizo. Entonces todos tenían que irse, y no quería ser el único que se enfrentara a soldados armados al costado de la camioneta cuando encontraron mi Biblia.

Seguí a la multitud para usar esta instalación sucia sin agua corriente, sin desinfectante de manos, sin papel, solo un agujero con una pared de concreto para mayor privacidad.

Mientras estaba ocupado pidiendo prestado toallitas húmedas para bebés a un amigo, me preguntaba si iba a escuchar disparos y encontrar a algunos de nuestro grupo muertos junto a la camioneta mientras estaba en el baño. ¿Íbamos a morir allí mismo, al lado de un camino de montaña, sin ninguna razón aparente más que tener una Biblia en nuestras bolsas? ¿Mi última acción en la tierra iba a ser usar un desagradable baño primigenio, o iba a ser un esfuerzo valiente para ganar a estos soldados para Jesús mientras miraba por el cañón de una pistola?

No fue ninguno. Después de registrar la camioneta y del viaje al baño, nos devolvieron los pasaportes y se nos permitió subir a la montaña para visitar a las personas que esperaban horas para que llegáramos. El edificio de la iglesia constaba de un par de muros a medio construir y piso de tierra. El pastor dijo que construyen con los recursos disponibles y esperan hasta tener dinero para comprar el resto de los materiales. Tienen servicios allí de todos modos, ya que su propósito es contarle a la gente acerca de Jesús dondequiera que vayan, sin importar su progreso con una instalación física. Mi mente volvió a los guardias fronterizos. ¿Tenía miedo de compartir el mensaje de salvación del evangelio con los guardias? ¿Debería haber aprovechado cada oportunidad para hablarles acerca de Jesús? Luego pensé en nuestros amigos mexicanos, que estaban en el proceso de aumentar las congregaciones en la ciudad, en las laderas de las montañas y en la cima de una montaña. Ponerlos en peligro sería el peor error que podríamos cometer. Un momento para hablar y un momento para callar. Jesús demostró eso antes de su crucifixión. Estoy feliz de haber viajado a una iglesia a medio construir en una parte remota de México para animarlos a tener fe, a creer y a confiar en que todos estamos en las manos de Dios, incluso cuando cruzamos la frontera.

Llegamos sanos y salvos a nuestro lugar de trabajo y nos dirigimos a casa en los Estados Unidos. *Aún sigo aquí* en mi cómoda vida mientras nuestros amigos mexicanos todavía están en la cima de la montaña, sirviendo al Señor con menos bienes materiales, pero con más coraje y fe.

–12–
¡Prepárate!

Circuncidad vuestro corazón, por tanto, y no seáis más torpes.
—Deuteronomio 10:16

"Aún Sigo Aquí."

"Use el collarín por la noche y mientras viaja." Esa fue la advertencia de mi cirujano seis semanas después de mi cirugía de cuello para reemplazar y reforzar algunos discos dañados. Me insertaron un cilindro de hueso de un cadáver entre dos discos reforzados con una placa de metal para "mantener la cabeza sobre los hombros," como le había dicho en broma a mi familia. Siempre he dicho que tengo un hueso de mono en el cuello, solo para olvidar que el ADN de otra persona está ahora en mi cuerpo, lo que puede explicar muchas cosas para mis amigos cercanos. En contra de los consejos y advertencias de no ir en este viaje misionero, simplemente no pude. Mientras empacaba mis maletas y me dirigía al aeropuerto, pensé: "¡Prepárate! ¡Te espera un viaje lleno de baches!"

Cuando me dijeron que la cirugía era necesaria, insté al cirujano a acelerar el horario para que yo pudiera ir a Honduras a un viaje misionero con un grupo de nuestra iglesia, acompañado por nuestro amigo pastor de Argentina. Seis semanas antes del día de la cirugía, abordé un avión y me dirigí a Centroamérica con una maleta llena de disfraces de payaso, grandes títeres de mano, manualidades y materiales de la escuela bíblica para niños, y suficientes útiles para la Escuela Bíblica de Vacaciones. Mi tarea consistía en enseñar a los maestros cómo ser payasos (para Jesús), titiriteros y artistas en obras de teatro que enseñaban lecciones Bíblicas. Un grupo entusiasta de 15 a 20 jóvenes estaba ansioso por probarse disfraces, usar pintura de teatro, hacer manualidades y accesorios, y trabajar con títeres de grandes cuerpos para traducir el mensaje del evangelio al lenguaje infantil. Los líderes se divirtieron tanto como los niños. Durante cinco días, nos reunimos y compartimos todo lo que pudimos con los líderes y sus hijos.

Mientras tanto, otros de nuestro grupo enseñaron a coser a un grupo de niñas de la escuela para iniciar negocios sostenibles para alimentar a sus familias. La mayoría de los hombres y algunas mujeres trabajaban en el edificio de la iglesia, colocando un segundo piso, echando cemento y, a veces, trabajando en las cálidas lluvias de la mañana. Un grupo mixto también lavó y pintó las paredes de otro santuario, mientras que el pastor Félix de Argentina pintó a mano el nombre de la iglesia y el logo en el frente de la iglesia.

Algunos de nosotros acompañamos al pastor local a una prisión mixta y participamos en un servicio de adoración con algunos de los prisioneros. Fue sorprendente pasar por la autorización de seguridad y escuchar las puertas cerrarse detrás de nosotros mientras recorríamos las instalaciones. Las mujeres eran alojadas en un par de habitaciones oscuras con sus bebés y niños pequeños. Estaban encaramados en pilas de literas de tres y cuatro niveles de altura, y en la oscuridad, solo podíamos distinguir docenas de ojos enfocados en nosotros. Las madres acurrucaban a sus bebés en sus regazos sin espacio para que se movieran. Era peor que el peor zoológico que cualquiera pudiera imaginar para albergar criaturas vivas. Independientemente de sus transgresiones, nadie merecía vivir de esa manera.

En otra sección de la prisión, había una carpintería donde los prisioneros varones fabricaban sillas de playa plegables, relojes de madera y otros artículos domésticos para que la prisión los vendiera como apoyo financiero. Compramos una de las sillas y le preguntamos al prisionero que la hizo si firmaría su obra. Apreció mucho nuestro respeto por su trabajo. Otras secciones de la prisión eran pequeñas áreas valladas al aire libre donde algunos hombres caminaban y nos miraban. Fue inquietante, pero me concentré en el propósito de nuestra visita: adorar con cualquiera que quisiera unirse a nosotros.

Sorprendentemente, se reservó un espacio en la prisión para una capilla para el culto con filas de bancos de madera y una pantalla de vinilo enganchada a una cerca en el frente. Nuestro grupo se sentó en un par de bancos y esperó a que llegaran los prisioneros. Me negué a dejar que mi mente divagara sobre todas las posibilidades de lo que podría salir mal aquí. Tenía que confiar en el Señor que estábamos aquí para traer gozo y esperanza en Su nombre. El pastor visitante saludó a los prisioneros cuando entraron, y comenzamos a cantar canciones de adoración a capela. Me sorprendió la intensidad y la armonía que nos rodeaba. El Espíritu del Señor llenó el espacio y tuvimos servicio. El mensaje de esperanza y restauración del pastor fue memorable en ese escenario. Dimos la mano a nuestros compañeros de adoración y nos fuimos para regresar a la libertad fuera de los confines de este deplorable lugar. Cuando las puertas se cerraron y fuimos libres, mi corazón se quedó atrás mientras pensaba en las mujeres sentadas literalmente en la oscuridad y el futuro sin esperanza de sus hijos. Oro por el pastor que se toma el tiempo para visitar lugares como este, y quiero cantar, "Esta pequeña luz mía, voy a dejar que brille ...".

Nos sentimos bastante exitosos de que nuestro trabajo en Honduras se haya logrado cuando nos reunimos en un hotel más agradable para una última noche en la ciudad. Sin embargo, a medida que avanza la guerra espiritual, había una lucha por la vida en una de las habitaciones del hotel. Uno de nuestros adultos jóvenes había subido de fiebre y se deshidrató y estuvo muy cerca de la muerte. Nuestra enfermera obtuvo algunos medicamentos locales y nos dijo a todos que rezáramos para que la niña estuviera lo suficientemente bien como para viajar al aeropuerto para nuestro viaje a casa. Normalmente ella es tranquila y sabe exactamente qué hacer, me preocupé bastante por la expresión de su rostro y la preocupación en su voz. La dejamos a ella y a otra para atender a la paciente y el resto de nosotros hicimos un círculo para una oración urgente en el vestíbulo del hotel. No nos iríamos sin ella, pero no sabíamos si nos iríamos ese día o qué pasaría después. Mientras orábamos, se hizo evidente que había un espíritu opresivo en el hotel. Un pastor amigo nuestro notó a un hombre que nos había estado mirando durante horas desde la puerta del hotel. No era un empleado, no tenía equipaje ni gente con él, y solo se centró en nosotros. Con el vudú y la brujería como una fuerza importante en Honduras, nos dimos cuenta cada vez más de que puede haber otros rezando a sus dioses contra nosotros. Recuerdo estar acostado en el piso del vestíbulo del hotel con mi rostro entre las manos, llamando desesperadamente el nombre de Jesús para romper la opresión que nos estaba reteniendo y llevando a nuestro joven paciente a través de un peligro físico extremo. Oré por la curación y por una salida del hotel y un hospital o un lugar seguro para ella.

Después de horas de oración y manteniéndonos ocupados en el vestíbulo del hotel, nuestra enfermera envió un mensaje de que debíamos irnos de inmediato, que teníamos que salir de ese lugar. Solicitamos el transporte proporcionado por los líderes de la iglesia y abordamos un autobús con la enfermera y el paciente en los asientos delanteros. La enfermera dijo que médica y espiritualmente, no íbamos a aguantar más sin hacer un movimiento audaz para evacuar. En lugar de charlar o bromear en el autobús, nos turnamos para cantar himnos, orar y dar testimonios de curación y la gracia de Dios incesantemente durante más de una hora en el camino, siempre mirando al frente del autobús en busca de señales de que todo iba a salir bien. estar bien. A medio camino del aeropuerto, vimos un brazo levantado del asiento delantero del autobús. Nuestra joven paciente mostraba signos de mejora y la enfermera anunció que se pondría lo suficientemente bien como para hacer el viaje a casa. El autobús lleno de creyentes estalló en vítores y gracias a Dios por su curación. De regreso en Ohio, la recuperación fue constante y recuperó una salud perfecta, gracias al cuidado amoroso de nuestra enfermera, las oraciones constantes de los creyentes y la sabiduría de saber cuándo ir.

Seguí usando mi collarín en el avión de regreso a casa y pensé en el equilibrio entre la precaución y el coraje, en el momento oportuno y cuándo ir y cuándo saber sostener, en la conexión entre las personas y Dios y las fuerzas espirituales que actúan dentro de nosotros. Podemos ir más allá de lo que creemos posible. Todos regresamos a los estados sanos y salvos, y todavía estoy aquí para profesar que Dios siempre estará aquí para ayudarnos a construir nuestra fe y superar nuestros miedos. Siempre que he dado un paso de fe para hacer algo aventurero o potencialmente peligroso en nombre de compartir el evangelio con otros, me he vuelto más consciente de las fuerzas entre el bien y el mal. ¡Esté atento y prepárese! ¡Será un viaje lleno de baches, pero extremadamente gratificante! Me alegro de *seguir aquí* para ello.

–13–
¿Escuchas lo que Yo Escucho? Escuchando a dios en El Bronx, Nueva York

Sin embargo, presta atención a la oración de tu siervo y a su súplica de misericordia, Señor Dios mío. Escuche el clamor y la oración que su siervo está haciendo en su presencia este día. —1 Reyes 8:28

"Aún Sigo Aquí."

El Bronx fue el momento y el lugar en que a nuestro equipo misionero se le enseñó una nueva forma de escuchar a Dios hablándonos directamente. Para aclimatarnos al vecindario y forzarnos a hacer amigos antes de nuestras actividades de ayuda, participamos en una búsqueda del tesoro con puntos por cada "tesoro" en la lista, incluidos puntos adicionales si encontrábamos un letrero de la calle en particular de Nueva York, o si encontrábamos una rata (¡más puntos si estuviera viva y moviéndose!). Teníamos que encontrar un mercado familiar de la esquina y comprarles algo pequeño, como un paquete de chicle o una barra de chocolate. Ganamos puntos por la cantidad de nombres de personas que conocimos en el camino y una cantidad de "rompehielos" para sentirnos cómodos en un área notoria por las cosas malas que le suceden a la gente buena.

Pasamos un tiempo en un centro comunitario para niños y adolescentes. Pintamos las paredes exteriores, presentamos una Escuela Bíblica de Vacaciones con payasos, juegos, canciones e historias de amistad, alegría y salvación. Pasamos tiempo jugando con los niños. Algunos de nosotros ayudamos con el inventario de archivos y tareas de la biblioteca. Estuvimos disponibles para lo que fuera necesario esa semana.

Los misioneros del Bronx ofrecieron parrilladas en el vecindario en su escalinata varias veces durante el verano, por lo que combinamos eso con un mini festival para niños con actividades en la acera y la calle. Tuvimos pintura facial, globos, payasos y manualidades para los niños. Para promover este evento especial, queríamos recorrer el vecindario con anticipación, así que invité a uno de nuestros grandes jugadores de fútbol de la escuela secundaria, Robert, a que se uniera a mí para caminar alrededor de la cuadra para invitar a la gente a disfrutar de una comida gratis y un momento divertido para los niños. Robert estuvo de acuerdo, incluso en vestirse de payaso, y les dimos dulces a niños y adultos mientras caminábamos, tratando de ocultar nuestro nerviosismo detrás de nuestra pintura de payaso. Había tantos pisos de apartamentos en un espacio pequeño, y varias personas mirando por sus ventanas abiertas, descansando en sus ventanas para refrescarse. La mayoría de la gente nos respondió y dijo que vendrían a nuestra parrillada esa tarde.

Casi habíamos terminado nuestro paseo alrededor de la manzana de Nueva York cuando tres personas nos llamaron y cruzaban la calle gritándonos que nos detuviéramos. Tenía la esperanza de que nuestro intercambio fuera positivo, y lo fue, pero con un desafío cultural mayor para nosotros. Nos preguntaron si visitaríamos a sus amigos en el hospital a dos cuadras de distancia. Nos dijeron que sus amigos estaban lidiando con el VIH y el SIDA y necesitaban algo de alegría en sus vidas. Sin dudarlo, accedimos y prometimos visitarlos.

Robert y yo regresamos al dúplex de los misioneros y reclutamos al resto del grupo para que nos acompañara. Llevamos dulces, calcomanías, Biblias y otros artículos cristianos.

Sorprendentemente, nuestro grupo tuvo acceso inmediato al hospital, ya sea porque los amigos le habían dicho a la recepción lo que estábamos haciendo en el vecindario para la gente, o porque conocían a nuestros misioneros, o porque nunca reciben visitas. En cualquier caso, nos llevaron a un patio abierto que estaba centrado en el medio del hospital y una cárcel al otro lado. Las autoridades nos dijeron que invitarían a pacientes y reclusos a venir a nuestro programa de patio, pero solo a los que estuvieran seguros física y médicamente. Realmente con fe ciega, saludamos a los residentes, presentamos una pequeña obra de payasos, cantamos algunas canciones, oramos con ellos, jugamos algunos juegos tontos con ellos y escuchamos sus historias. Una de las más memorables para mí fue la historia de un travesti que fue repudiado por su familia. Nos mostró fotos de sus seres queridos, incluyendo a un niño, y nos contó su batalla con su enfermedad y soledad. Física, emocional y espiritualmente, nuestro amigo parecía derrotado. Lo escuchamos y lo alentamos con la oración y algunas muestras de esperanza que habíamos traído. Estaba muy agradecido de recibir una Biblia y la abrió en una de sus escrituras favoritas. Lloramos juntos y prometimos orar por su curación, restauración y reconciliación.

Desde las ventanas de la cárcel, podíamos ver a la gente saludándonos y sonriéndonos, o dándonos un "pulgar hacia arriba" en señal de agradecimiento. Estábamos físicamente rodeados por muros de concreto para enfermos y oprimidos y realmente sentimos que esta visita sin planear fue el punto culminante de nuestro viaje al Bronx. Salimos del hospital para el VIH agradecidos por los tres amigos que nos detuvieron a Robert y a mí en la calle para traerles un poco de alegría a sus amigos.

En nuestro camino de regreso del hospital, vimos una camioneta estacionada con las puertas abiertas hacia la acera. Hombres y mujeres bailaban en la acera al son de la música fuerte que venía de la camioneta. Pueden haber sido prostitutas, personas sin hogar, visitantes o residentes, pero fueron amables con nosotros. Gritaron: "¡Mira! ¡Payasos!" y nos indicaron que nos acercáramos. Nos desviamos de nuestra ruta y caminamos hacia ellos con holas y sonrisas, diciéndoles que acabábamos de llegar del hospital y que estábamos allí para la parrillada del vecindario. Hablamos sobre nuestro trabajo en el centro comunitario y les dijimos cuánto amamos a la gente de allí.

"Aún Sigo Aquí."

A los pocos minutos de charlar con la gente de la camioneta, nos estaban guiando en sus pasos de baile urbano y les estábamos enseñando nuestro baile country. Cuando llegó una canción más lenta en las bocinas, uno de nuestros caballeros mayores extendió la mano para pedirle a una de las chicas que bailara. En forma clásica, los dos parecían estar bailando un vals y todos aplaudimos su estilo. Solo estuvimos allí 10 minutos más o menos, pero fue un momento memorable en el que personas de diferentes culturas se reunieron, pero con un amor común por la música y la danza.

Después de nuestra parrillada y mini festival de actividades para niños en la escalinata del dúplex de los misioneros urbanos, los líderes nos convocaron para la devoción. El pastor nos pidió que fuéramos a algún lugar, a cualquier lugar, para estar solos por una hora y simplemente sentarnos en silencio y escuchar lo que el Espíritu Santo quería decirnos individualmente. Hicimos precisamente eso y luego regresamos como grupo para compartir nuestro tiempo con Dios. Individualmente, cada uno compartió y la mayoría contó sus encuentros espirituales con lágrimas en los ojos o con testimonios ahogados sobre el tema del llamado de Dios, aumentando la conciencia cultural, sirviendo las necesidades de los menos afortunados y renovando la pasión por el trabajo misionero. Increíblemente, cada testimonio estaba relacionado con la experiencia de otro o con la experiencia total del grupo. ¡Qué manera tan poderosa de escuchar a Dios colectivamente!

Dios espera la próxima vez que nos sentemos y escuchemos. *Sigo aquí, Señor, aún.* ¿Qué sigue para nosotros?

–14–
La Fe contra el Miedo

Viste con tus propios ojos las grandes pruebas, las señales y prodigios, la mano poderosa y el brazo extendido con que el Señor tu Dios te sacó. —Deuteronomio 7:19

"Aún Sigo Aquí."

Todos tenemos limitaciones sobre lo que haremos o no haremos por Dios, aunque cantamos canciones como "Rindo todo" y "Aquí estoy, envíame." En mi entusiasmo por participar en viajes misioneros, me había inscrito para viajar a Dakota del Sur, México, Honduras, Guatemala, Brasil, Argentina y varios de los países vecinos de América del Sur. En mis pensamientos y en algunas oraciones, me comprometería a servir a Dios "dondequiera que me puedan usar," pero nunca podría imaginarme en África o Asia ... demasiado lejos, demasiado peligroso. Subconscientemente me complació que nuestra iglesia nunca fuera a África, sino que enviamos Biblias y dinero para apoyar a los misioneros a largo plazo estacionados allí durante meses o años a la vez. Entonces, un día, el pastor anunció que nuestra iglesia patrocinaría un viaje misionero a Kenia, África, para trabajar en el instituto teológico y participar en la ceremonia de graduación de los estudiantes que iban a las partes exteriores de África como pastores para comenzar de nuevo congregaciones de creyentes. Un miembro de nuestra congregación había donado nuevas Biblias con los nombres de los graduados grabados en oro en el frente, un regalo muy especial para un lugar donde los libros, especialmente las Biblias, eran un premio. Inmediatamente supe que Dios finalmente me estaba engañando, como si dijera: "¿Entonces dices que harías cualquier cosa por mí, pero no irás a África?" Me inscribí.

No solo me inscribí para ir con otras 15 personas de nuestra área, mi esposo y yo invitamos a dos parejas de Argentina a ir con nosotros: el pastor que me bautizó en Buenos Aires hace años, su esposa, su socio laico en su iglesia y su esposa. Los cuatro volarían de Buenos Aires a Río, y luego a Nairobi para reunirse con nosotros. En el aeropuerto, viajaríamos juntos a través del país para comenzar el viaje con un safari africano durante dos días, y luego pasaríamos una semana dentro del recinto del seminario en Kenia.

Cuando nos despedimos de nuestras familias y empacamos las camionetas para ir al aeropuerto, recibí una llamada del pastor Félix de Buenos Aires. No pudieron acceder a sus boletos de nuestra agencia de viajes porque la oficina estaba cerrada los sábados, un hecho que yo no sabía cuándo pagamos los boletos. Supusimos que las familias podrían recoger sus boletos en el mostrador de la aerolínea. Llamamos a nuestra agente de viajes en Anderson, Indiana, quien respondió a su teléfono celular mientras andaba en bicicleta por un camino rural en su día libre. La agente no pudo conseguir los boletos de Buenos Aires a Río para las familias, pero había hecho arreglos para que recogieran el vuelo de Río a Nairobi a la mañana siguiente. Los argentinos debatieron y rezaron sobre si regresar o no a sus hogares o dejar una tarjeta de crédito para comprar nuevos boletos para llegar a Río. Fue la esposa del pastor quien les recordó que no habían llegado tan lejos en el viaje para regresar. Reservaron los billetes y pudieron llegar a Nairobi un día más tarde de lo esperado.

Mientras tanto, cuando llegamos a Nairobi y nos enteramos del nuevo itinerario para los argentinos, me acerqué a nuestro líder de grupo sobre el dilema. Los argentinos no hablaban inglés y no sabían ningún detalle sobre nuestra caravana de jeeps y camionetas a la Reserva Nacional Maasai Mara de Kenia ni la ubicación de nuestro alojamiento para el safari. Hablé con el líder de nuestro grupo sobre quedarnos a esperar a nuestros amigos argentinos, pero dijo que se habían hecho reservas, que el grupo seguía adelante, pero que yo era libre de quedarme atrás. Fui a ver a mi buen amigo, Dan Von Bargen, que había enseñado en Kenia durante algunos años y ya había estado en un safari en el pasado. Estuvo de acuerdo en esperar conmigo, ir al aeropuerto a encontrarnos con nuestros amigos y viajar con nosotros en el último jeep de nuestra caravana programada, pero ahora se marcha un día más tarde que el resto de los jeeps.

Cuando nos despedimos del grupo, estaba más que nerviosa. El miedo se estaba apoderando de mí mientras yacía en mi cama en un albergue y escuchaba los sonidos de la noche, esperando y rezando para que nada nos pasara a Dan ni a mí antes de poder reunirnos con el resto de la tripulación al día siguiente. Los argentinos llegaron a tiempo, tuvimos un almuerzo rápido y luego regresamos al albergue planeando descansar. En cambio, el conductor del jeep nos dijo que pensaba que podríamos alcanzar al grupo si conducíamos durante la noche. Pensó que sería una gran sorpresa y que pudiéramos disfrutar de un día completo de safari. Dijimos que sí. Parecía un gran plan, hasta que nos pusimos en camino y nos dimos cuenta de lo oscuro que estaba el cielo africano, de lo mucho que el "camino" se parecía más a un laberinto de matorrales y zarzas sin ningún otro tráfico a nuestro alrededor. No hay señales de tráfico, carteles publicitarios, marcas eléctricas, realmente ninguna marca, solo el conductor africano hablando swahili en una radio CB a otros conductores en el camino.

Nos apresuramos a sacar nuestras cámaras cuando vimos una manada de leones en el camino terrenoso, visto solo por los faros del jeep. Una leona completamente desarrollada corría con tres o cuatro cachorros y luego se perdió de vista. Estábamos encantados de ver una naturaleza tan real en esta vasta tierra sin desarrollar, hasta que nuestro jeep se atascó de repente en una gran zanja de barro. Por mucho que lo intentó, el conductor no pudo sacar el jeep y no había otros vehículos en la oscuridad de la noche. Todos salimos del jeep y tratamos de empujar, pero el barro simplemente salía de los neumáticos a nuestra ropa y a nuestra boca.

"Aún Sigo Aquí."

Mientras el conductor y los hombres hablaban sobre los próximos pasos, volví a la hierba y miré hacia el cielo nocturno. Miles de estrellas brillantes de todos los tamaños decoraban la oscuridad y formaban una cubierta pacífica sobre nosotros. Después de un momento de asombro, comencé a pensar en el orgullo de los leones y lo lejos que pudieron haber viajado para alcanzarnos. ¿Mi viaje misionero y mi vida iban a terminar siendo atacados por leones en la oscuridad de la noche en medio de un país sin carreteras marcadas y sin comunicaciones además de una radio CB? Creo que recé las oraciones más fervientes a Dios esa noche, mientras hacía las paces con el Señor y levantaba a cada miembro de mi familia. Si esta fuera la manera de dejar este mundo, entonces mi última visión sería a mis queridos amigos y al firmamento de belleza de Dios.

Por puro ingenio argentino, el pastor Félix encontró una especie de cuerda y se estaba preparando para que los hombres tiraran de la cuerda para arrancar el jeep cuando de entre los arbustos salió otro jeep con un grupo de cuatro turistas... aparentemente de la nada. Saltaron para ayudarnos, y luego nos pusimos en camino y desaparecieron nuevamente en la noche.

No lo sabía en ese momento, pero Robert Burk y otros jóvenes se estaban preparando para tomar sus jeeps de regreso al campo oscuro para buscarnos. Cuando escuché que estaban dispuestos a arriesgar su seguridad por la nuestra, me sentí abrumada por su amor y sentido de sacrificio por los demás. Justo antes de que se fueran a rescatarnos, nuestro conductor del jeep se puso en contacto con otros conductores en el CB de nuestro grupo. A las dos horas de ser rescatados, llegamos al complejo y nos enteramos de que nos celebrarían con la cena. Esa noche, disfruté del buffet, servido por cocineros profesionales con altos sombreros blancos. La distribución de la comida fue tan formal que olvidé nuestra regla principal para la comida en otros países: no coma ninguna fruta o verdura que no se haya limpiado con agua filtrada. Me lo comí todo y le di gracias a Dios por habernos salvado de los leones y pasar una noche en la maleza.

El safari del día siguiente fue increíble. No podía creer lo cerca que podíamos estar de los ñus, los elefantes salvajes, las jirafas y sus bebés, las cebras, los hipopótamos y más.

También visitamos una aldea de los masai y oramos con su líder espiritual, John. El suelo de la aldea masai estaba hecho de estiércol seco, al igual que sus pequeñas chozas. Tuvimos que agacharnos y bajarnos para entrar a una de sus casas, que era lo suficientemente grande para que dos o tres personas cocinaran sobre un agujero en el suelo de estiércol de la choza con un agujero ventilado en el techo de paja. La mayor parte de su tiempo lo pasaba al aire libre. Los muchachos hicieron una demostración de encender un fuego con una piedra y paja, mostrando qué tan alto podían saltar, desafiando a nuestros hombres y mostrándonos sus lanzas y tocados. El líder vestía la melena de león. Había corrido hacia un león y lo había apuñalado en el corazón cuando el león saltó para atacarlo. Las mujeres con hermosas faldas y pedrería se unieron a nuestras mujeres y nos mostraron su baile ceremonial. Sentí la unidad de las mujeres del mundo mientras bailamos, reímos y sonreímos sin conocer el idioma hablado unos de los otros.

Hablé con su líder espiritual, John, que estaba bien versado en inglés. Me enteré del gran respeto que tienen los masai por la naturaleza y su lugar en la creación del mundo. Usan cada parte de los animales como alimento, ropa y refugio. Cuando alguien se enferma demasiado para curarse con sus hierbas y remedios naturales, lo sacan del pueblo para proteger a otros de contraer enfermedades contagiosas. Atan a la persona con una enfermedad terminal o herida a un árbol para que los leones y otras criaturas las devoren. La persona "devuelve" a la naturaleza como alimento, y el círculo de vida y muerte continúa. En ese entorno, con solo el uso de una lanza tallada a mano para protección y pocos recursos además de los que proporciona la naturaleza, su filosofía tenía sentido a través de su lente del tercer mundo. Le pregunté si podíamos orar con él. John oró en suajili a su Dios, el pastor Félix oró en español y yo oré en inglés. Estoy seguro de que Dios nos escuchó y comprendió a todos.

Cuando llegamos al día siguiente a nuestro campo de trabajo en el seminario, sentí que esta era la mejor aventura de mi vida. Por la noche, el grupo cantó en inglés, suajili y español, como el cielo en la tierra. Los argentinos y yo nos quedamos en la casa de los misioneros con una cama improvisada en su oficina para mí. Me perdí el primer recorrido por los jardines al día siguiente porque comencé a sentirme mareada y con náuseas. Yo sabía que algo estaba mal. Una buena amiga me visitó y fue a buscar antibióticos para la fiebre y los síntomas de la bacteria ameba, común en muchos visitantes de África. Sin embargo, antes de que ella pudiera regresar, yo había ido al baño y me había desmayado, golpeándome la cabeza con la esquina de la pared de la ducha y cayendo en el piso, sangrando, inconsciente, con anteojos rotos y la mitad de mi diente frontal en el suelo. Cuando recuperé la conciencia, levanté el diente y llamé a la esposa del pastor Félix: "¡Marilene, help me, please! ¡Ayúdame, por favor!" Jadeando cuando me vio en el piso, Marilene llamó a su esposo y a varias personas, quienes de alguna manera me levantaron en una manta y me llevaron a un auto, donde me colocaron en el asiento trasero para ir al hospital local. Alguien me cerró la puerta en la cabeza y me recliné en el asiento trasero roto, sintiendo el dolor, pero también dándome cuenta de que también debía estar bajo un ataque espiritual. A mi amiga Sheryl Burk, que me acompañaba en el auto, le grité: "Sheryl, este NO es mi último viaje misionero. "No sé qué pensó que quería decir con eso, pero mi mente volvió a la lucha por decir que sí a este viaje en primer lugar. Entonces tuve miedo. Ahora estaba demasiado delirante para tener miedo, pero sabía que el viaje no iba como lo habíamos planeado desde el principio. El viaje al hospital fue arriesgado. ¿Nos detendrían policías corruptos? ¿Buscando un soborno?

Cuando llegamos al hospital de Kenia, las enfermeras de triaje llamaron a la herida abierta sobre mi ojo izquierdo un hematoma que no necesitaba puntos. Lo cubrieron con una gasa y le dijeron al misionero y a Sheryl que no había lugar para admitirme en el ala VIP, que estaba designada solo para blancos. Había espacio en una sección de 10 camas en el ala africana, pero había preocupación por las enfermedades contagiosas allí. Se hizo la sugerencia de llevarme al hospital en Nairobi cuando le pregunté: "¿No tienes nada intermedio?"

Después de mucho debate, fui admitida en la sala de maternidad del hospital musulmán sin cerraduras en las puertas y con una puerta corrediza a una terraza que colindaba con otras habitaciones. Las paredes enlucidas estaban agrietadas y sin pintar, parecían una zona de guerra de alguna película antigua. Sheryl y yo podíamos escuchar a las mujeres gritar por el parto y algo de conmoción en el pasillo, una pared de la cual era de hierro forjado con una pantalla que daba a la calle de abajo, pero nos quedamos en nuestra habitación asignada. Sheryl abrió la puerta trasera a una pequeña plataforma en la azotea, llena de agua, albergando enjambres de mosquitos. La misionera dijo que tenía que irse para regresar al complejo hasta la mañana y le dio a Sheryl un número de teléfono de emergencia "en caso de que fuera necesario evacuar." ¿Evacuación? Sí, dijo que ha habido ocasiones en las que era necesario irse de inmediato, por lo que la persona al otro lado de la llamada estaría disponible, si fuera necesario. Sheryl estaba atónita. "¿Realmente dijo que podríamos necesitar la evacuación de un hospital?" Nuestros susurros de discusión sobre la fe contra el miedo y las oraciones pasaron el tiempo.

La primera noche una enfermera musulmana nos saludó y se protegió de la "maldición" sobre nosotros con su saludo. Sheryl luchó para que los médicos suturaran mi herida. Cerca de la medianoche, con una bolsa de papel llena de materiales, un médico me cosió la cabeza mientras una gran cucaracha se arrastraba por su zapato. Sheryl le había prometido a mi esposo antes de mi admisión que no me dejaría. Continuó manteniéndose en contacto con mi esposo, quien estaba viajando a Memphis, Tennessee por trabajo. Imaginé su sentimiento de impotencia al estar tan lejos de mí y de casa, y no poder hacer nada para protegerme o ayudarme, como era su papel habitual en nuestro matrimonio. Él también rezó sus oraciones más intensas en el camino entre llamadas telefónicas desde Kenia sobre mi condición.

En la mañana del segundo día, Sheryl buscaba una taza de café y yo iba a intentar salir del baño sin volver a caerme. Sheryl me había advertido que la pared del baño era, literalmente, una pared de hormigas en movimiento. Marilene llegó para ver cómo estaba antes de que yo caminara hacia el baño. Me sorprendieron cientos de pequeñas hormigas que se arrastraban por el inodoro, el asiento del inodoro y el lavabo. Marilene limpió toda el área de hormigas, tarareando mientras trabajaba. Me sentí honrada por el enfoque y la actitud positiva de su sirviente en cada situación. "No hay problema," dijo en inglés con una sonrisa. El inodoro estaba impecablemente limpio y listo para usar.

En la segunda noche, continuamos hablando de fe y el miedo. ¿Podemos tener fe en Dios para salir de esta situación y aun así tener miedo? ¿Pueden la fe y el miedo coexistir? Mientras hablábamos en voz baja, una enfermera cristiana entró en nuestra habitación y preguntó cómo estábamos. Dije: "Bien" y le pregunté cómo estaba.

Ella respondió: Bendita, y procedió a hablar durante varios minutos acerca de la fe que echa fuera todo miedo mientras colocaba el mosquitero sobre mi cama de hospital. Luego se trasladó a Sheryl, que estaba tratando de dormir entre dos sillas de madera. La enfermera continuó hablando palabras de fe mientras envolvía amorosamente a Sheryl en una manta como una momia, mostrando solo los ojos de Sheryl. "Esta manta puede estar caliente", dijo la enfermera, "pero evitará que los mosquitos te piquen en medio de la noche". Sheryl y yo estábamos asombrados de ser tan alentados, consolados y cuidados con amor por este ángel, que no podría haber escuchado nuestros susurros sobre los mismos de fe versus miedo.

Me dieron de alta al día siguiente, después de haber pasado otro análisis de sangre para asegurarme de que estaba libre de bacterias y VIH. Programamos una prueba adicional antes de salir de Kenia, por si acaso. Mientras esperaba mi transporte en el vestíbulo del hospital, vi a los africanos ir y venir, y noté a un niño pequeño y lindo que sostenía la mano de su madre mientras se acercaban a la recepción. Como ocurre con la mayoría de los niños pequeños, tenía dificultades para seguir el ritmo de los pasos de su madre. Era tan pequeño que su brazo estaba erguido para sostener la mano de su madre.

"Aún Sigo Aquí."

Tenía el pelo espeso y rizado y una hermosa piel morena. Iba descalzo y vestía unos shorts de lona con bolsillos diminutos y una camiseta blanca. Cuando me miró, sus ojos se abrieron y su mano libre apretó con fuerza la falda de su madre. Traté de sonreír y saludarlo, pero mi obertura amistosa no cambió su expresión. Entrando y saliendo, nunca apartó la mirada de mí con su mirada de miedo con los ojos muy abiertos. Me pregunté qué estaría pensando este pequeño y qué le causó tanto miedo. ¿Era el típico chico tímido cuando veía a extraños, o mi cara blanca era algo nuevo para él? ¿O fue una asociación de un terrible encuentro previo con alguien que se parecía a mí? Al tratar de verme a través de sus ojos, me doy cuenta de que yo era la única persona que se parecía a mí en el vestíbulo, o en toda mi experiencia en el hospital, para el caso. Fue otro momento de conciencia cultural que hace que mi corazón anhele un momento en el que podamos vernos sin miedo arraigado en nuestras diferencias externas y prejuicios internos.

Regresé al complejo del seminario y me uní a los demás en el ministerio de niños, la adoración, barriendo los pisos y otras tareas. Después de restaurar y refinar algunos edificios del seminario, incluido limpiar el hollín de un enorme horno de ladrillos que se usa para cocinar, algunos de nuestro grupo se reunieron en el patio en la única colina de pasto donde el pastor de jóvenes reunió a los niños locales. Habíamos preparado canciones bíblicas, parodias de payasadas y actividades para los niños. Como me estaba recuperando del hospital, una joven de nuestro grupo ocupó mi lugar. Nuestra compañía de payasos ambulantes había rediseñado mis disfraces de payaso para que le quedaran bien, le había dado una personalidad atractiva con pintura facial y le había enseñado las parodias minutos antes de los programas, pero ella era incluso mejor que yo en sus expresiones cómicas y enamoramiento. Los niños estaban encantados.

Luego, mientras empacábamos nuestros accesorios y disfraces, el pastor de niños y el maestro de la escuela se me acercaron y me rogaron que le dejara algunos materiales para que continuara con el ministerio de payasos. A diferencia de la visión pervertida y temerosa de los payasos en los Estados Unidos, los niños africanos se sintieron atraídos por el mimo y el mensaje de los payasos para Jesús, payasos que muestran amor y el don del perdón y la salvación a través de guiones silenciosos. Los únicos materiales en la iglesia eran algunos crayones y papel. ¿Quién podría decir que no a tal solicitud? Le entregué la maleta y las bolsas llenas de títeres, disfraces, pintura de teatro, calcomanías y accesorios. Nuestro pequeño grupo de payasos oró por él y lo comisionó como el próximo "payaso de Jesús" espiritual en África. Las lágrimas en sus ojos fueron suficientes para saber que nuestra pequeña donación fue un estímulo para el ministerio en Kenia.

Tuve el honor de que me pidieran oficiar una ceremonia de renovación de votos matrimoniales con el pastor Félix Escobar para una pareja especial de nuestro grupo, David y Sheryl Burk. El día antes de la ceremonia, las mujeres de Ohio fuimos a la ciudad local para hacernos vestidos y pañuelos africanos tradicionales hechos a la medida. El frente de la tienda era del tamaño de un vestidor estadounidense. Nos midieron y nos mostraron opciones de telas de colores brillantes con patrones intrincados para convertirnos en vestidos de novia listos para el día siguiente. Con vestidos de hermosos colores y diseños, nos preparamos para la boda y aprendimos un paso de baile tradicional que se usaría en procesión desde la casa de los misioneros hasta el lugar del servicio. Con una larga fila de cantantes y bailarines africanos tocando un tambor y cantando canciones de amor a Dios en suajili, fuimos guiados a través del complejo con multitudes de vecinos africanos mirando a través de las vallas y sonriendo y cantando. Me uní al pastor Félix para leer las Escrituras en español y en inglés, la pareja repitió sus votos matrimoniales de hace 25 años y el esposo le cantó una canción de amor a su esposa, respaldada por sus hijos y otros hombres de la iglesia. Fue una hermosa mezcla de respeto internacional por el amor, el matrimonio y la fe. Después de la boda, disfrutamos de empanadas de carne argentina y un delicioso pastel hecho por Marilene.

Incluso más pomposo que la ceremonia de los votos matrimoniales fue el servicio de adoración que precedió la ceremonia de graduación del seminario K.I.S.T. Cientos de africanos con hermosos atuendos asistieron al servicio al aire libre, incluido un coro de mujeres de 50 voces que elogiaron el calor del verano de Kenia. Los líderes de la iglesia predicaron mensajes extensos y poderosos de fe en Dios y el valor para compartir el evangelio con todos los que quisieran escuchar, a pesar de los peligros y sacrificios que eran comunes a los predicadores y evangelistas en África y en todo el mundo.

Los graduados y dignatarios, junto con las familias y nuestro grupo de los Estados Unidos, se trasladaron a un gran edificio de cemento para los ejercicios de graduación. Nuevamente la música llenó la habitación con palmas, todos de pie y con los brazos en alto. A diferencia de algunos servicios religiosos en los estados, nadie se sentó en silencio o con los brazos cruzados. Había demasiada energía y espíritu en la habitación para quedarse callado. ¿Así será el cielo cuando adoremos a Dios como uno solo?

La fuerza, el volumen y el tono perfecto y la armonía de las voces africanas resonaban al aire libre y en la sala de reuniones cerrada como ninguna música que haya escuchado en una iglesia en los Estados Unidos. Las palmas eran nuestra percusión y nuestras bocas eran los únicos instrumentos. Cada uno de los 20 pastores graduados fue llamado al frente del salón y se le dio una Biblia nueva en la caja original. Las cajas habían ayudado a proteger las 30 Biblias en el camino. Los graduados lloraron mientras sostenían su propia Biblia para usar mientras se embarcaban en sus viajes misioneros a lugares remotos de los países africanos. Nos dijeron que el regalo de un libro era tan especial que siempre llevaban sus Biblias en las cajas decoradas originales. Sus Biblias serían el único recurso de la Palabra escrita en cada una de las nuevas iglesias que pronto comenzarían por estos hombres y mujeres jóvenes tan apasionados por llevar a otros más cerca de Dios en el nombre de Jesucristo. Saldrían del complejo del seminario y viajarían a pie, en bicicleta, en automóvil o en jeep por caminos de tierra, o sin caminos, en la espesa maleza, hacia y a través de ciudades peligrosas, o a través de enormes extensiones de campos peligrosos y tierras desérticas sin luces más que la luz en sus almas para guiarlos, para llevar la verdad del evangelio a sus compatriotas.

Al pensar en las docenas de versiones de Biblias en nuestro hogar, me sentí honrada por su aprecio y respeto por la Palabra escrita en sus manos en forma de libro. También pensé en Harold Long, quien se desempeñó como custodio de nuestra iglesia y escuela después de su jubilación. Harold jugó un papel decisivo en la compra y envío de Biblias para los graduados del seminario K.I.S.T. durante años. No estuvo con nosotros en este viaje, pero su pasión por equipar a los pastores africanos con Biblias ha impactado su capacidad para alcanzar a miles de personas para Cristo. Harold también fue la persona que había llevado a Jim Gadd a Cristo, y Jim llevó a más personas a Cristo que cualquier otra persona en nuestra iglesia. Me impresionó profundamente lo que una sola persona puede hacer para promover el reino de Dios.

Todas nuestras experiencias africanas en el trabajo, en el hospital, con los niños y en las ceremonias fueron recuerdos preciosos de una aventura guiada por Dios. Los argentinos llegaron a casa sanos y salvos, al igual que nosotros, pero no sin más emoción. Después de que nuestro avión despegó de nuestra escala en Ámsterdam, un asistente de vuelo se puso muy enfermo. Ya estábamos sobre el océano cuando escuchamos que nos íbamos a regresar para encontrar un lugar donde aterrizar debido a una emergencia médica. Aterrizamos en el aeropuerto de Londres. Hasta que el equipo médico pudiera transportar al pasajero fuera del avión, se nos pidió que nos quedáramos en nuestros asientos y que esperáramos. Oramos por la persona en crisis y nos mantuvimos ocupados charlando y jugando. Nunca bajamos del avión, pero al menos ahora podemos decir en broma que hemos estado de visita en Inglaterra por poco tiempo.

Mientras tanto, mi esposo estaba rastreando nuestro vuelo en el sitio web de las aerolíneas. Estaba ansioso por recibirnos cuando llegamos a nuestro aeropuerto local. Cuando se dio cuenta de que nuestro avión no estaba en su trayectoria de vuelo, se le ocurrió que estábamos siendo secuestrados. Inmediatamente llamó a la aerolínea y le dijeron que había alguien en el vuelo que tenía una emergencia médica. Dijo que su esposa estaba en el avión y tenía problemas médicos en África. Preguntó si ella era la que tenía la emergencia médica. Dijeron que no podían decírselo. No fue hasta más tarde que se enteró de lo que había provocado el desvío de nuestro avión.

Una vez que llegamos sanos y salvos a nuestra tierra natal, hubo preocupaciones familiares sobre mi condición médica y si estaba libre de enfermedades contagiosas o no. Para estar segura, fui a nuestro médico de cabecera, quien me volvió a hacer la prueba y me dio un certificado de buena salud. Sin embargo, mi familia solicitó días adicionales en cuarentena, por si acaso. Experimenté una semana de soledad intensa e inesperada y aislamiento, pero me dio tiempo para reflexionar sobre mi relación con Dios y mi crecimiento al enfrentar mis miedos.

Al mirar hacia atrás en el viaje, tengo gratos recuerdos y momentos para darme cuenta de cuánto me ama y me protege Dios, incluso en las horas más oscuras, las noches más oscuras y los momentos más aterradores. No cambiaría esta experiencia por nada, porque con Dios, ¡ahora soy valiente! ¡Y *aún sigo aquí*!

–15–
No es Mi Historia para Contar: El Milagro de Marilene

Entonces Jesús le dijo: "Mujer, ¡tienes mucha fe! Se concede su solicitud." Y su hija fue sanada en ese momento. —Mateo 15:28

"Aún Sigo Aquí."

Marilene es madre de tres hijos y fiel compañera de su esposo pastor, Félix Escobar. Cuando conocí a Marilene, tenía el pelo negro, largo y espeso, ojos brillantes y siempre una sonrisa en su rostro. Nuestro grupo de Ohio estaba trabajando en su iglesia cuando ella tenía nueve meses de embarazo y luego dio a luz al bebé antes de que terminara el campo de trabajo. Es la anfitriona ejemplar y sierva cristiana, siempre cocinando para los visitantes y preparando los mejores alojamientos con recursos limitados. Sus empanadas son famosas entre quienes han compartido tiempo en su casa o iglesia. Incluso después de sufrir dentro y fuera de los hospitales durante dos años, Marilene insistió en albergar campos de trabajo. Las cicatrices asolaron su cuerpo desde su cuello hasta su abdomen, y un lado de su cuerpo sigue necesitando terapia, pero eso no la detiene. Recuerdo un campo de trabajo en el que Marilene no pudo pararse durante más de unos minutos. Ella insistió en que nuestro grupo viniera para una comida al aire libre, y la vi sonriendo y tarareando en su cocina mientras preparaba comida, rodando de un lado a otro en un taburete con ruedas. Nada disuade a Marilene de mostrar amor a otras personas.

Somos amigos desde mi primer viaje misionero a Argentina. A través de los años, Félix, Marilene, mi esposo Darrell y yo charlamos por teléfono o video, y nuestras limitadas habilidades lingüísticas nos hacen reír mucho, ya que con frecuencia nos malinterpretamos. Félix entiende bastante inglés, y tuve un par de años de clases de español en la escuela secundaria, pero Darrell y Marilene solo hablan sus lenguas nativas. Por algún don milagroso del lenguaje, Darrell y Marilene se entienden perfectamente cuando estamos juntos o al teléfono. Ninguno de nosotros entiende cómo sucede, pero en nuestras capacidades limitadas, Dios cierra nuestra brecha de comunicación. Podemos compartir los altibajos de la vida familiar y nuestros viajes espirituales. A pesar de la distancia entre nuestros países, nos sentimos cerca unos de otros mientras cantamos juntos, rezamos juntos y reímos juntos.

Sin embargo, una llamada telefónica llegó de Félix sin risas ni alegría en su voz. Apenas podía hablar. A Marilene le habían diagnosticado una enfermedad que amenazaba su vida y pidió oración. Lloramos con oraciones en español e inglés, y cuando colgué el teléfono, lloré con tanta tristeza que no salió ningún sonido de mi boca durante unos momentos. Envié un mensaje a nuestra familia y a la familia de la iglesia para que oraran por Marilene, pero nuestras amigas enfermeras me dijeron que esperara una llamada telefónica en un futuro cercano con muy malas noticias.

Félix estuvo al lado de Marilene durante meses de hospitalización. Trató de continuar con sus deberes pastorales con su iglesia, pero era imposible estar atento tanto a la iglesia como a la familia en circunstancias tan severas. Hablamos con frecuencia y oramos fervientemente. Vi a este dedicado pastor, esposo y padre luchar a través del mayor desafío físico y espiritual de su vida.

Aún todos seguimos aquí. Esta no es mi historia para contar de primera mano, pero es parte de mi viaje de fe. Aquí, en las propias palabras del pastor Félix, está el relato del milagro de Marilene.

Testimonio
por el Rev. Félix Escobar, Iglesia de Dios
Alem, Misiones, Argentina

Hablar de hospitales, clínicas y descripciones complejas es algo que hacen otros. Para los pastores la lógica es: "Estamos aquí para servir a quienes atraviesan tiempos difíciles." Pero cuando nos pasa a nosotros, la lógica no es lógica y nos damos cuenta de que muchos hombres y mujeres, jóvenes y adultos, acomodados y pobres, servidores y pastores deben pasar por esto.

Todo comenzó en diciembre de 2007, cuando Marilene, mi esposa, empezó a sentir dolores muy intensos e insoportables en el abdomen, por lo que de inmediato la llevé al médico. La revisó y notó que su presión arterial había subido a 220-140, la medicaba para bajarla y nos ordenó ver a un cardiólogo. Al día siguiente se realizaron pruebas y se observaron signos de hipertensión arterial. El médico recomendó que mi esposa caminara, adelgazara y tomara pastillas por el resto de su vida. Tres meses después, los dolores regresaron y también la presión arterial alta. Otro cardiólogo sugirió una vez más bajar de peso y caminar al menos 4 kilómetros y tomar medicación para la presión arterial para que no supere los 130-80. Comenzaron las caminatas y todo fue maravilloso cuando de repente, el 8 de agosto de 2008, mi esposa sufrió dolores tan intensos que se cayó al suelo y rodó de dolor durante unos 45 minutos.

Dos días después la llevé a otro médico que le hizo un electrocardiograma. Antes de irse, el médico la tomó del brazo y le dijo que le haría una ecografía. Fue entonces cuando salió a la luz el verdadero problema; la vesícula biliar era un trozo de piedra. Fue enviada a un especialista en Posadas (Misiones) para que le hicieran una endoscopia del conducto vil-pancreático para ver si encontraba depósitos arenosos. Allí no se encontró nada. Los dolores regresaron al día siguiente mientras estaba acostada en la cama. Fue enviada a la unidad de cuidados intensivos para ver el problema de cerca. Ella estuvo allí seis días; perdió peso y se relajó mucho. El médico le permitió irse a casa y estar con su familia. A partir de las 3:00 p.m. Hasta las 4:00 a.m. de la mañana siguiente, no pudo pararse ni sentarse debido a los intensos dolores.

Una vez más la llevé al médico. Su abdomen estaba muy hinchado, por lo que le hicieron otra ecografía y le dijo: "Llévala enseguida a Posadas." Fue directamente a la unidad de cuidados intensivos donde le sacaron 700cc de líquido de los pulmones. Cuarenta y ocho horas después la operaron y literalmente le abrieron todo el abdomen y liberaron 6,5 litros de líquido infectado. El diagnóstico fue inflamación del páncreas, o sea una pancreatitis aguda, la causa fue unas pequeñas arenillas que se desprendían de la vesícula y trancaron en el conducto pancreático. Según el médico, este es uno de los dolores más intensos que puede soportar un ser humano.

Permaneció en la UCI con el abdomen abierto durante 28 días; la inflamación era muy grande y peligrosa. Día tras día extraían líquido. Estuvo intubada durante 9 días para respirar; luego se hizo una traqueotomía para permitir que los pulmones funcionaran mejor. El primer mes de su hospitalización pasó por situaciones tan difíciles que es casi imposible describirlas en papel. Contrajo neumonía, le volvieron a perforar los pulmones para sacar el líquido, le insertaron un tubo en el abdomen para drenar las impurezas que rezumaban con mechas para drenar. Una conexión directa con la vena yugular le proporcionó un alimento especial en una especie de forma lechosa que el cuerpo podría utilizar. Todo este tiempo estuvo en un estado de coma inducido médicamente. Se administraron varias transfusiones de sangre porque los glóbulos fueron negativos.

El segundo mes se realizó una punción en la apertura del estómago donde se realizó una colostomía para extraer los jugos pancreáticos. Se suturó una parte del abdomen y el resto se cerró por sí solo lentamente.

Todo este proceso hizo que la vesícula biliar pasara de inflamada a "vesícula infectada" y esto empeoró la situación con el paso de los días.

Al cuadragésimo día abrió los ojos por primera vez. Esto era bueno en cierto modo, pero su mirada no estaba relacionada. El día 79 se formó una fístula donde los jugos pancreáticos dañaron todo lo que encontró a su paso. Fue entonces que los médicos me hablaron de llevarla a Buenos Aires a un centro especializado, pero el estado de su cuerpo era tan débil que no habría podido pasar el vuelo con el cambio de presión del aire. En este punto, los médicos eran como una familia. Cuando se acabaron sus recursos, Dios comenzó a obrar de una manera muy especial.

Me vino a la mente un pasaje de Isaías que dice: "Yo soy el SEÑOR; ese es mi nombre. No entregaré mi gloria a otro ni mi alabanza a los ídolos". (Isaías 42: 8) En dos oportunidades los médicos permitieron que toda la familia se reuniera y salude a Marilene porque a ellos (los médicos) no les quedaba esperanza. Los médicos hicieron lo mejor que pudieron; Dios los tenía en Su mano y Marilene También. Seis días después de esta triste situación, el médico de terapia dijo: "No quiero hablar demasiado fuerte, pero parece que el líquido tomo un curso normal." Se notó una mejoría. El tercer mes tuvo una nueva neumonía donde nuevamente hubo que hacer nuevos pinchazos para drenar el líquido.

El día 103 de cuidados intensivos, me puse una bata y guantes y le hablé como todas las mañanas: "Hola, mi amor." Mientras me quitaba la máscara de oxígeno, ella me miró y dijo: "Hola, Papi." Dicen que los hombres no lloran, pero les aseguro que son mentiras del diablo. Grité; Alabé a Dios porque estaba viva. Todos los esfuerzos, todas las oraciones no habían sido en vano.

Al día 110 de estar en cuidados intensivos, le quitaron el respirador, se le cerró la tráquea por sí sola y las esperanzas aumentaron. ¡Ese "hola papi" fue el mensaje más emocionante! A partir de ahí, cada día algo nuevo: kinesiología, rehabilitación, ya que el brazo y la pierna izquierdos se vieron afectados por tantos días de inmovilidad o por algún coma menor que pudo haber tenido estando enferma.

El día 123 salió de cuidados intensivos y fue trasladada a una clínica de rehabilitación. Estuvo allí 43 días y llegó el momento de volver a casa. Manejamos unos metros, estacioné el auto y glorificamos a Dios de por la vida. Durante ese viaje nos mirábamos y lloramos de alegría. Cuando llegamos a casa, la familia y nuestros hermanos nos recibieron con una cálida bienvenida.

¿Milagro? ¡Curación! Todos pueden nombrarlo como quieran. Los médicos me dijeron: "Félix, disfruta, no muchos salen de lo que acaba de salir tu esposa." Otro dijo: "Es un milagro que está viva," y otro agregó: "Hicimos lo que estaba a nuestro alcance y Dios hizo su parte, y bien."

Después de 166 días de hospitalización, no todo había terminado. Sí, Dios le había devuelto la vida, pero la inactividad de su esófago produjo una estenosis (estrechamiento) del esófago en el tercio medio del mismo. La comida no bajó y la comida líquida (Asegúrese) era difícil de tragar. De la misma forma con su saliva, hubo momentos en los que no pudo tragarla. A través de una radiografía de contraste, los médicos descubrieron que lo que comúnmente está dilatado hasta 4 centímetros de diámetro, ahora su esófago solo tenía una abertura de 3 a 4 milímetros.

Nos remitieron a Buenos Aires a un hospital especializado en gastroenterología. Nos dijeron: "Sí, la vamos a ver y pronto estará comiendo." Estuvo hospitalizada durante mes y medio. La llevaron a la sala de endoscopia, donde la sedaron localmente y trataron de colocar una bujía para ver si podían dilatar el esófago, sin resultados. Dos días después vino el especialista y trató de hacerlo con un globo, pero negó con la cabeza diciendo: "Llega a los 7 milímetros, pero cuando saco el globo vuelve a los 4 milímetros. Nunca había visto algo tan estrecho." Una semana después, volvieron a intentarlo con el balón pero sin éxito. Le hicieron mucho daño a Marilene, saliendo peor que cuando entró. En ese momento solo la alimentaban con líquidos, si lograba bajarlos. Mucho se podría decir sobre los detalles que tuvo que soportar hasta que alguien pudiera encontrar una solución.

Marilene, siempre llena de vida, era contagiosa y contagiaba, no con su enfermedad, sino con la vida de Dios en ella. Ella tuvo un afecto en innumerables personas, médicos, y enfermeras que se cruzaron en su camino. En serio, su amor por Dios es cautivador. Por ejemplo, mientras estaba con tres drenajes en el vientre cuando le abrieron el abdomen por segunda vez para extraerle la vesícula biliar, estaba con suero, y con la sonda puesta, Marilene estaba en una habitación con otra paciente. La mujer descubrió a los 40 años que era celíaca y ahora tenía cáncer de intestino. Lloraba de dolor y llamaba a Marilene para que orara por ella. Marilene arregló todo para poder levantarse y caminar hasta los pies de la cama de la mujer. Se sentó en la cama y le habló del gran amor de Dios en la persona de Jesucristo. Esta mujer aceptó el mensaje de salvación y cuatro días después falleció en paz.

En otra ocasión, hubo una enfermera que llegó al amanecer para abrir su corazón contándole a Marilene lo que estaba pasando en casa y pidiéndole consejo. Y otra, el jefe de terapia de una clínica a las 3 de la mañana, se sentó en el borde de su cama y dijo: "Marilene, conozco tu historia, todo lo que tuviste que pasar, lo que hicieron y lo que seguimos que haciendo contigo, pero nunca he visto el llanto o la tristeza en tu rostro. Siempre estás radiante, con una sonrisa. ¿Qué hay en ti que siempre estás sonriendo?"

Ella lo miró a los ojos y dijo: "Doctor, estoy segura de que si Dios me llama esta noche iré con Él, que es la confianza y seguridad que tengo; es la promesa que Jesús tiene para mí. Ahora yo te pregunto, ¿Y usted, doctor, está seguro?"

Las lágrimas rodaban por sus mejillas y él respondió: "Marilene, no puedo decir lo mismo."

Ella le dijo: Es el momento de Dios en casa, en nuestras vidas, y aquí y ahora, es el momento de ajustar cuentas con Dios. Si no, vamos directo al infierno."

En mi mente viene un estribillo que aprendí hace mucho tiempo: "Brilla donde quiera que estés, brilla donde sea que estés, Deja que tu luz rescate a algunos perdidos, Brilla donde quiera que estés." Esta es Marilene, siempre brillando el amor de Dios donde quiera que esté.

Los médicos intentaron una y otra vez dilatar su esófago con el balón. En el sexto intento, sufrió un paro cardíaco. Nos enviaron a casa y un mes después volvimos. Esta vez intentaron dilatarlo con un stent, pero cuando llegó a la parte estenozada, se rompió, entonces el médico me dijo: "Mira, no hay manera de entrar. Ya hemos tratado a miles de pacientes con estenosis, pero no he visto nada como el caso de Marilene en veinticinco años."

Descansó durante una semana y luego la doctora me dijo que iba a ser más agresiva. "Voy a ser más agresiva. Voy a intentar colocarlo." Este fue el octavo intento. Al salir del quirófano, Marilene hizo un gesto con el pulgar hacia arriba. Lograron colocarlo, y se dilató a 18 milímetros. Este se quedó así durante veintiséis días, y la comida era prácticamente líquida, se quitó el stent y luego le hicieron una seriada esofágica. Los médicos encontraron que la dilatación revertía a 8 milímetros.

Era como la historia infantil del conejito que intentó ser una persona. Siguió intentándolo, intentándolo y nada funcionó. El médico me dijo: "No hay nada más que hacer."

Le respondí: "Entonces, ¿puedes cerrar las puertas?"

"Bueno, hay algo más, una cirugía que consiste en extirpar una parte del intestino grueso y hacer un nuevo esófago. Esta cirugía conlleva muchas complicaciones," respondió el médico.

Una semana después, a Marilene le extirparon la vesícula biliar, operación que duró ocho horas. Finalmente eliminaron lo que le estaba causando tantos problemas. Todas estas prácticas se realizaron de abril a julio de 2009. Nos enviaron a casa para regresar en diciembre del mismo año, para un nuevo intento de dilatación.

En todo ese tiempo, Marilene tuvo que ser hospitalizada varias veces por problemas respiratorios. Ella no podía comer; pasó siete días sin comer ni beber, y la hospitalizaron para no deshidratarse. Le dieron un suministro de treinta a cuarenta unidades de suero y luego la enviaron a casa nuevamente.

Regresamos a Buenos Aires para llegar a una solución, pero nada, absolutamente nada. Se acercaba el verano y con la "sed" y el hambre, su peso disminuía día a día. En febrero de 2010 pesaba 43 kilogramos (95 libras).

Ya no podía caminar debido a la debilidad, y como resultado de un problema en sus bronquios, su respiración comenzó a fallar. El 22 de febrero, nuestro 25 aniversario de bodas, los médicos realizaron una nueva traqueotomía para solucionar el problema respiratorio. Tuvieron que alimentarla, pero la zona nasogástrica no atravesaba el esófago. Tuvieron que alimentarla a través de la vía central.

Permaneció así hasta el 4 de marzo, día en que le realizaron una yeyunostomía (cirugía en el abdomen buscando la segunda sección del intestino delgado para alimentarla con una sonda nasogástrica). Cuando quisieron filtrar la comida, no bajó porque la sonda había hecho un codo entre intestino y piel. La volvieron a anestesiar para solucionar el problema, pero empezó a toser y tuvieron que suspender la operación. Cuatro días después, como había sido sometida a varias anestesias seguidas, se volvió a realizar la yeyunostomía para solucionar el problema, pero "sin anestesia." Fue entonces cuando pudo alimentarse y respirar.

En abril viajamos nuevamente a Buenos Aires para ver a un especialista en tráquea, porque había crecido un granuloma en la parte posterior de la traqueotomía. Este médico recomendó que solucionáramos el problema del esófago. El 31 de mayo realizaron una esofagectomía total, es decir, primero extirparon el esófago y estiraron el estómago hasta empalmarlo en el cuello, una cirugía que duró seis horas y media con resultados maravillosos.

De ahí líquidos, luego gelatina, después puré, y gracias a Dios todo bajó de maravilla, pero en menor cantidad. El 7 de julio el médico revisó la tráquea y le dijo: "Marilene, te vas sin la traqueotomía. ¿Puedes sacarla?"

"¿Tengo que sacarlo?"

"Sí, puedes sacarlo". Se pusieron gasas y esparadrapo y volvimos a casa. Todo fue un "10". El orificio se cerró por sí solo. Volvimos a ver al cirujano, quien, al ver los resultados, la "dio de alta" y nos envió a casa, sin sondas, nada artificial en su cuerpo. Hoy pesa 53.500 kilos (118 libras) y está feliz por su vida.

Habían pasado prácticamente dos años desde que empezó toda la situación, once meses de este período estuvo internada por complicaciones. Hoy es el momento de reír, de regocijarnos en Dios que siempre fue fiel. Creció en la confianza de saber que aquel a quien predicamos sigue siendo el mismo, ayer, hoy, y por la eternidad, nos quedó claro que, "El que inició la buena obra fue fiel para completarla."

¡La completó! ¡Aleluya! Nos queda dar gracias a Dios por su amor sin igual, por la familia que creció con un amor sin igual, por la familia que creció junta a pesar de todo ... y los médicos que Dios puso a nuestro lado como ángeles para el cuidado y el apoyo maravilloso, a la iglesia de todo el mundo que doblaron sus rodillas, sabiendo o no, quién es Marilene.

No sé cuál es tu dolor, pero quiero decirte. Hoy es el momento de depositar tu confianza en Aquel que te ama y siempre está atento a escuchar tu llanto. Hay otra realidad; también sabemos de muchos que se quedaron en el camino durante este proceso. Dios también lo sabe, porque no pasa nada fuera de su mirada. Una cosa está clara, abrumadoramente: con Cristo en la familia, siempre hay esperanza. ¡Gloria a Dios!

–16–
Viñetas de Mi Diario de Guatemala

La religión que Dios nuestro Padre acepta como pura y sin mancha es esta: cuidar de los huérfanos y de las viudas en sus angustias y evitar ser contaminados por el mundo. —Santiago 1:27

30 De junio 2015

He rezado y empacado para la siguiente etapa de mi viaje espiritual a través de Guatemala ... Sé que no seré el mismo cuando regrese; Simplemente no sé exactamente lo que Dios planea hacer conmigo, para mí y dentro de mi corazón durante este estilo de Jesús de 8 días de deformación temporal, ¡pero estoy lista! ¡Vamos amigos! ¡Que Dios nos bendiga y nos usa! ¡Todo está en la mano de Dios y nada es imposible para Él!

5 días en el trabajo: El proyecto de construcción: construir un negocio familiar - gallineros para una familia guatemalteca.
Bajo el liderazgo de una familia misionera de los Estados Unidos, nuestro grupo de Ohio trabajó un par de días en la construcción de un gran gallinero para una familia de 12. Así como decimos que es mejor enseñar a alguien a pescar que darle el pescado, también es mejor ayudar a una familia a mantenerse con pollos y huevos como fuente de alimento y negocio sostenible. En la propiedad otro grupo construyó una pequeña casa de madera, y cuando todo estuvo terminado, la gente se reunió en la casa y en el porche para dedicar la casa y bendecir a la familia y su futuro. La humildad de la familia se hizo evidente en las miradas de sus ojos y con sus palabras de agradecimiento. La familia de Dios pareció acercarse un poco más ese día.

Mientras se construía el gallinero, algunos de nuestros miembros fueron reclutados para instalar estufas ventiladas o cocinas económicas a leña para las familias cercanas. Dirigir el humo y los vapores al exterior de las casas ayudaría a mejorar la salud de las familias. Al igual que con el gallinero y la casa, oramos una bendición sobre las estufas y las familias nos dieron gracias a nosotros y a Dios por su provisión.

El pastor Félix de Argentina se unió a nosotros en este viaje y fue de gran ayuda con el proyecto de construcción y con los niños. Familiarizado con las lecciones de la escuela bíblica de nuestros niños anteriores y con fluidez en el idioma, Félix pudo ayudar con los grandes juegos de paracaídas, los dramas y el festival de manualidades y actividades para los niños de la escuela.

Junto a nuestro equipo de Ohio, también trabajaron los hijos de misioneros. Algunas personas pueden sentir lástima por los hijos de los pastores en el campo misional, pero su niño en edad preescolar golpeó un martillo con la ayuda de los campistas que trabajaban con paciencia y que hacían perchas de madera para gallinas mientras su hija adolescente pintaba caras con diseños elaborados e inventaba juegos originales para ocupar a los niños guatemaltecos. El hijo adolescente hizo todo lo que se le pidió y oró como un pastor (¡y era un asesino jugando a las cucharas!). Todos entendieron el español en varios grados y obviamente aman a personas de todas las culturas. No se puede pagar una educación como esta. Oro por la unción y la seguridad de Dios sobre ellos y espero que todos los niños tengan oportunidades en la vida como las que tuvieron los niños de los pastores.

Por las noches, nos reuníamos en la casa de los misioneros y compartíamos relatos del trabajo del día y las relaciones con la gente de allí. Los cánticos de adoración, las devociones, los testimonios y la amistad que se compartió después de un buen día de trabajo fueron inolvidables y transformadores. A medida que cada persona compartía algún pensamiento o reflexión sobre el viaje, pudimos ver al Espíritu Santo moviéndose en esa persona y llegando a todos nuestros corazones.

Entretener a los niños: el juego de los niños siempre es pensar fuera de la caja.
Las manualidades fueron divertidas para entretener a los niños en el porche de la nueva casa de madera de 12 miembros mientras el Equipo Guatemala construía un gallinero y una estufa. Un día tomamos tallos de chenilla y cuentas de espuma para hacer pulseras y collares. Un niño de 5 años rechazó mi sugerencia de cerrar lo que pensé que era una pulsera. Lo miré hasta que tuvo un mechón más largo, que obedientemente retorcí y corté para terminar. Lo puso alrededor de su cabeza como una corona, así que lo apodamos rey de su nuevo castillo, y lo sentamos en un pequeño taburete para su trono, lo que hizo sonreír a su papá. Pasamos a hacer un cetro y luego una vara que parecía una serpiente, que se convirtió en la historia de Moisés, Aarón y Faraón. La esposa de nuestro pastor y maestra de preescolar, Jean Snyder, solía llamar Alcance comunitario: visitar una escuela pública y alimentar a los estudiantes.

Alcance comunitario: visitar una escuela pública y alimentar a los estudiantes.
"¡Tortillas! ¡Tortillas! ¡Tortillas!" Pedimos el toque final a un banquete de estilo navideño poco común mientras las cocineras de la escuela servían frijoles de arroz y estofado de pollo. ¡Nuestro equipo corrían con bandejas para servir a cientos de niños en 20 minutos antes de que llegue la próxima sesión de estudiantes! Algunos estudiantes guardaron parte de su comida para compartir con otros en casa. Presenté a las cocineras las mariposas de ganchillo de mamá y lloré, sabiendo que mamá todavía es parte de las misiones. Les dije que mi mamá acababa de fallecer y compartieron que una cocinera perdió a sus padres cuando tenía 4 años y otra tuvo una experiencia similar. No puedes planificar momentos como estos. Gracias, Mamá.

Alcance comunitario: zapatos usados reutilizados para niños en edad escolar
La pequeña aula oscura estaba llena de estudiantes que esperaban que los llamaran para obtener un par de zapatos nuevos o usados de los 200 metidos

en maletas y bolsas de plástico. Mientras la directora decía un nombre a la vez, mientras sosteníamos varios tamaños buscando que coincidieran con los tamaños de los niños, noté que dos niñas de 10 años susurraban juntas, las manos sobre la boca y los ojos puestos en el par que tenía en la mano. Con sus brillantes ojos marrones brillando tan brillantes como los relucientes zapatos negros, me encontré como un conspirador deseando que uno de ellos fuera la Cenicienta guatemalteca cuyos pies se deslizarían dentro de este preciado par que venía del armario de otra persona en Ohio. Dios ha llenado mi corazón con historias como esta. Si su hija donó estos zapatos, ¡hágale saber que alguien en Guatemala está muy feliz!

Alcance comunitario: visita a un orfanato.

Niños perdidos, abandonados y discapacitados jugaban en el recinto del orfanato. Recorrimos las instalaciones y los vimos jugar en los columpios y en el patio. Tuvimos bebés en nuestros brazos y escuchamos sus historias de los cuidadores cristianos. No quería soltar al bebé en mis brazos. El cuidador dijo que el bebé nunca sonríe y rara vez responde a los adultos. Arrullé y hablé con el pequeño. Canté, mecí y bailé con este precioso niño. Canté "You Are My Sunshine," tal como me cantaba mi madre y yo les cantaba a mis hijos y nietos. Después de un rato, me senté y miré a los ojos del bebé. Finalmente, hablamos el mismo idioma del amor. Vi una sonrisa y algunos movimientos de alegría. Conectamos y me enamoré de esto" enseñar según la guía del Espíritu."

Antes de despedirnos: 1 día de turismo y compras de recuerdos en la plaza del pueblo de Antigua, Guatemala.

No solo queríamos explorar la ciudad y comprar recuerdos para llevar a casa a nuestros amigos, familiares y aquellos que habían donado dinero para suministros, también necesitábamos un poco de tiempo para comenzar a prepararnos para el viaje de regreso a casa. El choque cultural golpea a las personas de diferentes maneras, pero una vez que una persona ha pasado un tiempo precioso con los más pobres de los pobres que son felices en el Señor, es difícil decir adiós y regresar a nuestra vida en Ohio sin verse afectado emocionalmente. La compra de regalitos y el tiempo de ser turistas ayudaron, salvo encuentros como el que viví en la plaza del pueblo. En mi diario, escribí lo siguiente:

¿Como lo hace ella? ¿Cómo camina la madre de turista en turista alrededor de la plaza de la fuente en Antigua, Guatemala, con un bebé envuelto en su pecho, un niño pequeño envuelto en su espalda, profundamente dormido con sus largas piernas colgando y dos pequeños más caminando a su lado? con los brazos llenos de baratijas a la venta? ¿Cuándo y CÓMO tiene la oportunidad de sentarse y descansar? En sus manos había unas cuantas bufandas de colores, muy parecidas a los estantes de bufandas en los mercados donde acabábamos de comprar. Sin pensar en su situación en ese momento cuando me preguntó si me gustaría comprarle algo, sonreí y respondí: "No, gracias. He comprado todo lo que necesito para hoy." En voz baja, en español, se alejó diciendo: "pero no me compraste nada hoy..." En el camino de regreso a Ohio, seguía pensando en esta mujer trabajadora y necesitada y deseaba poder regresar y comprar algo de ella, solo para poder alimentar a esos bebés y tener esperanza para otro día.

12 de julio De 2015

Estamos en casa de Guatemala y estamos muy agradecidos por todos nuestros socios que nos ayudaron cuando arrojamos nuestras redes al profundo mar de la fe, confiando en que Dios proveerá. Utilizó a otras personas fieles para alimentar a 1.000 niños hambrientos, para dar zapatos a cientos de pequeños necesitados, para enseñar la salvación a unos cientos de estudiantes en una escuela pública, para equiparnos con manualidades de la escuela bíblica, para construir un gallinero y una estufa para una familia con 10 hijos y muchos suministros para continuar las bendiciones allí. ¡Gracias, gracias, gracias!

No es fácil concentrarse en la vida diaria en Ohio, en la familia, el trabajo, la iglesia y las rutinas habituales. Mi corazón y mi mente todavía están de regreso en Guatemala. *Aún sigo aquí*, pero mi mente sigue ahí, todavía escuchando la música, las voces de los niños, oliendo los diferentes aromas de su cultura y recordando lo mucho que nos divertimos juntos construyendo gallineros y estufas, abrazando a los bebés en el orfanato, jugando y alimentando a los escolares. Me estoy poniendo al día, pero cada vez que me despierto, veo el hermoso rostro moreno de una colegiala guatemalteca con ojos oscuros mirándome y preguntándome: "¿Cuándo volverás? ¡Prométeme que volverás a ver nosotros de nuevo!" Dije que lo intentaría, si Dios lo permite.

-17-
¡¡¡¡¡¡¡Amina!!!!!!!

David, vestido con un efod de lino, bailaba delante del Señor con todas sus fuerzas. —2 Samuel 6:14

"Aún Sigo Aquí."

En junio de 2015, el coro de niños de Mwangaza visitó la Iglesia de Dios de Dayspring para una actuación y un servicio religioso. Los niños, de 8 a 12 años, eran de Gaba, Uganda, iban de gira por los Estados Unidos. Los pastores preguntaron si podíamos hospedar a dos o más niños en nuestras casas para cenar y dormir durante la noche. Conduje nuestra camioneta a la iglesia y de alguna manera terminé con cuatro chicas jóvenes y dos chaperonas. Más tarde me enteré de que todas se subieron a mi camioneta porque querían permanecer juntas. No me incomodo, ni tampoco a los organizadores.

Cuando les pregunté qué tipo de comida querían para cenar, fueron amables y dijeron que estarían felices con cualquier cosa. Había escuchado que estaban casi al final de la gira, y estaban saturados de pizza y espaguetis. Les pregunté qué es lo que más extrañaban de sus hogares en Uganda, dijeron familia ... y comida casera.

Eso me dio una idea. Les pregunté si querían cocinar su propia cena en nuestra casa esa noche. Una de las niñas dijo: "Pero ¿cómo podríamos? No creo que sus tiendas tengan comida de Uganda." Eso llevó a un viaje al Mercado internacional de Jungle Jim's a solo unos kilómetros de distancia. Encontramos las secciones de comida étnica y los amplios pasillos de vegetales para encontrar lo que necesitaban para una comida casera. Me divertí mucho viéndolos explorar la enorme tienda y se divirtieron enseñándome los nombres y propósitos de las verduras y frutas que me parecían más obras de arte que comida.

Después de que llegamos a casa y asignamos espacios para dormir a las mujeres y niñas, se pasearon por nuestra cocina charlando encantadas en un idioma que yo no entendía. Les mostré dónde estaban mis ollas y sartenes y las deje cocinar. Sonreí cuando vi a las chicas apiñadas alrededor de la sartén para ensamblar, remover, cubrir, mirar, revisar y revisar de nuevo.

Mientras tanto, una de las chaperonas mencionó que también extrañaba la cocina italiana de su abuela, así que le sugerí que se diera prisa y preparara esa receta para que todos pudiéramos compartir su comida favorita de su familia. Fue solo justo que pusiera una olla de elotes para compartir una de nuestras comidas favoritas del Medio Oeste. Deseé poder describir adecuadamente los olores y sabores de este evento culinario internacional. Cuando nos sentamos alrededor de la mesa para comer, cada persona oró y contó una pequeña historia detrás de su comida favorita de casa.

Después de la cena, se apresuraron a limpiar el desorden y luego se prepararon para las devociones nocturnas. Como era su práctica en la gira, cada noche una chica diferente lideraba. Nos reunimos en nuestra sala familiar y escuchamos las Escrituras y el mensaje de la niña líder, pero estaban tan calladas que pensé que estaban cansados y que debían retirarse a dormir.

Ese no fue el caso. Pronto supe que se sofocaban al sentarse a orar y alabar a Dios. Se sentían más cómodos de pie y, mejor aún, bailando mientras adoraban. En el dulce aire de verano, fuimos al patio trasero y adoramos como nunca antes lo había hecho. A su canto a capella, levantamos nuestras manos, movimos nuestros brazos y piernas, y miramos al cielo celestial. Mientras observaba sus bailes y escuchaba sus poderosas y dulces voces, fui transportada de regreso a África con las voces cantantes que llenaron mi corazón nueve años atrás. Esa noche, no tuve que viajar a África; África vino a nuestra casa. Si los vecinos se preguntaban sobre el mejor concierto gratuito que jamás haya tenido lugar en nuestro vecindario, nunca me enteré.

Después de una buena noche de sueño, las niñas se despertaron y empacaron. Con unos pocos minutos extra que tenían antes de irse a la iglesia, se sentaron en el piso de la sala familiar e hicieron pulseras de cuentas, charlando alegremente sobre sus planes del día. Ellas amablemente nos agradecieron por recibirlas y les pedí que escribieran sus nombres en una página de mi Biblia para que yo los recordara y recordara orar por ellas. Un acompañante escribió: "Gracias por todo. Amas como Jesús." Una niña escribió: ¡¡¡¡¡AMINA!!!!!!! (¡Amen!)

Después en esa semana, mientras pasaba la aspiradora, encontré algunas cuentas en el piso, y mi corazón dio un tirón para tenerlas de regreso en nuestra casa nuevamente.

Loyce, Asia, Susan y Brenda ya son adultas. Quiero que sepan que *aún sigo aquí*, rezando para que todavía estén felices y alabando a Dios con todo su ser.

No es necesario viajar para conocer otras culturas. Podemos quedarnos aquí e invitar gente a nuestras casas. Si eso no le resulta cómodo, comience con un viaje a Jungle Jim's y aprenda algo nuevo sobre otras personas.

¡¡¡¡¡Amina!!!!!!!

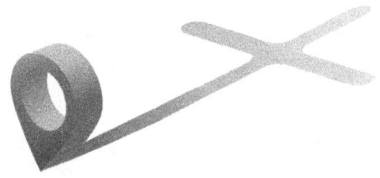

–18–
Amar el Idioma

Por tanto, vayan y hagan discípulos de todas las naciones, bautizándolos en el nombre del Padre y del Hijo y del Espíritu Santo, y enseñándoles a obedecer todo lo que les he mandado a ustedes. Y seguramente estaré contigo siempre, hasta el final de los tiempos.
—Mateo 28: 19-20

"Aún Sigo Aquí."

En uno de los muchos viajes misioneros a Argentina, conocí a un joven de la República Dominicana que estudiaba en el instituto teológico de la Iglesia de Dios. Era enérgico, amigable y hablaba inglés con fluidez, por lo que se desempeñó como nuestro intérprete para proyectos de construcción y servicios de la iglesia. En este viaje había muchas parejas casadas en nuestro grupo, pero mi esposo se había quedado en casa para cuidar a nuestros tres niños pequeños. Viajando como "soltera" pero casada, me encontré sentado con otros "solteros" e intercambiando historias sobre nuestros viajes espirituales. En un viaje en autobús, nuestro intérprete se sentó a mi lado y le pedí que me ayudara a hablar español con más fluidez. Con solo dos años de español en la escuela secundaria y algunas lecciones de algunos niños pacientes, me faltaba la capacidad de comunicarme de manera efectiva con los maravillosos adultos de Misiones. Se formó una maravillosa amistad. Juan Santos Lugo dijo que la única forma de aprender español era hablarlo todo el día todos los días. Él corrigió mi pobre español respetuosamente, y nos reímos un poco mientras compartíamos diferencias en nuestras culturas. Me hizo muchas preguntas sobre la vida en los Estados Unidos e incluso me presionó sobre nuestra responsabilidad de apoyar agresivamente el trabajo de la iglesia en todo el mundo en países menos privilegiados, incluida la República Dominicana, su país natal.

Su método de instrucción también lo llevó a aprender unos de otros y cómo Dios nos ha llamado a servir dentro de la Iglesia de Dios. Para Juan, había aceptado a Cristo como Señor y Salvador en 1983, y en 1989, viajó al Instituto Teológico Posadas para convertirse en ministro ordenado. Habló sobre la importancia de contar con la aprobación de su padre cuando encontró una esposa, pero expresó la necesidad de la aprobación de su Padre Dios para una esposa que pudiera servir eficazmente con él en su deseo de ser pastor. Le hablé de un joven maestro de nuestra escuela cristiana que quería casarse con un cristiano. Nuestro personal le pidió que enumerara las características específicas que la convertirían en la esposa perfecta, y en dos años se casó con un ministro de adoración en una iglesia local. Su esposo coincidía con su lista, desde su amor por la música hasta su cabello rojizo.

Le pedí a Juan Santos Lugo que describiera cuál sería la compañera perfecta en su vida para él y su futuro ministerio. Me preguntó acerca de mi esposo, nuestro matrimonio y cómo hemos podido permanecer casados durante años y le conté las innumerables formas en que mi esposo, Darrell y yo trabajamos juntos en nuestro matrimonio, en nuestra iglesia y en nuestra familia.

Incluso en el viaje en autobús de regreso a nuestro alojamiento, Juan Santos Lugo insistía en que hablara español, incluso cuando mi cuerpo y mi cerebro se habían apagado por la fatiga del trabajo y por estar lejos de casa. Recuerdo que dijo: "Debes practicar el idioma cuando estés muerto de cansancio para que lo hagas mejor cuando estés animado y renovado." Fue un gran profesor de idiomas práctico.

Cuando vivimos en la cultura de un idioma diferente, algunas palabras simplemente se pierden en la traducción, y es bueno tener una persona amigable de la cultura local para salvarnos. Nuestro grupo relató momentos en los que nuestro español nos falló que son historias divertidas, al menos ahora, pero no en ese momento.

Una vez, un pastor quiso dar un cordial saludo a la congregación en español antes de predicar en inglés con un intérprete. Preguntó por qué la gente sonreía y parecía un poco confundido cuando los saludó y les pidió que se pusieran de pie, se dieran la vuelta y se saludaran afectuosamente. Literalmente en español, el pastor había pedido a la gente de la iglesia que se pusiera de pie, se diera la vuelta y se quitaran la ropa.

Dependía de traductores, como Juan, transmitir el mensaje del pastor y explicar cualquier malentendido entre las culturas y los idiomas.

La esposa de nuestro pastor compartió que había ido a la peluquería local, se dio unas palmaditas en la parte superior del cabello para indicar que su cabello se estaba volviendo demasiado largo para su comodidad y dijo en español que le gustaría un corte de cabello. Las mujeres le sonrieron, pero no le ofrecieron asiento. Más tarde se enteró de que había dicho literalmente en español: "Tengo un gato en la cabeza." Eso explica las sonrisas... y por qué no se cortó el pelo ese día.

Para contarme a mí también, el pastor Félix de Argentina, me hizo esta pregunta frente a todo el grupo de campistas de trabajo y pastores locales: "Nancy, ¿cómo se llama al 'mosquito' en Los Estados Unidos?"

Le respondí, "Mosquito," porque la pronunciación es la misma en inglés que en español.

El pastor Félix negaba con la cabeza y decía: "no no no no."

Entonces repetía: "¡Sí! ¡Sí! ¡Mosquito! ¡Mo-o-o-s-qui- i-i-to-o-o!" más despacio.

Después de varios intentos míos, y muchas risas de los pastores locales, Félix respondió: "No, en Argentina, no es necesario llamarlos. Ellos vienen solos."

"Aún Sigo Aquí."

Más tarde, cuando Félix volvió a burlarse de mí por el chiste del mosquito, traté de salvar la cara diciéndole: "No hay problema, hermano. No me sentí avergonzada," pero usé la palabra incorrecta para "avergonzada."

"No estaba embarazada" sonaba bien, ya que "embarrassed" en inglés y "embarazada" sonaban similares, como lo hacen muchas palabras en inglés / español. En lugar de eso, le dije: "No hay problema, hermano. ¡No estaba embarazada!" lo que trajo aún más risas y burlas a lo largo de los años. ¿Quién dijo que aprender un idioma no es divertido?

Junto con las bromas y el compañerismo, hubo muchas lecciones que aprender sobre las diferentes culturas y su nivel de compromiso con Dios. Fue inspirador ver a los estudiantes dedicados viviendo a tiempo completo en el instituto teológico, que era un edificio de ladrillo de un piso con varias habitaciones alrededor de la frontera que servía como dormitorio. Los estudiantes habían sacrificado tanto para estudiar allí, dejando sus hogares, familias y trabajos para aprender a convertirse en pastores y teólogos. Los estudiantes eran los cuidadores del instituto. Cultivaron la propiedad para obtener alimentos para sus comidas, estudiaron la mayor parte del día, limpiaron y cocinaron e hicieron reparaciones o mejoras en el edificio de su escuela, y tuvieron devociones por la noche antes de acostarse.

La pasión espiritual y la energía de Juan Santos Lugo se sumaron al entusiasmo del grupo por el trabajo de la iglesia. Cuando nos despedimos, todos le deseamos lo mejor, le prometimos orar por él y le regalamos una chaqueta de Estados Unidos como regalo de amistad. Su ejemplo de sacrificio y misión, junto con sus increíbles habilidades con la Palabra de Dios y los idiomas, se ha quedado conmigo a través de los años desde que compartí algún tiempo con él en el autobús en la década de 1980. He intercambiado un par de llamadas telefónicas y mensajes de Facebook a lo largo de los años y he seguido su liderazgo en la República Dominicana.

Este año tuve el agrado de leer el nombre del pastor Juan Santos Lugo y ver su foto con la lista de oradores principales de la Conferencia Mundial de la Iglesia de Dios en Orlando, Florida. Al ver la imagen de mi viejo y refinado amigo del seminario, me sentí agradecido de que el Señor me hubiera permitido conocer a este increíble hombre de Dios al principio de su viaje espiritual, ambos de diferentes países nos reunimos durante un par de semanas en Argentina. Me alegré de ver que el plan de Dios ya se estaba cumpliendo. Su esposa ya estaba allí en el instituto teológico donde estudiaba. Me encantaría escuchar la historia un día de cómo se conocieron y lo cerca que estuvo ella de su descripción de la esposa perfecta para él.

El post decía: "Juan Santos Lugo aceptó a Cristo como Señor y Salvador en julio de 1983. En 1989, Juan viajó a Argentina para realizar sus estudios teológicos en el Instituto Teológico Posadas. Es allí donde conoció a Miriam, que hoy es su esposa. Tienen un hijo llamado Hernán.

"Juan y Miriam regresaron a República Dominicana y, en 1998, iniciaron la iglesia Acción Misionera, Los Palmares (Iglesia de Dios en Los Palmares, Norte de Santo Domingo). Juan Santos es músico y líder de alabanza, autor y productor de radio y televisión. Actualmente es productor y conductor del popular programa radial Antes de Dormir, que se transmite de lunes a viernes a través de la estación de radio cristiana más influyente del país y que es una de las cuatro estaciones principales de radio entre todas, contando las estaciones laicas en República Dominicana. Juan Santos, con su esposa e hijo, es el fundador y presidente de la red de liderazgo mundial, Transformers World. A Juan le encanta dirigir la adoración, la predicación y la enseñanza en todo el mundo."

No supe hasta mucho después que tanto Juan como yo compartimos el mismo mentor espiritual, el pastor Félix Escobar, de Argentina. Dios tiene una manera de tejer su plan junto con personas de partes distantes del mundo de una manera muy cercana. *Aún sigo aquí* en los Estados Unidos y aún ellos siguen, sirviendo en sus países de origen, pero nuestra amistad tiene sus raíces en el amor por Dios y Su iglesia.

–19–
Héroes de Nuestra Ciudad por Haití

Entonces él respondió a los mensajeros: "Regresen y cuenten a Juan lo que han visto y oído: los ciegos ven, los cojos andan, los leprosos quedan limpios, los sordos oyen, los muertos resucitan y las buenas nuevas. se proclama a los pobres. —Lucas 7:22

"Aún Sigo Aquí."

Algunos héroes de hoy en día sobre los que leemos o vemos en las noticias; otros héroes viven y trabajan en nuestras propias ciudades. Tony y Christin Harris, y su amiga Shari Miller, son héroes locales que con frecuencia aparecen en los titulares. Se han escrito, entrevistado y destacado en revistas. También tienen una tienda sin fines de lucro, llamada Made To Love, en mi ciudad natal de Hamilton, Ohio. Con la misionera Kelly Crowdis, han construido una escuela en Haití para que los niños sean alimentados y educados, brindando oportunidades para una mejor calidad de vida. Tony trabaja para el Departamento de Bomberos de Hamilton y dirige el negocio con Christin y su amiga Shari. Las dos mujeres comenzaron el negocio haciendo camisetas y vendiéndolas en ferias de artesanía. Ahora viajan a Haití para comprar productos hechos en Haití para venderlos en su tienda y luego enviar las ganancias a la escuela. Me ofrecí como voluntaria para hacer el próximo viaje a Haití para ayudar en la escuela, pero *aún sigo aquí*. COVID nos ha castigado por ahora. Una vez que conozcas a Tony, Christin y Shari, nunca los olvidarás. Son luces brillantes de Jesús para nuestra comunidad y el mundo.

Las familias Harris y Miller asistieron a la misma iglesia con nosotros, y en ese momento, nuestro hijo Ben se unió a ellos en un viaje misionero a Haití para construir hogares para familias necesitadas. Cuando mi esposo y yo no podíamos ir con la gente en viajes misioneros, disfrutamos levantarnos temprano para llevar grupos al aeropuerto en nuestra camioneta que podía contener mucho equipaje y/o personas. Nos encantó compartir la emoción que se genera antes del comienzo de una nueva aventura. Nos encantaba orar con los misioneros en el círculo de familiares, amigos y pastores reunidos frente a la iglesia. Vimos la preocupación y las lágrimas en los ojos de los miembros de la familia que se quedaron atrás, y les ayudamos a decirles que Dios estaría con todos en Haití y en Hamilton.

Unos días después, regresaríamos al aeropuerto para encontrarnos con el grupo y ver sus rostros transformados, abrazarlos y dar las gracias a Dios por su regreso sano y salvo. Exhaustos pero eufóricos, contarían grandes historias de lo que Dios había hecho en su viaje. Fue en su primer viaje de regreso desde Haití cuando escuchamos y sentimos la imperiosa compasión de Tony por los niños de Haití. Desde el corazón hasta las palabras y la fe en acción, nació Made To Love.

Su historia está en constante evolución con nuevas formas de generar ingresos, ofrecer nuevos productos hechos por nativos haitianos y compartir las noticias sobre cómo Dios está trabajando a través de contribuciones, conexiones y comunidad.

Mientras nuestros amigos comenzaban a responder al llamado de Dios para ayudar a los niños en Haití, Christin sufrió un trauma que podría haber terminado con su vida ... y su sueño de construir una escuela en Haití. Personas de todo el mundo oraron por la curación de Christin y Dios respondió a nuestras oraciones. ¡Aún estamos aquí para ti, Christin! Aquí está su historia en sus propias palabras.

Era el 11 de mayo de 2014, que resultó ser el Día de las Madres. Tenía 32 años con una familia: mi esposo Tony y mis dos hijos, Dean, de 7 años y Rylan, de 4 años. Estaba sentada en la iglesia y, de repente, comencé a ver manchas y a perder la vista en mi ojo derecho. Mi cabeza comenzó a dolerme gradualmente y cuando el servicio terminó, tenía mucho dolor. Agotada, llegué al auto y pasé el resto del día acostada en mi cama con lo que parecía ser una migraña. No había tenido migrañas regulares, pero pensé que podía tener migrañas al azar. Al día siguiente, tuve un dolor de cabeza tan terrible que Tony y yo tuvimos que ir a la sala de emergencias. El médico me dio un medicamento para la migraña, junto con morfina. También ordenaron una tomografía computarizada, pero eso no mostró nada fuera de lo común. Sentía un poco de alivio, pero el dolor no había desaparecido por completo. Soporté estos dolores de cabeza durante otros seis días.

El sábado siguiente, estaba durmiendo una siesta y mi amiga Ginny me envió un mensaje de texto y me preguntó si mi hijo, Dean, podría pasar otra noche con ellos. Dije que sí y me dirigí al piso de arriba para traer la ropa de Dean para la iglesia a la mañana siguiente y dejarla en su casa. Entré en mi habitación y me detuve junto a la cama. Agarré mi brazo izquierdo como si fuera un objeto extraño. Estaba confundida porque no lo sentía. Lo siguiente que supe fue que estaba en el suelo apoyada en la cama. No sé cuánto tiempo estuve allí, tal vez un par de minutos, posiblemente 10 minutos, pero no mucho. Reuní fuerzas para arrastrarme unos 10 pies hasta la puerta de mi habitación. Todo lo que pude hacer es llorar. Pensé: "Oh, no, Tony tendrá que llamar al 911" (Tony es paramédico en Hamilton y vivíamos en Trenton en ese momento a unos 15 minutos de distancia).

Tony subió las escaleras para ver cómo estaba y me encontró llorando junto a la puerta. Me dio la vuelta y vio mi cara y supo que estaba sufriendo un derrame cerebral. Mi cara y todo el lado izquierdo estaban paralizados.

Llegó el escuadrón y mi madre y mi hijo menor, Rylan, señalaron a los médicos arriba, donde yo estaba acostada. En la escuadra, recuerdo haberme entregado a Jesús. Me estaban sacando el escuadrón y me llevaron al hospital cuando supe que no había absolutamente nada que pudiera hacer para mejorar las cosas, pero tenía una paz perfecta. Era el tipo de paz que no puedo comprender ni describir, sino que solo puedo sentir.

Los médicos y enfermeras corrían a mi alrededor y escuché los gritos de mi familia y amigos. No veía bien, pero conocía esos gritos. Ellos estaban asustados. Realmente no podía comprender lo que estaba pasando. Nos estábamos comunicando por video con los de derrame cerebral en el Hospital de la Universidad de Cincinnati y estaba haciendo todas las pruebas para ver qué estaba pasando con mi cuerpo. El médico dijo que podía decir por una ligera caída del párpado derecho que tenía un bloqueo de la arteria carótida. Decidieron darme TPA (activador del plasminógeno tisular, un fármaco intravenoso para los accidentes cerebrovasculares isquémicos). No funcionó. Me iban a transportar al hospital en helicóptero. Recuerdo que Tony me dijo que estaría en el hospital cuando yo llegara y que yo estaría bien y que él me amaba. Después de estar en el aire, pensé: "Es una pena que no pueda mirar por la ventana," así que me quedé dormida.

Llegamos al hospital y me llevaron de inmediato al quirófano. Estaba inconsciente durante el procedimiento. Pusieron un vacío a través de mi arteria femoral que iría hasta mi arteria carótida. Descubrieron que la carótida se había derrumbado y no podían pasar el vacío para eliminar los coágulos en el cerebro. Fue entonces cuando decidieron poner tres stents en mi arteria y mantenerla abierta.

Solo un recordatorio ... Tuve TPA antes en el hospital de Hamilton, que es un anticoagulante extremo. De todos modos, estos son procedimientos peligrosos, y mucho más con un anticoagulante. Todavía tenía un coágulo de sangre, así que volvieron a entrar con la aspiradora y succionaron el coágulo de sangre. Estas duras decisiones y conocimientos se les dieron a estos médicos y salvaron la calidad de mi vida y, francamente, mi vida. Posteriormente, supe que era la primera persona que había recibido los tres procedimientos: TPA, stents y el vacío. Hubo otro paciente con un accidente cerebrovascular la misma noche que no tuvo los mismos resultados que yo. Es alentador pensar en ello.

Cuando salí del quirófano, ¡estaba saludando con la mano izquierda! Mi familia y amigos estaban esperando que los médicos y yo saliéramos de la cirugía. El médico me había llevado al lado de ellos y dijo: "¡Mira esto! Mueve tu mano, Christin ." ¡¡Y lo hice y sonreí!! ¡Mi mamá dijo que quería hacer volteretas! Estaban alabando a Dios.

Sin embargo, la parte aterradora no había terminado. Necesitábamos asegurarnos de que todo iba a sanar correctamente. Me quedé dormida y dormí casi todo el día siguiente. Cuando me desperté, escuché a la enfermera hablando con Tony y la escuché decir algo sobre un derrame cerebral. Yo estaba como, ¿eh? Deben estar hablando de sus propias experiencias en la atención médica o algo así. En ese momento todavía no podía hablar, pero realmente no pensaba en no poder hablar. Tony me preguntó: "¿Sabes quién soy?" Estoy segura de que parecía confundida, pero ciertamente sabía quién era.

Me dieron de alta tres días después del derrame cerebral con solo afasia (algo de pérdida del habla) y caminaba sin ayuda.

Terminé pasando las cruciales 24 horas y, de hecho, tuve un derrame cerebral masivo. Fácilmente podría haber terminado con mi vida, o al menos haber terminado con cualquier tipo de normalidad que conocía. Mi arteria carótida se había colapsado y no saben exactamente cuál fue la causa. Desde entonces, nos hemos enterado de que tengo un trastorno llamado síndrome de Ehlers Danlos. Es un trastorno de hipermovilidad, lo que significa, básicamente, que tengo "doble articulación" y mi cuerpo produce en exceso de colágeno. Piensan que tal vez me hiperextendí el cuello mientras hacía un entrenamiento de alta intensidad, y la arteria carótida siguió dividiéndose gradualmente durante la semana.

Descubrí que muchas personas, casi miles de personas, estaban orando por mí en los momentos y horas posteriores a mi derrame cerebral. Creo firmemente, sin lugar a duda, que la oración funciona, Dios es misericordioso y nos ama tanto.

Aproximadamente una semana después de esto, estaba a punto de ir con mi familia a un arroyo. Me miré los pies, caminaba y estaba con mi familia, y me sentí abrumada por la gratitud. Podría caminar sola, podía estar aquí con mis hijos y *aún sigo aquí* y muy agradecida con Dios.

Aún Sigo Aquí: La Vida Hogareña

–20–
Siempre Pensé que Sería Monja

El que me sirve, que me siga; y donde yo esté, también estará mi siervo. Mi Padre honrará al que me sirve. —Juan 12:26

"Aún Sigo Aquí."

Amaba a la mayoría de las monjas de mi escuela primaria católica, especialmente a "Hermana Christine" y había pensado que podría ingresar al Convento de Oldenburg cuando tuviera la edad suficiente. Cubría mi cabello con toallas y pretendía tomar la Sagrada Comunión durante mi tiempo de juego. En la escuela secundaria, me uní a las monjas y a otras personas para rezar el rosario todas las noches de mayo y octubre frente a la iglesia de Santa Ana en Hamilton, Ohio. Las estatuas de mármol de Nuestra Señora de Lourdes y Santa Bernardita representan a las dos mujeres rezando el rosario.

La historia registra que en 1858, Bernardita era una pastora francesa de 14 años que vio a una hermosa mujer en una gruta mientras recogía leña con su hermana y una amiga. Las apariciones se le aparecieron solo a Bernardita varias veces, a pesar de las objeciones de su familia y los intensos interrogatorios por parte de las autoridades civiles. La mujer, a quien Bernardita identificó más tarde como la Santísima Madre de Jesús, supuestamente le dijo: "No prometo hacerte feliz en este mundo, sino en el otro." Ante el ridículo y el tormento que recibió Bernardita, dijo: "Había algo en mí que me permitió elevarme por encima de todo. Me atacaban por todos lados, pero nada importaba y no tenía miedo." Después de años de burlas públicas, Bernardita finalmente se unió a un convento, se recluyó y murió a la edad de 35 años en 1879.

Me fascinó esta historia de una joven valiente que tuvo un encuentro espiritual cercano con la madre de Jesús. Yo quería lo mismo. Solía sentarme en la parte trasera de la iglesia a oscuras, las únicas luces provenían de la lámpara del santuario y las velas que la gente había encendido para demostrar sus intenciones de orar por una persona o situación en particular. Al ver la dedicación de las monjas y aprender acerca de los milagros a través de la oración, quería poner a prueba a Dios para ver si las oraciones realmente marcaban una diferencia en mi vida.

Hice un compromiso con Dios de rezar el rosario todos los días durante un mes, y enumeré cinco peticiones de oración, tres por razones egoístas y dos para mis padres, pero las peticiones eran tan descabelladas que sabía que Dios estaba escuchando si las cinco se convertían en realidades. Primero, le pedí a mi padre que pasara el examen para un ascenso en el departamento de bomberos, ya que lo había visto estudiando horas en sus días libres. En segundo lugar, pedí que recibiera una beca para la Escuela Preparatoria Badin para ayudar a mis padres con mi próxima matrícula, ya que yo era la cuarta hija en asistir allí. En tercer lugar, solicité ser elegida como porrista para el próximo octavo grado. Cuarto, le rogué a Dios que aclarara el acné de mi rostro preadolescente. Las espinillas que aparecían en la punta de mi nariz o entre mi gruesa "uniceja" no ayudaban a las burlas que se producían en el aula mientras las monjas no prestaban atención. En esos días, no quería ir a la escuela, pero mis padres nunca nos dieron la opción de quedarnos en casa, ni siquiera cuando no nos sentíamos bien. En quinto lugar, y este iba a ser el milagro más grande de las cinco solicitudes, quería que le gustara a un chico en particular, no solo gustarle, sino "gustarle realmente." En nuestro círculo de amigos, nadie eran novios, pero algunos se gustaban y otros "salían juntos," aunque nadie realmente salía a ningún lado.

Esta es mi confesión pública, que en lugar de orar por la paz mundial o por una cura para el cáncer, oré por causas personales que pondrían a Dios a prueba de mi fe. Quería que Dios me asegurara que Él era real, y que estas casi 2,000 súplicas repetidas con el rosario y letanías para que el Señor escuchara nuestra oración en realidad significaban que Él me escuchó ... ¡a mí! Qué niña tan exigente, arrogante y egoísta que era, ciertamente nada como Bernardita. Sin embargo, continuando mi búsqueda para encontrar a Dios a través de las elaboradas tradiciones de la iglesia, después de completar un mes de rosarios y letanías, escondí mi rosario en los arbustos a los pies de Bernardita, como diciendo: "Aquí tienes. Estoy esperando resultados ." Cinco días después, uno por cada petición de oración, recogí mi rosario y entré en la iglesia a oscuras, escondiendo audazmente mi rosario debajo del vestido de la estatua del Infante de Praga en el frente de la iglesia, cerca de las bandejas de velas votivas encendidas. No sé qué estaba pensando en ese momento, tal vez que necesitaba mi rosario más cerca del niño Jesús. Tenía la intención de dejarlo allí, fueran o no contestadas mis oraciones. Iba a ser un recordatorio constante y no me costó dinero como indicaba el letrero de las donaciones para encender una vela. Las pequeñas llevaban monedas en la ranura de metal, pero las velas grandes en jarrones rojos costaban $5. No tenía dinero, pero encontré una manera de llamar la atención del Señor.

La primera solicitud fue concedida cuando mi papá fue ascendido a teniente, lo que también vino con un aumento. Para un padre que trabaja todos los días, ya sea combatiendo incendios, colgando persianas venecianas o entregando flores para la floristería local, esto era motivo de celebración. Le dije a mi papá que había orado para que pasara, pero no le dije que estaba esperando que respondieran cuatro solicitudes más. El segundo llegó bastante cómico. Era obvio para todos, incluyéndome a mí, pensé, que no estaba entre las ocho mejores porristas. Vi quién era mi competencia y me moví al fondo de la multitud para escuchar quién formaba parte del equipo. Cuando me llamaron por mi nombre, tuve que pasar entre las otras chicas al frente, casi disculpándome. Supongo que recibí puntos extra por mis calificaciones y recomendaciones de los maestros (después de todo, siempre hacía mis tareas y todas las monjas me conocían por mi nombre). Ser porrista era divertido, pero también era una prueba de la realidad de que nunca haría una carrera con eso.

Me olvidé de las cinco mejores solicitudes hasta el final del octavo grado, cuando me llamaron para recibir una beca académica para la escuela preparatoria. Esto fue motivo de más celebración, y fue entonces cuando me di cuenta de que mi acné había desaparecido, mis hermanas mayores me habían enseñado a depilarme las cejas y a usar rímel, y el chico lindo antes mencionado me había llamado su novia, al menos pocas semanas ese año. De uno a cinco, cada solicitud fue concedida y me convertí en un verdadero creyente de que los milagros ocurren.

Durante la escuela preparatoria, mantuve la idea de ingresar al convento en el fondo de mi mente, principalmente porque habría sido una decisión específica y enfocada vivir para Dios. Después de mis votos, mi vida estaría programada para mí ya que me convertiría en una de las Hermanas de San Francisco. Pensé que era una forma de garantizar un lugar en el cielo con poco esfuerzo. Simplemente haría lo que me dijeran. Sin embargo, la escuela preparatoria fue cuatro años de ajetreo, diversión, académico y entusiasmo social. Me involucré en muchas actividades y finalmente conocí al hombre al que ahora llamo mi esposo. En su auto Valiant verde claro una tarde, frente a su casa, me preguntó si pensaba que me casaría con él. Le dije: "Sí" y lo besé, seguido de mi reflexión sin pensar, "Sí, me casaré contigo, ¡pero siempre pensé que sería monja!"

Se echó hacia atrás y dijo: "Bueno, espera un minuto. Si quieres casarte con Dios, ¡no quiero estorbar!"

Me reí y le dije que pensaba que podríamos servir al Señor juntos de muchas maneras y luego lo besé muchas veces más para convencerlo de que podía incluir a Dios y a él en los planes de mi vida. ¡Ha funcionado durante más de 44 años!

Su trabajo en computadoras me permitió enseñar en escuelas católicas y cristianas. Con el creciente número de incidentes de sacerdotes en crisis morales, incluido uno en nuestra iglesia católica local, y luego nuevamente en otra parroquia católica y nuestra escuela preparatoria católica local, nuestra familia finalmente gravitó hacia la Primera Iglesia de Dios de Hamilton en Lindenwald, donde enviamos a nuestros hijos al preescolar. Había estado muy involucrada en la escuela dando clases particulares a los estudiantes en lectura y matemáticas y luego trabajando a tiempo parcial como maestra de música y educación física. Finalmente, escribí la carta para fondos estatales y trabajé como maestra auxiliar en la camioneta de la escuela pública estacionada en la propiedad de la iglesia para servir a nuestros estudiantes. Cuando el director de la escuela renunció, me pidieron que fuera la directora de nuestra escuela y guardería de la Iglesia de Dios. También estuve a cargo de las lecciones de capilla semanales y los servicios de adoración para todos los niños. Mi única solicitud de salario era recibir lo mismo que un maestro de primer año en educación pública. Mi trabajo de tiempo completo con las familias y los estudiantes encajaba perfectamente conmigo y después de un par de años en este ministerio, hablé con el pastor sobre convertirme en un ministra ordenada para solidificarme con el compromiso de por vida para servir al Señor. Posteriormente, manejé dos horas a Anderson, Indiana, todos los lunes para tomar clases en la Escuela de Teología Anderson y luego me desempeñé como directora de la escuela en Hamilton de martes a viernes. Leí mis libros y completé mis trabajos los sábados y domingos. Mi programa de titulación fue una Maestría en Divinidad, y debido a mi edad, mi género, mi GPA de pregrado y el apoyo de mi iglesia, recibí ayuda financiera durante varios años.

Cuando llegué a la universidad por primera vez, me sentí como en tierra santa. Me detuve en la acera de concreto que conduce a las puertas principales del seminario y oré una oración de agradecimiento a Dios por su provisión, por reforzar mi fe en octavo grado, por enviarme un esposo piadoso para apoyarme y por darme la oportunidad de ser un ministra ordenada, un honor y privilegio que nunca me hubieran dado en mi anterior caminata de fe. Recuerdo claramente que extendí mi mano derecha y la puse en la gran perilla de latón de la puerta de la escuela, sabiendo que una vez que girara la perilla y entrara por las grandes puertas dobles de madera, mi vida nunca volvería a ser la misma. Mi vida espiritual estuvo en un rumbo fijo durante los siguientes años.

Pasé por el proceso de obtención de credenciales para ser ordenada y continué oficiando consejería prematrimonial, bodas, funerales, sermones, consejería y trabajo social, pero también me llamo una desertora del seminario. No completé todos los requisitos del curso para la maestría. Cuando llegué al estado de último año, el requisito era completar una capellanía en el hospital durante varios meses y no podía dejar mis responsabilidades como directora de la escuela a mitad de año. Ya tenía un llamado a servir a Dios en un entorno educativo. Luego obtuve una Maestría y un Doctorado en Liderazgo Educativo en la Universidad de Miami, subsidiado en parte por la junta escolar y en parte por Miami.

"Aún Sigo Aquí."

Aprendí que hay una necesidad de ministerio en todas partes, tanto en la escuela pública como en la privada. He trabajado en proyectos para personas sin hogar con otros maestros, como Debbie Day, y nuestros generosos maestros de las escuelas de la ciudad de Hamilton, quienes han contribuido con muebles, regalos de Navidad, comidas y ropa a familias necesitadas. Dios me ha asociado con líderes comunitarios para ayudar a nuestras familias con necesidades tangibles, y nuestro distrito escolar se ha asociado con agencias de salud mental para cuidar de nuestros niños que se enfrentan a obstáculos de aprendizaje de manera integral. Mientras escribo esto, *aún sigo aquí*, tengo 60 años y sigo trabajando con los jóvenes.

Me pregunto si las personas que limpiaban la iglesia de Santa Ana alguna vez supieron quién puso ese rosario debajo de la estatua de Jesús. Como adulta, fui a un funeral allí y vi la estatua aún allí, la corona aún en la cabeza del niño Jesús y las largas túnicas de satén blanco aún en su lugar. Estuve tentada a quedarme atrás y echar un vistazo para ver si mi juego de rosarios todavía estaba allí, pero decidí que no importaba.

Al principio, el Señor me estaba ayudando a generar confianza en él para tener mayores experiencias de fe en el futuro. Dios estaba preparando el camino. Si alguna vez quiero dudar de que el Señor me escucha cuando lo necesito, recuerdo mis cinco solicitudes de oración principales de octavo grado y sé que Dios es real y *aún sigue aquí* conmigo hoy, siempre escuchando.

-21-
Héroes de la Infancia: Las Chispas de la Enseñanza y la Tutoría

Te he dado un ejemplo para que hagas lo que yo he hecho por ti. 16 De cierto os digo que ningún siervo es más grande que su señor, ni un mensajero más grande que el que le envió. —Juan 13: 15-16

"Aún Sigo Aquí."

Cada niño tiene héroes que provienen de nuestra imaginación, televisión, cómics o la vida real. Incluso pueden ser superhéroes, como los favoritos de mis hijos: Batman, Superman, Teenage Mutant Ninja Turtles, Voltron y Optimus Prime. Los héroes de mi infancia durante mis días en la escuela primaria vinieron de la serie de televisión de la década de 1960, Man From U.N.C.L.E. y luego Girl From U.N.C.L.E. Estos héroes no usaban disfraces ni se cambiaban de ropa para atrapar a los malos. Eran agentes secretos que trabajaban con sus gobiernos para mantener al mundo a salvo del crimen organizado. U.N.C.L.E. por sus siglas en inglés, era un acrónimo de United Network Command for Law and Enforcement con agentes de todas las nacionalidades.

Cuando era niña, durante los años de la Guerra Fría, me reunía en refugios antibombas para practicar, me escondía debajo de los pupitres de la escuela como simulacro de ataques atómicos y observaba el asesinato de un presidente de los Estados Unidos. Me atrajo la idea de un ser humano "real," seres que usan su intelecto, diplomacia y pistolas para hacer de mi mundo un lugar más seguro.

A los chicos de nuestra clase les gustaba la intriga del espionaje y la captura de los "malos". A mis amigas y a mí nos gustaba que el agente estadounidense de la CIA Napoleón Solo era de cabello oscuro con ojos cafés y que la rusa Illya Kuryakin de la KGB tenía el cabello rubio con ojos azules. Los sábados, un grupo de nosotros nos reuníamos en el patio de una escuela pública y nos convertíamos en agentes secretos U.N.C.L.E., que en realidad era un juego de las escondidas. Armados con nuestras "armas" de dedos índices y pulgares estirados para formar nuestras pistolas, nos perseguimos, nos escondimos en las escaleras y usamos arbustos para cubrirnos. Jugamos durante horas pretendiendo salvar el mundo.

Tenía héroes de la vida real en nuestras monjas católicas, que nos enseñaban en la escuela y vivían en un convento en la propiedad de la escuela. Como vivía a una cuadra de la iglesia y la escuela, me quedaba después de la escuela para limpiar pizarrones y luego regresaba en las noches de mayo y octubre para encontrarme con las monjas mientras rezaban el rosario en el santuario de María frente a la iglesia.

Me encantaba todo sobre ellas: los misteriosos velos y hábitos, los rosarios de cuentas largas que sonaban musicalmente mientras caminaban, la forma en que escondían sus manos en sus mangas onduladas mientras hablaban y sus anillos de oro que sonaban con fuerza cuando golpeaban el banco de la iglesia para que nosotros, los estudiantes, nos hincáramos, sentáramos o nos pusiéramos de pie. Eran maestras casadas con Dios y que vivían en comunión con sus hermanas, que nunca discutían por la ropa o los novios. Me parecía una gran vida.

En casa, después de bañarme, me miraba al espejo y me ponía la toalla en la cabeza para cubrirme el cabello. Metía mis manos dentro de las mangas de mi bata y comulgaba con trozos de pan blanco Wonderbread; Chocaba mis uñas para hacer un sonido y luego me arrodillaba.

A medida que crecía, descubrí a otro héroe que era menos misterioso que las monjas. Un verano, conseguí un trabajo como líder de un parque infantil con un par de mis amigos de la escuela y nos asignaron Powerhouse Park junto al río en Lindenwald, a solo un paseo en bicicleta de mi casa. Nuestra responsabilidad era supervisar a los niños y jugar con ellos: cuatro cuadrados, voleibol, tetherball, softbol, juegos de mesa y manualidades. Una vez a la semana íbamos a la piscina del barrio, donde cantábamos una canción inventada sobre nuestro parque para poder entrar.

Nuestro supervisor era nuestro líder mayor del parque. Su trabajo era mantenernos enfocados en las actividades y comprometidos con los grupos de niños que se presentaban de 9: 00-3: 00 todos los días. Nuestro lugar de reunión estaba bajo el árbol de sombra más grande del parque, cerca de la calle y cerca de las canchas de tenis. Cuando los niños se iban a casa a almorzar, o cuando el clima no era agradable para jugar al aire libre todo el día, los líderes del parque nos hacíamos compañía. Ese fue el verano en que aprendí a jugar al ajedrez y decidí que quería ser una líder de parque mayor cuando tuviera la edad suficiente.

Mis amigas atraían a una multitud mayor de vecinos adolescentes, algunos chicos guapos, animados y malhumorados que venían al parque casi todos los días. No estaban allí para jugar tetherball; estaban allí para coquetear con nosotros y les dábamos la atención que buscaban. Como era de esperar, un par de mis amigas se hicieron novias con un par de chicos y para al menos una de mis amigas, aquí fue donde el primer amor se convirtió en el tipo de amor del matrimonio. Desde Powerhouse Park hasta la escuela preparatoria, una de mis amigas empezó a salir y finalmente se casó con uno de los chicos que visitaron el parque.

No creo haber estado interesada en los chicos o el salir con alguien en esos momentos. Me sentí como un espectador cuando mis amigas hicieron planes para encontrarse en otro lugar en nuestros días libres. Disfruté escuchando sus historias y compartiendo su entusiasmo por los chicos guapos, pero personalmente no estaba involucrada en ninguna relación con ellos. Me encontré sentada y hablando con el líder mayor del parque, haciéndole preguntas sobre su vida y sus planes universitarios. Lo recuerdo siendo divertido, interesante y atento con todos nosotros. Conocía a la mayoría de los niños que venían al parque, sabía dónde vivían y los padres confiaban en él. Su familia fue a la iglesia católica local con mi familia y sabíamos dónde vivía. Cuando el verano llegó a su fin, sabía que vería a mis amigas en la escuela, pero me entristeció despedirme de nuestro líder. Recuerdo que hice un collar de cuentas con nuestra caja de manualidades, le di la mitad de las cuentas y me quedé con la otra mitad. Al tener dificultades para despedirme, le hice prometer que guardaría las cuentas hasta que nos conociéramos cinco años después de ese día para recordar que todavía éramos amigos. Le pedí que me escribiera para contarme sobre la universidad.

Mi mamá me dejó tener una fiesta de líderes del parque en mi casa. Comimos bocadillos y pusimos mis 45 discos en el tocadiscos, pero no era lo mismo que estar en el parque. El verano había terminado y era hora de volver a la escuela.

En mi segundo año, le escribí largas cartas al líder del parque, contándole sobre la escuela y lo mucho que esperaba ir a la universidad. Me escribió, y la mayor parte fueron bromas ligeras e historias divertidas. Por ejemplo, cuando hablaba de que algo "no es gran cosa," agrega un pequeño dibujo de una "cosa" que parecía un dinosaurio verde. A cambio, escalé más grande la cosa verde al tamaño póster, lo coloreé, lo titulé "La Cosa" y luego se la devolví. El intercambio fue juvenil, divertido y algo que me hacía reír.

Un día durante las vacaciones de Navidad, con el permiso de mis padres, me invitó a la Universidad de Miami en Oxford, para un recorrido por la universidad. Había paseado por Oxford con mi familia o amigos de camino a Hueston Woods, pero nunca había visto el interior de la Unión de Estudiantes o la biblioteca, ni los otros prestigiosos pasillos de una de las universidades más bonitas que he visto. Los ladrillos que combinan en cada edificio, los arcos, los patios llenos de árboles, las calles adoquinadas y los cruces entrecruzados le dan a la universidad una presencia académica unificada.

La nieve comenzó a caer de camino a Oxford, y cuando llegamos a la Unión de Estudiantes, una capa prístina de copos blancos, gruesos y brillantes había cubierto toda la universidad, lo que le dio un encanto y una maravilla adicionales a mi viaje. Me sentí muy honrada de estar en una universidad con un estudiante universitario, comiendo una hamburguesa en la Unión, recorriendo las calles y hablando de la vida universitaria. Fue como mirar una pintura que de repente se volvió tridimensional, o como un sueño mío que se hizo realidad. Sí, pudiera verme en la universidad algún día.

Dos o tres horas después estábamos de regreso en mi casa. No tengo idea de qué conversación llenó los espacios entre hablar de la universidad o la nieve, pero hablamos un rato más en los escalones de la entrada. Sabía que no lo volvería a ver después de eso. Sabía que tenía una novia en la universidad y habló de querer casarse con ella en los próximos dos años. Sabía que estaba ocupado con sus clases y que los días de líder del parque eran parte de su pasado juvenil. Me gustó mucho pasar tiempo con él. Le agradecí el recorrido y le deseé una Feliz Navidad, le deseé lo mejor en sus clases, con su novia y con su vida. Dijo algo realmente divertido que me hizo sonreír cuando cerré la puerta de mi casa. No recuerdo qué era, solo que era un tipo tan agradable que me hizo sentir digna de ir a la universidad.

Las cartas finalmente dejaron de llegar. Pasé por su casa varias veces, como lo haría una adolescente con un enamoramiento tonto, pero nunca tuve el valor de detenerme y llamar a la puerta. Yo también deje de hacer eso. Me estaba probando ropa en una tienda local cuando vi a su novia, que estaba probándose ropa dentro y fuera de los vestidores. Era hermosa, varios años mayor y no tenía idea de quién era yo. Era hora de dejar mi enamoramiento tonto.

Terminé la escuela preparatoria y fui a la universidad, pero no a la Universidad de Miami. Fui a Bowling Green State University, a varias horas de casa. En un descanso de la escuela, llegué a casa un viernes por la noche y escuché la noticia. Mamá dijo: "Oh, quizás quieras saber algo. Tu amigo líder del parque se casará mañana por la iglesia." Busqué en las páginas blancas de la guía telefónica, encontré su apellido, calle y número, y comencé a marcar los números en nuestro teléfono de disco que colgaba de la pared de la cocina. A medida que el dial volvía a girar en su lugar para cada número, esperaba que respondiera. En cambio, respondió su madre, me presenté cortésmente y le pregunté si podía hablar con su hijo. Llegó al teléfono y parecía feliz de saber de mí. Insistió en que fuera a su boda al día siguiente en la iglesia por mi casa. Fui sola. Me senté en el último banco junto a la fuente de agua bendita, vi a mi amigo líder del parque, mi héroe, mi enamorado de la adolescencia decir sus votos matrimoniales a su hermosa novia.

Mientras sonaba la música de recesión, me di cuenta de mi incómoda presencia y me pregunté qué debería hacer. ¿Debería salir corriendo antes de la fiesta de bodas? No, eso sería demasiado obvio. Simplemente me senté y esperé a que la procesión nupcial pasara por el pasillo a mi lado. Quería verlo una vez más. Para mi sorpresa y deleite, cuando los novios pasaron por mi banco, sus ojos se encontraron con los míos; sonrió y me guiñó un ojo. Esta fue la última vez que lo vi y fue una excelente manera de terminar un capítulo en mis años de adolescencia.

Años más tarde, mientras revisaba mi caja de recuerdos, encontré la pequeña bolsa de cuentas que se suponía marcaría nuestra reunión de cinco años. Sonreí y las tiré. También encontré una foto escolar en blanco y negro de un chico, que probablemente tenía nueve o diez años. Me había dado su foto el último día del verano cuando yo era el líder principal del parque. Había venido al parque casi todos los días que yo estaba allí. No dijo mucho, pero jugaba con el grupo o se sentaba a la sombra conmigo debajo del árbol más grande del parque. En la parte de atrás de la foto, había escrito su nombre en letras grandes con las palabras: "Te amo. Te extrañaré." No recuerdo su apellido, y realmente no recuerdo de qué hablamos. Solo lo recuerdo. Me conmovió mucho su dulce gesto y puse su foto en mi caja de recuerdos. No tenía idea de que había tenido algún efecto en este chico. Cuando vi las cuentas y esta foto juntas en mi caja de recuerdos, se me ocurrió que podía haber sido el mentor, héroe o enamorado de la adolescencia de otra persona, como lo fue para mí mi amigo líder del parque. Desearía haber sido un poco más atenta como mentor y haber dado más aliento como me lo habían dado. Creo que perdí esa oportunidad, pero aprendí el valor de ser un mentor para los más jóvenes.

En mi último año, *aún sigo aquí*, asesorando a los más jóvenes y ofreciendo aliento.

-22-
No Aceptes Dulces De Extraños

"Aún Sigo Aquí."

Cuando era niña, sabía que nunca debería aceptar dulces de extraños. Si un coche se detenía y un extraño me preguntaba si quería dulces, debía gritar fuerte y correr a la casa más cercana y llamar a la policía.

Irónicamente, también sabía que algunos extraños regalaban los mejores dulces durante la noche de Halloween. Todos conocían las mejores casas que daban Snickers barra de chocolate de tamaño regular en vez de los chiquitos. Conocíamos a la vecina que hacía donas de azúcar y canela que comíamos mientras aún estaban calientitas. Las exhibía en un mantel de encaje en la mesa de su comedor. Entrabamos y tomábamos un poco de sidra de manzana. También conocíamos a las personas que daban manzanas a los niños en vez de dulces. Evitábamos las manzanas y esa casa.

Mi mamá era famosa en el vecindario por hacer cientos de bolas de palomitas de maíz con caramelo. Envolvía cada una en plástico y las ponía en bolsas de papel junto a la puerta de la entrada, junto a una bolsa de paletas de un centavo. Si mi mamá no conocía a las personas que acudían a su puerta, mejor les daba una paleta de un centavo. Le molestaba que la gente viniera de otros vecindarios y dejaran a sus hijos en nuestra calle.

Como broma, nuestro vecino más mayor del otro lado de la calle se disfrazó y vino a la casa por una bola de palomitas de maíz. Al principio, ella le dijo que era demasiado grande para pedir dulces y él respondió: "¡Bola de palomitas de maíz!"

Cuando mi mamá le dio una paleta de un centavo, él puso el pie en la puerta y exigió en voz alta: "¡Bola de palomitas de maíz!"

Mamá no se rindió y preguntó nerviosa: "¿Te conozco?" El vecino se quitó la máscara y mostró su cara; finalmente, ella le dio una bola de palomitas de maíz. Después de eso, se convirtió en una broma permanente en nuestras familias.

Cuando éramos más jóvenes, un padre o un adulto del vecindario caminaba con nosotros para asegurarse de que estuviéramos seguros. Ellos se detenían a platicar con los vecinos, pero nosotros estábamos ansiosos por pasar a la siguiente casa por más dulces. A medida que crecíamos, ansiábamos ir a otras casas sin los adultos y se nos permitió ir solos. Recuerdo que subí los escalones y me invitaron a la casa un par de desconocidos, una anciana platicadora y su esposo callado y sonriente. Dudamos al principio, pero nos ofrecieron donas calientes y dulces, así que entramos a recoger las golosinas.

Cuando éramos adolescentes, hacíamos nuestros disfraces simples con ropa de nuestros armarios y un toque de maquillaje macabro. Corríamos de casa en casa por tres horas en la oscuridad, nos quedábamos fuera hasta que la gente apagaba las luces del porche y volvíamos a casa con las fundas de almohada llenas de golosinas. Revisamos el monto de golosinas y nos intercambiamos nuestro dulce favorito, poniendo lo que no queríamos en un tazón grande para compartir con la familia.

A veces nos entreteníamos inventando que una bruja mala vivía en una esquina a pocas cuadras de la casa. El cuento era que si pisábamos su pasto, sonaría una campana dentro de su casa, y ella volaría y nos capturaría. Nos desafiábamos a pisar el pasto, y alguien siempre aceptaba el desafío. Gritábamos: "¡Ya viene!" y corríamos lo más rápido posible.

Los encuentros con extraños no dejaron de pasar en Halloween. Cuando mi amiga y yo pasamos por el bar del vecindario después de la escuela, un hombre con un abrigo largo se detuvo para decirnos algo. Recuerdo haber estudiado su rostro e intenté escuchar lo que decía; No pensé en que estaba haciendo demasiado calor para usar un abrigo. Mi amiga escuchó su invitación y vio la razón por la que llevaba un abrigo abierto. Me agarró del brazo y me dio la vuelta, diciendo: "Caminemos."

"¿Qué quiere ese tipo?" Le pregunté.

Caminamos hacia el callejón mientras ella me decía en voz baja: "Quiere encontrarnos en el callejón. Corre a la cuenta de tres."

No creo que yo haya esperado a que terminara de contar, corrí antes que ella hacia su casa, justo más allá del callejón. Entramos rápido a su casa y le contamos a su padre lo que había sucedido. Él llamo a la policía, pero había desaparecido.

En el verano, íbamos en bicicleta a la piscina del vecindario frente a un pozo de grava. Desde la piscina solo podía ver los árboles y el camino de tierra que conducía a la cantera que tenía un pequeño lago de agua sucia. Mis padres nos dijeron que nunca fuéramos al pozo de grava porque era peligroso y allí pasaban cosas malas. Aun así, fue difícil resistir la tentación de dar un paseo por el camino de tierra y ver qué había allí.

El mayor peligro no era el extraño con dulces, la bruja de la esquina, el hombre exponiéndose o el pozo de grava. El mayor peligro para mí, era yo misma y mi angustia adolescente, los años en los que mi inteligencia no se alineaba con mis emociones para tomar las decisiones más seguras. Mi boleta de calificaciones decía que era inteligente, pero mi corazón demostró que no lo era, al menos no en situaciones imprevistas.

"Aún Sigo Aquí."

Después de salir con un muchacho bueno durante algunos meses, vino a mi casa para decirme que nuestra relación de pareja había terminado. Fue agradable recibir la noticia en persona y tenía razón en sus razones. Cuando salió de mi casa, me sentí devastada. No había nadie más en casa, o al menos nadie con quien quisiera hablarlo, así que llamé a una amiga que vivía a más de tres millas de mi casa. Ninguno de los dos tenía coche, así que decidí caminar hasta su casa. No estaba ni a mitad del camino hacia su casa cuando las nubes retumbaron y comenzó a lloviznar y luego a llover muy fuerte. No me di la vuelta. No me importaba. Seguí caminando.

Mi cabello estaba empapado; mi ropa estaba empapada; y la lluvia torrencial me picó la cara. No me importaba. Realmente me sentí bien compartir mi tristeza con el clima. No me importaba la lluvia, ni nada. Seguí caminando, sin darme cuenta del tráfico o de la gente o de lo lejos que tenía que ir para llegar a la casa de mi amiga.

Un coche se detuvo junto a mí y bajó la ventanilla del pasajero y dijo: "¡Hola!" Era un hombre mayor de unos 30 años con una cara amable. No lo reconocí. Se inclinó hacia mí, con el codo apoyado en el volante y pregunto: "¿Necesitas que te lleven?"

Si hubiera tenido mis emociones intactas y mi cerebro funcionando, habría hecho lo mismo que hice con el hombre que se exponía en el vecindario; Hubiera gritado fuerte y hubiera corrido a la casa más cercana en busca de ayuda. Esta vez estaba sola y sin mi amiga que me pusiera en marcha y me dijera que corriera. En cambio, dije: "¡Sí!" y me subí a su coche. Se sintió bien no tener la lluvia golpeándome la cara, y el desconocido se acercó y subió mi ventanilla. Me preguntó a dónde iba y le dije la verdad. Le dije que me dirigía un par de millas hacia la casa de una amiga.

El desconocido dijo que él también se dirigía al sur, pero unos kilómetros más por la carretera a través de la línea estatal de Ohio a Kentucky. Me preguntó si quería ir con él a la casa de su amigo para divertirme. Repetí que quería ir a la casa de mi amiga. Dijo que parecía que necesitaba unas pequeñas vacaciones y que con mucho gusto me dejaría acompañarlo. Repetí que solo quería ir a la casa de mi amiga.

Los limpiaparabrisas golpeaban a un ritmo rápido de un lado a otro; parecían estar cantando, "Estu-pida, estu-pida, estu-pida." Empecé a darme cuenta del gran error que había cometido y traté de pensar en mis próximos pasos para salir del coche. Pensé en abrir la puerta y saltar, pero el coche iba demasiado rápido para que yo escapara. Consideré saltar y correr en el siguiente semáforo, pero todos los semáforos estaban en verde, mientras el conductor seguía hablando de lo bueno que sería tener a alguien que le hiciera compañía.

El desconocido debió haberme hecho varias preguntas acerca de mí y mi situación, pero mi respuesta fue la misma cada vez. "Solo quiero ir a la casa de mi amiga." No lloré; No lo miré; Me mantuve lo más cerca posible de la puerta del pasajero y recé una oración en silencio para que me dejara ir. Me imaginé todas las cosas que podrían suceder y me pregunté cómo me había metido en esta situación.

Por la gracia de Dios, sin palabras ni explicaciones, el desconocido detuvo el auto en la acera y yo salí. Inmediatamente, cerré la puerta, dije "Gracias," más a Dios que al desconocido, pero estaba agradecida con ambos por dejarme ir. Caminé el resto del camino hasta la casa de mi amiga y le conté lo que pasó. Me regañó por subirme a un auto con un desconocido, y luego pasó el resto del día consolándome y aconsejándome hasta que su madre me llevó a casa. Nunca les conté a mis padres lo que pasó. A pesar del miedo que tenía en el auto del desconocido, tenía aún más miedo de las respuestas y posibles consecuencias de mis padres.

Cuando me convertí en maestra y directora, pude empatizar con los adolescentes que tomaban malas decisiones que conducían a consecuencias no deseadas. Si les preguntaba, "¿Por qué hiciste eso?" rara vez tenían idea de lo que motivó sus acciones. Por lo general, sus respuestas eran: "No lo sé. Por tonto."

Entiendo. Así es como me sentí al subirme a un auto con un desconocido. Aprendí a preguntarles a los adolescentes: "¿Qué estabas pensando en ese momento? ¿Qué estás pensando ahora y qué podrías haber hecho diferente?" Para ellos fue más productivo reflexionar sobre sus acciones que para mí regañarlos o alzar la voz. Juntos platicábamos cómo la vida está llena de sorpresas y decepciones, y cómo podríamos al menos planificar cómo podríamos responder a circunstancias similares en el futuro, incluyendo ayuda para la salud mental si fuera necesario.

Los años de la adolescencia son tiempos peligrosos en los que las emociones y el intelecto de los adolescentes tienen dificultades para conectarse. Necesitan personas que los apoyen y ayuden a evitar cometer errores mortales. Verdaderamente, por la gracia de Dios, *aún sigo aquí*, haciendo todo lo posible para ayudar a los adolescentes evitar sus pesadillas de malas decisiones y a vivir sus sueños.

–23–
ÚNICO SOBREVIVIENTE

¡Cómo han caído los valientes! ¡Las armas de guerra perecieron!
—2 Samuel 1:27

"Aún Sigo Aquí."

En la década de 1960, mi hermano mayor se unió a la Infantería de Marina de los Estados Unidos. Todo el vecindario salió a celebrar su decisión, y recuerdo estar parado en el porche y despedirme. Todos estábamos tan orgullosos de él. Vi fotos de él en su vestimenta azul cuando se graduó en el campo de entrenamiento, y luego nuevamente en su uniforme cuando envió fotos a casa desde Vietnam. A veces lo veíamos posando con sus compañeros de la Marina con subtítulos, pero no escribía demasiados detalles, solo que nos extrañaba y esperaba el día en que él y todos sus amigos pudieran regresar a casa.

Mientras tanto, a medida que crecía el sentimiento contra la guerra y el movimiento por la paz atraía a jóvenes de todo el país a protestar, mi hermana mayor protestó por su derecho a dejar su trabajo y marcharse con un chico que mi padre odiaba. Disfrutaba de su independencia de las reglas de nuestra casa.

Mi hermano Marine comenzó a escribir cartas al mejor amigo de mi hermana mayor, lo que se convirtió en un romance a larga distancia. En algún lugar y en algún momento entre las líneas escritas y las líneas telefónicas, se enamoraron y hablaron sobre matrimonio cuando él regresó a casa de la guerra.

La guerra de Vietnam estaba teniendo un impacto en toda nuestra familia de varias maneras, pero yo era demasiado joven y estaba demasiado involucrado en mi vida adolescente como para preocuparme mucho por mis hermanos. Escuché algunas discusiones entre mis padres sobre ellos, pero estaba ocupado estudiando y planeando convertirme en maestra. Escuché a Janis Joplin, pero también me encantaron los Beatles y los Monkees. Admito que me divertí conduciendo el Volkswagen Beetle de mi hermana mientras ella viajaba en la furgoneta hippie de su novio.

La guerra nunca terminó realmente para mi hermano cuando regresó a casa, pero regresó a casa con planes de casarse y tener una vida pacífica con familiares y amigos. Mi madre planeó una gran celebración para el regreso a casa de mi hermano. Habíamos esperado años el día en que pudiera quedarse en casa para siempre. Con sonrisas y abrazos, lo saludamos con su uniforme de Marine, luciendo musculoso y guapo, pero mucho mayor que nosotros que se fue de adolescente.

La fiesta de bienvenida a casa nunca sucedió según lo planeado. Mi madre me dijo que la fiesta estaba cancelada, pero no sabía por qué. Al igual que con muchos de los veteranos de Vietnam, mi hermano luchó por regresar a casa y enfrentarse a un país que no apreciaba los sacrificios de los héroes de guerra de esta guerra en particular.

Mi hermano se casó con su novia en tiempos de guerra y vivieron en Washington, D.C. Trabajó para la división de huellas dactilares del FBI y luego para el departamento de policía. Sin embargo, las semillas de la atracción y el amor que brotaron de las cartas durante la guerra no pudieron sostener el amor que se necesitaba para hacer frente al precio que se había cobrado a mi hermano. No fue una historia de "felices para siempre" y se divorciaron. Con el tiempo, persiguió a su próximo amor en Filipinas, donde había visitado con frecuencia en hojas durante la guerra.

Un día, mientras mi madre estaba limpiando su caja de fotografías, encontró fotografías de mi hermano y sus amigos de la Marina. En una foto, él y su pelotón estaban sentados sobre sacos de arena frente a sus barracones. Mi mamá le pidió que identificara a los hombres de la imagen para que pudiera coincidir con los nombres y rostros de las cartas que él le había escrito desde Nam. Después de unos momentos de silencio, mi hermano respondió con profunda angustia: "Soy el único que queda de esa foto. Todos murieron en Nam."

Meses, tal vez años después, llegó un juego de medallas de Washington, DC para mi hermano. No los abriría ni los miraría. Dijo que las medallas le fueron entregadas por sus muchos viajes al monte desde la parte trasera de un helicóptero de reconocimiento. Cabalgaba en la espalda como artillero para misiones de rescate con la esperanza de salvar a sus amigos en combate. Mi hermano no consideraba sus acciones heroicas, sino un instinto básico de matar o morir. Hoy sufre los efectos del Agente Naranja que se usó en la guerra, pero el dolor físico no es tan profundo como el daño emocional de Vietnam.

Deseo que algún día se dé cuenta del tremendo sacrificio que hizo por nuestro país. Un día deseo que nuestro país esté agradecido por los sacrificios que nuestros veteranos de guerra han hecho por todos nosotros. *Aún sigo aquí* para ti, hermano, orando por tu completa recuperación de tu dolor físico, mental, y emocional.

–24–
Mi Hermana corrió

Sin embargo, considero que mi vida no vale nada para mí; mi único objetivo es terminar la carrera y completar la tarea que el Señor Jesús me ha encomendado: la tarea de dar testimonio de las buenas nuevas de la gracia de Dios. —Hechos 20:24

"Aún Sigo Aquí."

Vengo de una familia de héroes. Mi padre, Julian Meyer, y mi hermano menor, John, eran bomberos. Mi tío Jim era bombero, al igual que un pariente, el subjefe Stan Meyer, que murió en un incendio en Oxford cuando una pared se derrumbó sobre él. Mi hermano mayor, Tom, sirvió en Vietnam, y mi hermana mayor, Janet, es enfermera jubilada. Soy ministra ordenado y educadora jubilada. Supongo que todos elegimos caminos de vida que implicaban salvar la vida de otras personas de una forma u otra.

Mi madre, Jo-Ann, nos salvó a todos de la época posterior a la depresión y a mi padre de la después de una depresión mientras criaba a los cinco hijos Meyer. Mamá cocinaba, limpiaba y nos mantenía en regla mientras papá trabajaba. Nuestros abuelos nos visitaban todos los domingos, y nuestro porche delantero con mosquitero era el lugar donde se contaban muchas historias familiares, verdaderas o adornadas, pero siempre interesantes.

Así como papá se vio afectado por la Gran Depresión, mis hermanos mayores se vieron afectados por la Guerra de Vietnam y todas las protestas políticas, la rebelión juvenil y los movimientos de libertad que llamamos cariñosamente "Los sesenta." Vi a mi hermano mayor Tom irse a la guerra durante un par de años y a mi hermana mayor Patty huir con un hippie durante unos meses. Puede que no figure como una de las heroínas de nuestra familia en este capítulo, pero para mí, Patty era la heroína de nuestra familia en un incipiente movimiento de liberación de mujeres.

Como la mayor de tres niñas, Patty se adelantó al juego de la vida. Ella hizo todo primero y rápido, antes que mi hermana Janet y yo, tanto si le dieron permiso como si no. Patty se creció en un hogar católico con reglas estrictas, pero también creció en los años 60 como parte de la generación hippie con toda la independencia, rebelión y amor libre que existía en ese momento. Con su pelo largo y espeso hasta la cintura y sus coquetos ojos azules, Patty podía captar la atención de cualquier chico. Patty estaba decidida a no seguir el plan de mis padres para que ella se convirtiera en secretaria de un párroco y se estableciera para formar una familia. En cambio, ella y Janet conspiraron muchas noches para planear su escape con un tipo "mayor" rubio, fornido, de pelo salvaje y barbudo, que incitó a Patty a viajar por el país con unos dólares en su billetera y algo de gasolina en el Volkswagen Beetle de mi hermana .... hasta que mi padre se enteró y amenazó con dispararle a los neumáticos y las ventanillas de su coche si intentaba irse.

Se fue, con su chico, pero sin su VW. Ella logró romper el sistema familiar, dejó su trabajo de un solo escritorio con salario mínimo y se fue por todo el país con su hippie de pelo largo, dinero en efectivo limitado y definitivamente sin planes. No sabíamos cuándo o si regresaría, pero se enfrentó a mi papá y sus amenazas de detenerla. Patty fue imparable.

Era demasiado joven para comprender todas las repercusiones de sus decisiones, de la tristeza y el estrés de mis padres. Estaba emocionada de pensar en todas sus aventuras fuera de Hamilton, y estaba muy feliz de conducir el auto de mi hermana mayor mientras ella no estaba. No importa cómo nuestros padres trataron de educarnos con sus valores morales y familiares, el clima y la cultura de la época afectaron nuestras elecciones.

Finalmente, Tom regresó de la guerra y Patty regresó a casa. La familia pareció volver a la normalidad y a las disfunciones típicas que tiene la mayoría de las familias. Patty consiguió un trabajo como secretaria ejecutiva y se mudó a su propio apartamento en Cincinnati. Ella era exigente con su trabajo, su gramática, su ropa y su ejercicio. Era hermosa, esbelta y consciente de su salud. Su ejercicio favorito era correr y compitió en varios maratones. Tenía un truco secreto que nos hizo sonreír: medio galón de helado en su congelador con una cuchara permanentemente debajo de la tapa de la caja. En su apartamento, generalmente era la única comida almacenada en su congelador. A mis hijos les encantaba visitar a su tía Patty y su hermoso labrador dorado. Ella era moderna, soltera y vivía sola a su manera.

A los 30 años, Patty se casó con un hombre mayor, padre de una hija y un hijo. A los 40, a Patty le diagnosticaron EM, esclerosis múltiple, pero seguía siendo imparable. Continuó trabajando hasta que su papeleo ya no estuvo a la altura de sus estándares de perfección. Regresó a la iglesia, pero no asistió a grupos de apoyo. Dijo que los grupos de apoyo para la EM la deprimían porque no existe cura, solo una disminución gradual. Compró joyas en las redes de compras desde el hogar, aunque no fue a ninguna parte. Varias veces se cayó por las escaleras porque insistió en lavar su propia ropa y caminar sola. En sus últimos años en un centro de vida asistida, Patty a menudo intentaba escapar de su cama, su habitación y el edificio. Incluso con las alarmas conectadas a su cama y silla de ruedas, Patty quería correr. Fue imparable, hasta que las complicaciones finalmente terminaron con su vida a la edad de 56 años el 7 de septiembre de 2007.

Nunca correré un maratón ni seré tan coqueta como Patty. La mayoría de las mañanas empiezo con un poco de yoga y un rato en la caminadora y la bicicleta. Me tomo la presión arterial y la registro en un calendario, donde mi esposo y yo nos escribimos notas de amor. Hicimos un pacto entre nosotros para comer, respirar y movernos de manera más saludable, pero hago trampa ... mucho. Desearía ser más constante en el cuidado de mi salud, pero todavía estoy aquí. No sé por qué, de todas las personas, Patty tuvo que luchar contra la EM o por qué el resto de los hermanos la hemos sobrevivido, pero nos enseñó mucho. Nos enseñó a defendernos, a ser aventureros, a luchar por nuestros sueños, a seguir corriendo, a no rendirnos nunca... nunca. Me gusta pensar en Patty en el cielo, sin su silla de ruedas ni ataduras, simplemente feliz, libre y corriendo. La veo corriendo por millas en un día agradable con su cuerpo perfectamente bronceado y recortado con su camiseta sin mangas, pantalones cortos y zapatillas de deporte. Si los maratones son posibles en el cielo, entonces Patty está corriendo. Y si Patty está corriendo, entonces también debe haber una caja de helado esperándola ... con una cuchara clavada en la parte superior.

Años después de la muerte de mi hermana, encontré una amiga en Robin, que saluda todos los días con una sonrisa y una palabra de aliento para los demás. Ella brilla con positividad. Meses después de que nos hicimos amigas, supe que Robin vive con el mismo problema de salud que mi hermana. Conociendo los desafíos de la EM, estoy aún más impresionada con la constancia de la presencia positiva de Robin. Ella ama a Dios y vive todos los días con un propósito. Independientemente de las circunstancias, Robin sabe que Dios aún sigue aquí con ella. Aquí está la historia de esta heroína de la fe en sus propias palabras.

Tú Mano Derecha

El 4 de diciembre de 2017 comenzó como cualquier otro día. Poco sabía que pronto estaría recibiendo noticias que cambiarían mi vida para siempre, o al menos hasta que el Señor me sane por completo. Sabía que algo no andaba bien varias semanas antes de esta fría mañana de invierno, pero no sabía exactamente qué era. Estaba a punto de embarcarme en un viaje que me cambiaría, física, mental y espiritualmente. Las lecciones que aprendería durante los próximos años se quedarían conmigo por el resto de mi vida.

En agosto de 2017 comencé "el trabajo de mis sueños." Había estado trabajando en el sistema escolar desde que mi hijo menor comenzó el kínder. Tuve la oportunidad de trabajar en el mismo edificio con mis dos hijos en sus últimos años de secundaria. ¡Todo iba muy bien! Me encantó mi trabajo y obtuve el fantástico beneficio "para mí de todos modos" de estar con mis dos hijos. Las cosas iban muy bien. Luego comencé a tener unos extraños dolores agudos en el lado izquierdo de mi cuello y una sensación de hormigueo en mi brazo derecho desde la mano hasta el hombro. También noté que mi pierna izquierda se arrastraba un poco. Tres días después, mi esposo y yo estábamos sentados en el sofá viendo la televisión justo antes de la hora de dormir, y sentí una sensación cálida en la parte superior de mi cuerpo y en el costado izquierdo. Mi brazo izquierdo se contrajo y tenía miedo de que pudiera estar sufriendo un derrame cerebral, así que le pedí a mi esposo que me llevara a la sala de emergencias.

Me hicieron algunas pruebas y me dijeron que todos mis órganos vitales estaban en buen estado y que debía hacer un seguimiento con mi médico de atención familiar. En ese momento, todo parecía imposible de hacer por mi cuenta. Sin el uso de mi lado izquierdo, ducharme, abrir cosas, incluso ir al baño era casi imposible y debia tener ayuda con todas estas cosas. Sentí que en cuestión de días pasé de la independencia total a la dependencia total. Esto fue extremadamente difícil y frustrante para mí.

Unos días después, fui a ver a mi médico familiar, era temporada de gripe, así que me tomó varios días entrar, incluso en la condición en la que estaba. Mi médico me hizo un análisis de sangre y ordenó una resonancia magnética del cerebro. Hablamos sobre algunos de mis síntomas y ella mencionó la posibilidad de esclerosis múltiple.

Esta, lamentablemente, no era la primera vez que escuchaba estas palabras y ni siquiera la primera vez que me las habían dicho. Nueve años antes de este incidente, mi ojo derecho tenía una línea borrosa a través de él. Fui al oculista y me remitieron a un neurólogo. Tuve una resonancia magnética. Esto me asustó, por supuesto, porque no sabía nada sobre la EM; nadie en mi familia lo había tenido. Crecí en la iglesia, así que inmediatamente fui a ver a los ancianos y les pedí que me impusieran las manos y oraran. La Biblia dice en el libro de Santiago, ¿Hay alguno entre ustedes que esté enfermo? Que llamen a los ancianos de la iglesia para que oren por ellos y los unjan con aceite en el nombre del Señor. (Santiago 5: 14-15)

Regresé para que me leyeran la resonancia magnética, y esto es lo que dijo el médico: "Robin, nunca vi a alguien que viniera con tantos síntomas de EM y no los tuviera, pero estoy aquí para decirte que tienes un cerebro hermoso. No tiene una sola lesión." ¡¡¡Alabado sea el Señor!!!

Sabía que Dios estaba trabajando en mi situación actual porque fui al médico un jueves y me dijeron que no podían ingresar hasta el miércoles siguiente, el sábado me estaba haciendo la resonancia magnética. Dios me abrió la puerta para que lo hiciera antes de lo esperado. ¡¡Alabado sea el Señor!!

Once días después, de mi viaje, recibí una llamada telefónica del médico que confirmaba que los resultados de la resonancia magnética mostraban, de hecho, lesiones en ambos lados de mi cerebro y en mi médula espinal, lo que confirmó el diagnóstico de EM que sospechábamos.

"Aún Sigo Aquí."

Nunca olvidaré esa mañana cuando recibí esa llamada telefónica. Mi esposo y yo estábamos sentados en el sofá, y cuando sonó el teléfono, lo puse en altavoz y escuchamos la noticia juntos.

Los primeros segundos... mi mente se estaba volviendo loca, realmente no sabía qué pensar... ¿Lo escuché bien? ¿Ella acaba de decir lo que pensé que dijo? ¿Voy a morir por esto? ¿Voy a quedar lisiada?

En esos pocos segundos que parecieron durar para siempre... el Señor vino a mí. Mi esposo tiene una aplicación de la Biblia que le da el "verso del día" y en esos pocos segundos de mi mente procesando lo que acababa de escuchar, el verso que apareció en su teléfono fue este:

Porque yo soy el SEÑOR, tu Dios, que te agarro de la mano derecha y te dice: No temas, yo te ayudaré... pero yo, el SEÑOR, les responderé; Yo, el Dios de Israel, no los abandonaré. (Isaías 41:13)

Es curioso cómo la escritura dice que "tomaré tu mano derecho," ya que todo mi lado izquierdo no funcionaba correctamente. Dios nunca pierde un solo detalle.

Mientras estaba sentada llorando, me sorprendió cómo Dios me ama tanto que sabía que Robin Welch, del pequeño pueblo de Hamilton, Ohio, necesitaba escuchar esas palabras exactas en ese momento exacto. Simplemente confirma que Dios nunca es demasiado temprano ni demasiado tarde. Siempre llega a tiempo.

Para mi primera visita al neurólogo, tuve que ser transportada en silla de ruedas; Ni siquiera podía caminar. El médico me pidió que hiciera varias tareas menores, como ponerme de pie e intentar dar un paso, lo que no pude hacer. Creo que solo necesitaba ver cómo se arrastraba mi pie cuando intentaba usarlo. Se me pidieron varias otras cosas, cosas que di por seguro como "abre y cierra la mano" o "mueve los dedos."

Alrededor del día 16, me desperté con un fuerte apretón alrededor de mi abdomen, sentí como si una serpiente estuviera envuelta alrededor de mí, apretando, pero nunca se soltó. Llamé al médico de inmediato pensando que estaba pasando algo muy malo. Me dijeron que esto se llamaba un "ABRAZO EM." Bueno, no sé qué es eso... ¡¡¡todo lo que sabía era que quería que me dejara ir!!! Aparentemente, esto es algo muy común entre los pacientes con EM.

El médico me explicó que lo que estaba experimentando se llama recaída. Me iniciaron con un extenso tratamiento intravenoso con esteroides. Debí tener una infusión de una hora cuatro días seguidos. Tuvieron que tratarlo de manera agresiva para sacarme de esta recaída. Pude tomar una ducha de forma independiente el día 20. Me agotó absolutamente, pero estaba muy agradecida de estar haciendo las cosas por mi cuenta nuevamente.

Ahora estoy recibiendo una infusión mensual que ayuda a ralentizar esta enfermedad. Mi especialista en EM no puede creer lo que ve cuando entro en su oficina. Ella siempre dice: "Si no te hubiera visto con mis propios ojos el día que te trajeron aquí, nunca hubiera creído que eras la misma persona." De hecho, lo estoy haciendo tan bien que la mayoría de la gente ni siquiera sabe que tengo EM.

Siempre le doy la gloria a Dios cuando ella me dice eso, porque no estaría tan bien como estoy si no fuera por Dios. La gente me anima en oración a diario y siempre digo que tengo más días buenos que malos. Sé que esto se debe a las oraciones de la gente. Creo que, si es la voluntad de Dios, algún día seré completamente curada.

Aunque los días que tengo por delante pueden estar llenos de incertidumbre y cada día seguramente será diferente al siguiente, sé sin lugar a duda que todo lo que se me presente, el Señor y yo lo manejaremos juntos. Él es mi mejor amigo, mi consolador en tiempos de problemas y, sobre todo, ¡mi sanador! La Biblia me dice en Romanos 8:31: "¿Qué, pues, diremos a estas cosas? Si Dios es por nosotros, ¿quién puede estar contra nosotros?"

–25–
"¿Quieres un Vaso de Agua?"

*Cuando una mujer samaritana vino a sacar agua, Jesús le dijo:
"¿Me das de beber?" —Juan 4:7*

"Aún Sigo Aquí."

La escuela secundaria Badin de Hamilton me brindó cuatro años de actividades académicas y escolares intensas: clases de honores, consejo estudiantil, día cívico, equipo de ejercicios, espectáculos de variedades, sociedad nacional de honor, asistente de oficina y proyectos de servicio voluntario. Tuve oportunidades de liderazgo, como secretaria del consejo estudiantil en el tercer año y presidente del equipo de entrenamiento en el último año. Me sorprendió y me honró estar en la lista de "las diez mejores de corte de bienvenida" y nuestra "reina del baile" para el último año de mi escuela. La mayoría de las tardes las pasaba después de la escuela en una de estas actividades porque amaba a la gente, la música, el baile y ayudar a otras personas. La mayoría de las tardes las pasaba en la mesa del comedor haciendo la tarea hasta mucho después de que el resto de la familia se había ido a la cama, pero me encantaba complacer a mis maestros y padres; Me encantaba aprender y me encantaba sacar buenas notas. Estaba rodeada de amigos amables, divertidos, hermosos e inteligentes.

Un día del último año, nuestro consejero escolar me preguntó por qué no había solicitado la universidad. Le dije que nuestra familia no tenía dinero para ir a la universidad. Mis padres ahorraron y gastaron su dinero extra en la educación católica, y ninguno de mis tres hermanos mayores fue a la universidad. Tom fue al ejército, Patty era secretaria y Janet era cosmetóloga. Papá habló de enviarme la Universidad Miami, que era un edificio en Hamilton. Pensé que mi única opción era vivir en casa, ir a la universidad en Hamilton y trabajar en la escuela. Nada de eso me pareció muy emocionante.

El consejero me dio libros para investigar universidades y ayuda financiera. Me dijo que debería pensar en lo que quería hacer, adónde quería ir, y ella me ayudaría a llegar allí. Juntos nos enfocamos en Bowling Green State University. Era el mismo precio que Miami como universidad estatal; estaba lo suficientemente lejos de casa como para salir de casa; y estaba lo suficientemente cerca como para tomar un viaje de regreso a Hamilton para ver a mi familia y amigos. Mi padre me ayudó a solicitar un préstamo estudiantil y dijo que encontraría el dinero para hacerse cargo del resto si yo también encontraba un trabajo en la escuela. Califiqué para una beca de lectura, conseguí un trabajo en la cafetería de la escuela y empaqué mis maletas para mi próxima aventura.

He querido ser maestra desde la escuela primaria cuando instruí a la niña a mi lado en lectura y matemáticas. Estábamos en una clase combinada de dos grados y ella había reprobado el año anterior. Teníamos la misma edad y ella tenía un año de reprobado, y quería ayudarla a alcanzarnos. Descubrí que me encantaba verla mejorar sus habilidades mientras trabajábamos juntas. Eso inició la trayectoria de mi carrera educativa.

En Bowling Green State University, BGSU, me concentré en mis clases y participé muy poco en las actividades de la universidad. Cuando pasó la primer semana para ver sus hermandades, me sorprendió el costo de unirme a sus círculos sociales y sus códigos de vestimenta y expectativas. Acababa de regresar de cuatro años de seguir las reglas de la escuela católica, usar uniforme todos los días y complacer a todos a mi alrededor. Acababa de abrazar mi nueva vida de independencia, ir a clases después del mediodía y adoptar mi código de vestimenta personal de pantalones de mezclilla, camisas hippies y joyas de alambre. Dejé a mi compañera de cuarto que hacía su propia ropa y nunca usó pantalones de mezclilla para mudarme con mi compañera de cuarto afroamericana, que comía diferentes alimentos, usaba diferentes productos para el cabello, escuchaba música diferente y corría en un horario diferente. La mayor parte de mi tiempo la dediqué a estudiar y aprender sobre la vida por mi cuenta fuera de Hamilton.

Varios de mis amigos del dormitorio se retiraron después del primer año de la universidad, así que conocí a otras personas que eran divertidas y amigables. También les encantaba experimentar con los niños, la sexualidad y la marihuana. No me importaba escuchar sus historias, pero me importaba cualquier implicación con las drogas. Sabía que, si quería ser profesora, cualquier tontería ilegal acabaría con mi carrera docente antes de que comenzara. BGSU tenía un bar con una banda, por lo que cualquier noche libre era un paseo a la ciudad para bailar "Smoke on the Water" de Deep Purple y cualquier canción de Janis Joplin, los Rolling Stones y Elton John. No tenía mucho dinero para comprar mis propias bebidas, y no quería la compensación esperada que venía con chicos comprando bebidas para chicas, así que a menudo estaba lista para caminar de regreso al dormitorio. Tenía novio en casa y tareas que hacer.

Hubo dos ocasiones en las que salí del pequeño pueblo de Bowling Green: (1) yendo 22 minutos en coche al centro comercial en Toledo con algunos amigos del dormitorio, y (2) viajando en autobús a una comunidad de inmigrantes para enseñar a los niños pequeños en lectura y matemáticas. Los viajes al centro comercial terminaron cuando mis amigos rompieron su promesa de no fumar marihuana en el camino; su amor por estar drogado mientras compraba no me entretenía. Continué los viajes a la casa de los trabajadores migrantes y me encantó la experiencia. Las familias estaban muy agradecidas por nuestra ayuda y sus hijos eran adorables. Fue la primera vez desde la escuela primaria que sentí la emoción de ver a otra persona aprender a leer.

Enseñé a una niña en una pequeña mesa de madera con su madre mirándonos. La madre estaba muy agradecida de tener la ayuda adicional, y me traía un vaso de agua y lo ponía sobre la mesa, diciendo: "¿Hay algo más que pueda traerle?" El vaso era un vaso de plástico grueso con agua turbia. No me atreví a tomar siquiera un sorbo cortés. La casa estaba limpia, era muy pequeña. La niña estaba limpia, solo necesitaba un peine y un pañuelo de papel. Traté de no notar demasiado, por miedo a que me vieran en un choque cultural. Me senté en una silla de madera dura y desvencijada y me apoyé en el libro, guiando a la niña a través de una historia que nos ayudó a ambas a escapar de nuestra realidad actual. Trabajamos juntas durante casi dos horas hasta que el autobús se detuvo para recogernos y regresar a la universidad. Cada vez que la visité, pude ver un crecimiento en su aprendizaje y la sonrisa en su rostro cuando aprendía nuevas palabras o resolvía problemas más difíciles. Me fui sintiéndome tan feliz de ser parte de su vida.

Y luego ella se fue. Sin previo aviso. Sin dirección de reenvío. Sin teléfono. La familia migrante se mudó con su trabajo a otra parte del país y mi pequeña protegida se fue con ellos. Estaba devastada, sabiendo que probablemente nunca la volvería a ver. Sin embargo, las semillas se sembraron en mi vida para los próximos viajes misioneros.

Años más tarde, en un viaje misionero, nuevamente me ofrecieron un vaso de agua turbia en otro país con otra familia con hermosos hijos. Nuestro grupo visitó un barrio pobre que tenía láminas contiguas atadas con cuerdas que servían como techos y cartones que servían como paredes. La matriarca del barrio pobre era una cristiana fuerte que era famosa en la zona por llevar a muchas personas al Señor, por ser una ávida guerrera de oración y por iniciar una iglesia en el barrio pobre. Era una comunidad de iglesia, una iglesia sin muros, solo personas se reunían para orar y adorar semanal o diariamente. Había escuchado que nuestro grupo de estadounidenses estaba en la ciudad y quería conocernos. Más importante aún, el pastor local quería que la conociéramos, diciendo que esta mujer nos mostraría cómo Dios se está moviendo en la vida de la gente de allí.

Nos bajamos del autobús y caminamos entre filas de sábanas colgantes y estructuras de chozas para llegar a la casa de la mujer. La mujer parecía tener 80 años o más, inclinada y moviéndose lentamente, pero tenía más alegría y energía que cualquier persona que haya conocido, y estaba agradecida con Dios por su vida de bendiciones. Nos sentimos humillados por su entorno y por su amor a Dios en estas deplorables condiciones.

La mujer nos pidió que nos quedáramos a cenar, pero nos negamos respetuosamente. Ella compartió su historia de sanación, fortaleza, esperanza y gozo al conocer a Jesucristo como su Salvador. Ella nos mostró cómo Dios la levanta todos los días para contar a otros las Buenas Nuevas del Evangelio. El pastor local y nuestro grupo oraron por ella pidiendo fuerza y valor continuos. Antes de irnos, nos ofrecieron refrigerios que venían en una bandeja y servidos por varias mujeres: vasos de plástico con agua sin filtrar y tortillas caseras con forma de galleta. Miré a nuestro pastor guía y le pregunté qué deberíamos hacer. Él dijo: "En cuanto a mí, comeré y beberé como señal de respeto y agradecimiento por la hospitalidad aquí, y oramos para que el Señor bendiga esta comida y nuestros cuerpos." Pensé en mi pequeña protegida migrante de Toledo, Ohio, mientras sostenía el vaso de agua. Esta vez tomé un sorbo de agua y oré pidiendo la gracia de Dios. Probé el pan y expresé mi agradecimiento por su hospitalidad y el tiempo para hablar y orar con nosotros.

Fue un momento de comunión de la manera más simbólica y real para mí para tomar y beber. Como Jesús dijo a sus discípulos: "Tomen y beban. Esta es una señal de mi cuerpo y sangre derramada por ti." No bebí toda el agua, pero me comí el pan y elogié el sabor casero. Felicité a las mujeres y me invitaron a hacer pan con ellas.

En una cocina exterior hecha con sábanas como paredes, cinco mujeres rodearon un fuego y una piedra caliente, haciendo tortillas de maíz. Metieron las manos en un tazón de masa, moldearon y aplanaron la masa en sus manos para hacer círculos perfectos para poner en el comal de piedra caliente. Me mostraron cuánta masa usar y cómo mover mis manos hacia adelante y hacia atrás rápidamente para obtener la capa más delgada de masa. Intenté varias veces replicar su obra, pero no logré hacer un círculo perfecto y plano. Cuando puse mi mejor intento de tortilla en el comal de piedra caliente, todos nos reímos juntos porque mi producto sin forma era claramente diferente a cualquiera de la docena que ya se estaba haciendo. Hice un par más solo para disfrutar de su compañerismo y risa, pero no quería arruinar más sus tortillas. Les agradecí sus lecciones de hacer tortillas y les hice una reverencia como maestras de cocina. Agradecieron a nuestro grupo por el honor de recibir a personas de los Estados Unidos.

Mientras abordamos nuestro autobús, nos despedimos y gritamos bendiciones a nuestros nuevos amigos. Algunos de nuestro grupo se preguntaron por qué me arriesgaría a beber agua sucia en otro país. Aunque conocía nuestras reglas para mantenerme saludable, esta fue una experiencia sobrenatural que no pude explicarles completamente.

Me mantuve saludable durante todo este viaje y agradezco a Dios que *aún sigo aquí* para decir que algunos de los mejores regalos, incluso el regalo de un vaso de agua, han venido de las manos de las personas más humildes. Ya sean familias pobres visitadas por misioneros transitorios de un país extranjero o familias migrantes de Ohio que reciben ayuda de estudiantes universitarios locales, las personas muestran aprecio compartiendo y devolviendo el amor como pueden. Mis mejores lecciones en la vida provienen de aquellos que han vivido las vidas más difíciles.

–26–
El Trato que Hice con Dios

Pero alégrense todos los que en ti se refugian; que canten siempre de alegría. Extiende tu protección sobre ellos, para que los que aman tu nombre se regocijen en ti. —Salmo 5:11

"Aún Sigo Aquí."

Me pregunto si Dios nos hace responsables de todas las promesas que hemos hecho cuando estamos en crisis. Lamentablemente, por el amor de Dios, creemos que podemos resolver todos nuestros problemas, hasta entonces. Como madre, mi primera promesa memorable fue cuando nació mi primer hijo. Lo acosté a los pies de mi cama y no pude apartar los ojos de su pequeño cuerpo y su dulce rostro. Oré por él y le pedí a Dios que lo protegiera y le diera una vida maravillosa. Tomé a mi bebé en mis brazos y luego lo levanté un poco más alto que mis hombros, diciendo: "Señor, este bebé fue primero tuyo y tú nos lo has dado. Te lo devuelvo para que lo protejas, lo bendigas y lo cuides. Por favor, mantenlo a salvo y ayúdanos a criarlo para que sea un hombre cristiano fuerte que te ame todos los días de su vida, y prometo ser la mejor madre que pueda ser." Hice eso dos veces más cuando nacieron los otros dos niños.

Estas dedicaciones silenciosas pero formales en el hospital me acompañaron en todas las etapas de sus vidas, pero había más promesas por hacer. Los bautizamos en la Iglesia Católica; hicieron su confirmación de fe en la Iglesia; fueron bautizados en la Iglesia de Dios; e hicimos todo lo que pudimos para ser padres piadosos para ellos.

Igual de memorable fue para mí la promesa que le hice a Dios cuando los tres niños pequeños desaparecieron, ¡todos a la vez! No se encontraban por ningún lado, y mi esposo los estaba buscando por el vecindario mientras yo estaba frente a nuestra casa haciendo más promesas a Dios sobre ser una mejor madre y una gran promesa más a la familia.

Con tres niños pequeños en una casa ajetreada, a menudo me distraía con actividades que pensaba que eran más importantes que vigilar cada uno de sus movimientos. Es posible que haya estado haciendo juego con los calcetines, refregando las comidas secas de los platos sucios, trabajando en la computadora o preparando la próxima comida para los niños hambrientos. No recuerdo qué tarea no esencial llamó mi atención ese sábado por la tarde, pero recuerdo a los chicos gritando emocionados por querer un helado del paletero. Escuché el timbre y la música de la camioneta que diariamente circulaba por nuestro vecindario dándonos la esperanza de un dulce regalo en un caluroso día de verano, así que accedí y les dije que recibieran algo de dinero de papá, que estaba al teléfono. Nuestro hijo menor le tendió la mano y papá Darrell le dio un billete de $5 que cubriría más que el costo de tres pequeños conos de helado.

Después de un par de minutos, fui a la puerta principal para ver cómo estaban, pero no había nadie allí: ni niños, ni camión de helados, ni timbre en la distancia, ni tráfico. Era como si estuviera viendo una película de ciencia ficción del último día en la tierra. ¡Ausentes! ¡Silencio! ¡Solo una calle de vecindario vacía sin gente, sin pájaros chirriantes, sin perros que ladran, nada más que calles vacías bordeadas de casas!

Antes de entrar en pánico, volví a la casa y le pregunté a Darrell si había visto a los niños, y él estaba igualmente sorprendido de que no pudiéramos verlos o escucharlos en ningún lugar dentro o fuera de la casa. Notamos que sus bicicletas habían desaparecido, pero el triciclo de ruedas grandes del hijo menor todavía estaba en la acera. Si los dos mayores iban en bicicleta, ¿dónde estaba nuestro hijo de tres años? El pánico comenzó a aumentar cuando Darrell se subió al auto para buscarlos, y yo me paré en el frente de la casa mirando hacia arriba y hacia abajo de la calle con la esperanza de que pudieran aparecer sobre la colina o doblando la esquina. Grité sus nombres y agucé el oído por cualquier respuesta, pero solo había silencio. Nada. Imaginé que una camioneta blanca o un paletero parecido se había detenido y se había llevado a todos mis hijos a la vez, usando el sonido de esa campana y música irritante para atraerlos a meterse.

Antes de llamar la policía, recé la oración de madre más urgente de mi vida. "¡Señor, por favor no nos quites a todos mis hijos hoy! Por favor, tráelos de regreso a salvo. Prometo que nunca más los dejaré sin supervisión, ni siquiera por un minuto. Los pondré antes de cualquier plato sucio, calcetín sin par, correo electrónico, trabajo escolar, cualquier cosa o cualquier persona, ¡solo por favor tráemelos!" Aún así, esperé una eternidad de minutos por una respuesta. Consideré lo que les diría a mis padres, lo que le diría a la policía, cómo podríamos vivir sin nuestros hijos. Fue una decisión inesperada en una fracción de segundo con un resultado drástico que cambiaría nuestras vidas para siempre. Quería que comiera la acera, justo enfrente de mi casa, eligiendo mi muerte sobre la pérdida de mis hijos. Sabía con certeza que era la peor madre del mundo y la más indigna de cualquier bendición, pero esperaba que Dios me diera una oportunidad más para volver a ser madre.

El Señor respondió a mi oración. En la distancia, directamente enfrente de nuestra casa, vi la cabeza de un niño con el pelo al viento que se acercaba sobre la colina. Corría hacia nuestra casa con el billete de $5 todavía en la mano. Segundos más tarde, los dos niños mayores llegaron a la cima de la colina en sus bicicletas, seguidos por un automóvil que se movía lentamente conducido por papá Darrell. Repetí una y otra vez: "¡Gracias, Jesús! ¡Gracias Jesús!" y abracé a mis niños mientras les gritaban que entraran a la casa.

"Aún Sigo Aquí."

Nos reunimos en la sala para una "reunión familiar," que generalmente era donde hablábamos de asuntos urgentes. Mientras hablábamos de los eventos, supimos que los niños escucharon la campana y la música del camión de helados, pero en realidad no lo vieron en nuestra calle. Esperando que apareciera pronto, entraron a pedir el dinero y decidieron ir a buscarlo por el barrio. Los chicos mayores pensaron que podrían encontrar el camión más rápido en bicicleta, e iban a pararlo y pedir tres conos de helado mientras el más joven seguía a pie con el dinero.

Podríamos haber considerado castigarlos, enviarlos a su habitación o disculparnos por no ser padres responsables. En cambio, el castigo fue definitivo y simple: ¡NINGÚN camión de helados para nuestra familia... NUNCA! Nunca quise revivir este evento traumático, y todavía me estremezco con el sonido de un camión de helados, porque fue el día en que casi perdimos todo lo precioso para nosotros: nuestros hijos.

Dios ha cumplido su promesa de proteger a nuestros hijos, pero yo no he cumplido mi parte del trato de no apartar la vista de ellos.

Dios debe saber que lo necesito incluso más de lo que creo. Hubo el viaje a la sala de emergencias cuando un hermano empujó a otro de nuestro mini trampolín; y luego el momento en que la puerta de entrada estaba abierta y mi hijo menor estaba parado en el medio de la carretera mirando un automóvil detenido con el conductor gritando: "¡Quita a ese niño de la carretera!" Mi hijo mayor casi se muere ahogado con una bola de dulce duro mientras veía la televisión en un sillón puf. El niño del medio se cayó de su andador circular y de un escalón del porche. Por mucho que pensaba que podía vigilarlos cada segundo, me parecía imposible... física y mentalmente. Me resigné al hecho de que todos mis hijos están en las manos de Dios, al igual que yo, y tengo que confiar en que Él tiene sus ojos puestos en todos nosotros. Mi mejor práctica como madre es hacer lo mejor que pueda y orar a diario pidiendo sabiduría y la protección de Dios sobre nosotros.

Cuando cada uno de nuestros hijos creció y se fue de casa, supe que el mundo sería mucho más aterrador que el sonido de un camión de helados. Sí, lloré mucho cuando vivían solos, pero Dios prometió que nunca nos dejaría ni nos desampararía, y eso tiene que ser suficiente para mí. Aún sigo aquí en casa con papi Darrell, orando por mis hijos y agradeciendo a Dios por haberme dado otra oportunidad de ser su mamá. Siempre que escucho sobre negligencia de los padres o accidentes trágicos que involucran a niños, soy lenta para criticar y rápida para simpatizar porque lo recuerdo.

–27–
Pastores Ninja Adolescentes Mutantes

No dejes que nadie te menosprecie porque eres joven, sino da el ejemplo a los creyentes en palabras, conducta, amor, fe y pureza.
—1 Timoteo 4:12

¿**Q**ué hace que una buena iglesia sea una gran iglesia? ¿Es el pastor con sermones inspiradores, o la música de adoración que nos llena de una variedad de emociones, o las personas más amigables que hacen que la experiencia de la iglesia se sienta como en familia? Para mí, es todo lo anterior y más. Una gran iglesia debe tener un gran lugar para que nuestros adolescentes desarrollen su espiritualidad, y ese lugar es "El Grupo de Jóvenes," a menudo con nombres geniales como Al Limite, Ardiente, Fusión o algo que describa las experiencias explosivas de los adolescentes al encontrarse con Dios en sus propios estilos. A sus líderes se les llama "pastores de jóvenes," un título que a menudo induce a error a la gente a estereotiparlos como jóvenes en años o madurez, o como aspirantes a pastores principales. Para mí, son los héroes anónimos de la iglesia y tienen los trabajos más duros que incluso los padres no siempre quieren: criar adolescentes. Entienden a los adolescentes cuando los padres no. Tienen una energía ilimitada cuando los padres están agotados.

Además de encontrar formas para que los adolescentes tengan un sentido de pertenencia, estos pastores suelen extenderse para estar presentes en la vida de sus adolescentes fuera del entorno de la iglesia, por ejemplo, en eventos deportivos u obras de teatro escolares. Debido a COVID y al distanciamiento social, el papel de los pastores de jóvenes se ha vuelto aún más desafiante, para encontrar formas de mantener las conexiones con los jóvenes a través de reuniones, actividades y apoyo espiritual en línea. Más allá de servir a este grupo de edad en particular, los pastores de jóvenes son parte de un equipo pastoral, cubriendo las muchas necesidades de un cuerpo de la iglesia.

Para mí, los pastores de jóvenes son héroes anónimos en la iglesia, y los llamo "Pastores ninja adolescentes mutantes." Los pastores de jóvenes son héroes poco probables pero poderosos, similares a las improbables Tortugas Ninja, los personajes de televisión de los años 80 y 90 que captaron la atención y la admiración de mis hijos. No entendía la atracción, pero aprecié que a mis hijos les encantara ver a estos héroes en acción, incluso si eran "héroes en una un medio cascaron" con nombres del Renacimiento: Leonardo, Miguel Ángel, Donatello y Rafael.

Los adolescentes de 12 a 17 años tienen una amplia gama de desafíos para los padres. Desde el momento en que nacen, los niños ejercen su voluntad de ser independientes de sus padres, desde los años de "los terribles dos" ("The Terrible Twos") hasta los años de "los adolescentes terribles" ("The Terrible Teens"). Antes de que los dejemos en libertad o de que se escapen al mundo de los adultos, los padres lidian con la variedad de inteligencias, emociones, impulsividad, travesuras, humor poco convencional y miradas inexpresivas de disgusto cuando no los entendemos o les decimos que no.

¡Ingrese al pastor ninja adolescente mutante para salvar el día para el futuro de la iglesia y el mundo! Al interactuar con los adultos, los pastores de jóvenes pueden estar tranquilos como tortugas, moviéndose más lentamente durante el día después de estar despiertos toda la noche en un retiro de fin de semana, un campamento, una crisis o una búsqueda del tesoro en toda la ciudad. Por la tarde o por la noche, cobrarán fuerza cuando inicien sus reuniones con los jóvenes. Se transforman en una mezcla magistral de predicador, maestro, jugador, comediante, consejero y adicto a la comida empacadora las pizzas. Son imanes para los adolescentes cuando la mayoría de la gente no ve la atracción por los adolescentes en absoluto.

Piénsalo. Algunos son como Leonardo: sensatos y profundamente preocupados por los demás. Algunos pastores de jóvenes son como Miguel Ángel: de espíritu libre, divertidos y un poco excéntricos. Algunos son como Donatello: técnicos que usan la electrónica como sus armas secretas y usan el conocimiento para resolver conflictos. Algunos pastores de jóvenes son como Raphael: lo suficientemente agresivos como para ganar fútbol americano y lo suficientemente sarcásticos como para ganar una discusión sobre el tipo de pizza que pedir. Por supuesto, los mejores tienen todas estas cualidades.

El pastor de jóvenes de nuestros hijos era un genio musical, un fanático de las computadoras, un estudioso de la Biblia y un narrador. Podía tocar una canción en el teclado, trompeta, guitarra o cualquier número de instrumentos, y podía interpretar el papel del apóstol Pablo alrededor de una fogata en un retiro juvenil. Tuvo la audacia de enseñar a nuestros adolescentes a elegir sus citas como si estuvieran eligiendo a sus futuros cónyuges. Les enseñó a ver a los demás primero por su integridad espiritual antes que por sus características físicas. Les advirtió que se movieran lentamente mientras sus hormonas se enfurecían.

Cuando nuestro hijo mayor Ben salió con su primera novia, también fue la primera vez que como madre navegaba por el romance adolescente. Ella estaba en el grupo de jóvenes y mi esposo y yo éramos líderes de jóvenes. Vimos la atracción que sentían el uno por el otro y oramos para que el romance avanzara lentamente ... muy lentamente. Reaccioné exageradamente cuando una señora mayor vio a los dos coqueteando en un picnic en la iglesia y me hizo un comentario. En casa, me lancé a una larga discusión con Ben acerca de avanzar demasiado rápido en su relación. Después de escucharme durante más tiempo del que probablemente quisiera, Ben dijo: "Mamá, ni siquiera la he besado todavía." Poniéndome en jaque, le pedí al pastor de jóvenes que hablara con ellos y los guiara. Se reunió con ellos para almorzar y habló con ellos con mucha más habilidad que yo.

Tenía razón sobre las relaciones. Quería que sus adolescentes se aseguraran de que cuando decidieran casarse, sus futuras esposas también fueran sus mejores amigas. Nuestro hijo Michael y su esposa Ginny eran mejores amigos en el grupo de jóvenes, y todavía lo son. Toca el teclado en el equipo de adoración de su iglesia y Ginny trabaja en el ministerio de sus hijos. Con sus cuatro hijos, acogen al grupo de jóvenes en su granja con hogueras de fin de semana y actividades divertidas.

Nuestro hijo Mark se convirtió en el mejor amigo de su esposa Jessica en el grupo de jóvenes adultos de su iglesia en California, donde se mudó para encontrar un trabajo en gráficos por computadora y animación. Mark aceptó un trabajo con Sony trabajando en películas animadas, como *Arthur Christmas y Hotel Transilvania*. Asistió a la iglesia y se hizo amigo de una chica que había trabajado en Disneyland como princesa de Disney. Jessica estaba ayudando a Mark a encontrar su pareja perfecta, y él la convenció de que ella podría ser la pareja perfecta para él sí solo tuviera una cita con él. Con sus cuatro hijos, Mark y Jessica dirigen la adoración de su iglesia y participan en actividades de alcance para atraer a las personas a Jesucristo.

El pastor de jóvenes de nuestra iglesia ha ayudado a cientos de adolescentes en el desarrollo de su fe durante muchos años, y él mismo es padre de adolescentes. Nos mantiene entretenidos con sus anuncios, concursos y divertido sentido del humor. En las redes sociales, publica mensajes inspiradores, pero también publica sobre sus últimos esfuerzos para criar pollos y cabras. Como predicador, es apasionado y relevante, y encuentra formas de conectarse con personas de todas las edades. Como maestro y autor, también ayuda a las personas a crecer espiritualmente a través de sus escritos.

El pastor de jóvenes de nuestros nietos continúa el legado espiritual para nuestra familia al desarrollar la espiritualidad de los adolescentes a través de viajes misioneros, proyectos de servicio, convenciones internacionales de jóvenes y responsabilidades de liderazgo. Mi oración es que los pastores de jóvenes mantengan el entusiasmo por Dios durante los próximos años para las próximas generaciones.

En un mundo caótico, los adolescentes necesitan más que un padre para superar los obstáculos hacia una vida larga y saludable. Necesitan pastores y maestros de jóvenes sólidos que los guíen a través de las partes impulsivas y confusas de sus vidas. Los adolescentes necesitan momentos significativos para aprender acerca de Dios mientras socializan adecuadamente con sus compañeros. Los pastores de jóvenes son guerreros ninjas piadosos que se presentan a ellos en el momento justo para ayudarlos a salvarlos de sí mismos. Pueden afirmar que Dios está aquí para ellos y que seguirá estando aquí cuando sean padres y abuelos.

Para los Pastores Ninja Adolescentes Mutantes del mundo, esta madre y abuela están profundamente agradecidas por sus armas espirituales de construcción masiva: la formación de las almas de nuestros adolescentes.

–28–
Darle a Dios (y a otros) Otra Oportunidad

Pero los que esperan en el Señor renovarán sus fuerzas. Se remontarán con alas como las águilas; correrán y no se cansarán, caminarán y no se fatigarán. —Isaías 40:31

"Aún Sigo Aquí."

Un miércoles por la noche en el estudio bíblico, entró un hombre con un tipo de cola de caballo con una chaqueta de cuero, pantalones de mezclilla ajustados y botas vaqueras. Entró tranquilamente y se sentó entre el pequeño grupo de adultos mayores en su mayoría. "Bueno, ¡veamos qué tienes!" llamó al pastor. Era una anomalía tal en el entorno que estaba decidido a aprender más sobre él y qué lo trajo a nuestra iglesia. Después de la hora de estudio bíblico, mi esposo y yo nos presentamos e hicimos algunas preguntas superficiales. Nuestra charla continuó en el estacionamiento y se extendió hasta la noche después de que el resto de la gente de la iglesia se había ido. Muy rápidamente, nos conectamos y le prometimos apoyarlo en su nuevo plan para involucrarse en la iglesia. Ese pacto y esa amistad ha durado años. Se convirtió como miembro de nuestra familia y fue quien llevó a uno de mis hijos a aceptar a Cristo como su Salvador en nuestro hogar una noche.

Desde un Diploma de Educacíon General (GED) hasta una licenciatura de la Universidad de Miami y una maestría en teología de la Escuela de Teología, el reverendo Gilbert Barrigar es un ejemplo de cómo darle a Dios otra oportunidad cuando la vida ha dado un vuelco. Hasta el día de hoy, seguimos siendo amigos y yo sigo aquí. Pero esta no es mi historia para contar. Aquí, en sus propias palabras, está el testimonio de supervivencia física y espiritual de Gil.

La divina invitación de Dios después de la inundación

"Crea en mí un corazón limpio, oh Dios, y pon dentro de mí un espíritu nuevo y recto. No me eches de tu presencia, y no quites de mí tu santo Espíritu. Entonces enseñaré a los transgresores tus caminos, y los pecadores volverán a ti." (Salmos 51: 10-11, 13 RSV)

Según lo entendí, experimenté la gracia redentora de Dios en relación con el mensaje de salvación de Jesucristo que se me reveló a una edad temprana. Hice un compromiso de salvación de por vida con Jesucristo como Señor de mi vida alrededor de los veinte años. Ambas experiencias de salvación fueron auténticas; sin embargo, realmente comencé mi segunda experiencia reverenciando a Cristo como SEÑOR con una comprensión más clara de lo que significaba mi compromiso de llevar un estilo de vida arrepentido mientras seguía a Cristo. La Santa Palabra de Dios se convirtió en mi declaración de misión y todo lo que implican las Escrituras. Vivir con rectitud, servir a los demás y compartir el mensaje de salvación del Evangelio era mi objetivo final en mi vida. Estudié con devoción la Palabra de Dios y compartí el gozo de la experiencia de mi viaje de salvación con cualquiera que quisiera escuchar. Según la Palabra, mi vida reflejó un ejemplo cristiano que testificaba de la bondad de Dios con respecto al mensaje del Evangelio. Aprendí y memoricé las Escrituras; me casé con una mujer cristiana que conocí en la iglesia y respondió al llamado de Dios al ministerio. Como ministro ordenado, viví un estilo de vida congruente sostenido por un estándar bíblico, registrado en las Sagradas Escrituras de acuerdo con la Palabra ungida de Dios. Desafortunadamente, esa vida terminó con respecto a mi turbulento matrimonio y divorcio, que describo como la inundación durante ese momento de mi vida.

La inundación fue un término que elegí para definir mi experiencia de matrimonio y divorcio, porque sabía que mi vida cambiaría para siempre. Similar al relato de Noé y el arca registrada en el texto bíblico del Antiguo Testamento, determiné que mi relación con Dios terminó. Como paralelo a cómo las aguas de la inundación impactaron a la humanidad terminando con sus vidas como la conocían, decidí terminar mi matrimonio, sin importar el hecho de que yo era cristiano. Una vez que crucé el puente del río entre estados cuando viajaba de regreso a mi ciudad natal, me despedí de Dios, de una esposa y de una vida. La inundación se convirtió en una división entre mi matrimonio en problemas, un pasado de cuatro a cinco años consumido con alcohol, y mi nueva vida en Cristo como la conozco hoy. Con respecto al abandono, elegí alejarme de un matrimonio turbulento y concibí en mi mente que Dios y mi divorcio de alguna manera estaban unidos. La vida sin Dios hizo que me volviera indiferente. Volviéndome indiferente, no tenía sentido de propósito y esperanza en esta vida. Por lo tanto, decidí abandonar una vida que contribuye a la humanidad, sigue las normas sociales y me convertí en una vida de alcohol, descuido, imprudencia e indiferencia. El alcohol se convirtió en mi único propósito en la vida; la muerte no me concertaba; y esperaba que el consumo de alcohol fuera la vía de mi desaparición debido a mis decisiones voluntarias de abandonar a Dios y mi matrimonio.

Realmente creí que elegí una vida de condenación y desesperanza de Dios que resultaría en la muerte sin la vida eterna en Jesucristo. Yo era cristiano y ministro ordenado, y vivía una vida sin compromisos, de acuerdo con la Palabra de Dios. Al elegir el camino del divorcio, decidí alejarme con un corazón endurecido, lleno de amargura, ira y falta de perdón. Había amado al Señor con todo mi corazón desde que era un niño pequeño con pasión y conocimiento de la Palabra de Dios; por lo tanto, me di cuenta del peso de mi decisión y de las consecuencias. Ya no tenía una razón para vivir; en consecuencia, la desesperanza y la indiferencia se convirtieron en mi compañera inminente. El alcohol se convirtió en muerte líquida y en mi único propósito en la vida. No tener esperanza en el futuro y vivir una vida de indiferencia era un lugar devastador para seguir. Me despertaba todas las mañanas tratando de determinar qué tan pronto podría comenzar a beber y nada más importaba. No era alcohólico; simplemente no tenía responsabilidades ni metas en la vida. Además, no me importaba lo que pensaran los demás mientras desafiaba sin remordimiento. Sabía que no pertenecía a los bares; No pude negar el llamado de Dios en mi vida; y mi corazón se rompió al ver a la gente que me rodeaba. Muchas noches, escondía mis lágrimas mientras bebía de mi vaso mientras estaba sentado en el bar. Sabía la solución a sus corazones atribulados y al mío. Pero, ¿cómo podría compartir las buenas nuevas de Jesucristo y el mensaje de salvación en un momento tan oscuro de mi vida? No pude comprender ningún otro futuro impío, después de haber experimentado la vida en Jesucristo y todo lo que conlleva. Por un lado, solo pensé que conocía la gracia de Dios y la experiencia de salvación. Por otro lado, Dios tenía un plan diferente para mi vida.

Recibí una invitación a la iglesia de un pastor a través de un nombramiento divino ordenado por Dios, conocí a una pareja casada comprometida a unirse y apoyarme en mi viaje de restauración, y aprendí sobre el poder de las relaciones genuinas. Mi padre estaba en el hospital, tenía una cirugía grande y quería que el pastor de su iglesia estuviera presente. Llegué a la sala de espera donde estaban mi madre, mi hermano, mi hermana y el pastor. El pastor era un comediante y nuestro humor evocó una conexión instantánea entre los dos. Después de que el cirujano completó la cirugía de mi padre, el pastor me invitó a su estudio bíblico del miércoles. Fui al estudio bíblico y llegué después de que comenzara el estudio. Al entrar con mi cabello largo, chaqueta de mezclilla azul y botas vaqueras, miré al pastor y le dije: "Muéstrame lo que tienes." Unos esposos me conocieron después del estudio bíblico y tuvimos una conversación larga y agradable. El vínculo entre nosotros fue instantáneo. En consecuencia, los desafié a que se comprometieran conmigo. Si me apoyaban y creían en mí, intentaría una vez más hacer de Jesucristo el Señor de mi vida. Solo quería que una persona creyera en mí y Dios me trajo unos esposos y una esposa cuyas vidas estaban centradas en Cristo. Acordamos viajar juntos y nuestra relación sigue siendo de veinticinco años o más hasta la fecha. Nuestra relación ha sido uno de los factores más importantes para mi compromiso duradero con Jesucristo.

El amor incondicional es el mayor defensor y estándar, según la Santa Palabra de Dios, que nos lleva a la invitación de salvación de Cristo. Jesucristo eligió dar su vida abogando al Padre en mi nombre. Siempre pensé que sabía acerca de la gracia de Dios, de alguna manera creer que mis obras y vivir correctamente me aseguraría la salvación con respecto a la vida eterna. Como estudiante dedicado a la Palabra de Dios, entendí claramente los principios bíblicos y los conceptos teológicos. Lo que no comprendí fue la verdadera Gracia de Dios. Dios me enseñó acerca de su verdadera gracia, lo que me hizo darme cuenta de que escuché las mentiras y las voces negativas en mi cabeza. Como resultado de mi nuevo compromiso con Cristo, aprendí que mi experiencia de salvación nunca fue asegurada por mis obras para empezar, entonces, ¿cómo puedo perder mi salvación que nunca gané para empezar? Me llevé un juicio y una condenación que nunca fue la intención del amor incondicional de Dios. El verdadero amor de Dios nunca fue retirado ni revocado de mi vida. Dios me amó cuando todavía era un pecador y vivía un estilo de vida pecaminoso. Cuánto más, Dios continuamente extendió su invitación de salvación de amor incondicional y gracia a mí, sabiendo que lo amaba con todo mi corazón y alma. Realmente puedo decir que mi salvación y mi vida en Jesucristo son más preciosas para mí que nunca. Sé sin lugar a duda que Dios ha proporcionado un medio de gracia a través de la muerte y resurrección de Su hijo Jesucristo. Fui restaurado a Dios, por la gracia de Dios, y ahora sé sin lugar a duda que no merezco nada de Dios.

Dios me ha restaurado por completo y me ha proporcionado una nueva vida con un emocionante viaje de esperanza. Después de haber experimentado una pérdida devastadora total, Dios soberanamente extendió una invitación, acercándose a mí. Mi nuevo viaje me ha traído amor inmerecido y prosperidad. He sido restaurado como ministro ordenado con una maestría en teología bíblica; Completé dos unidades de capellanía; Estoy casado con mi hermosa novia de Proverbios 31 celebrando seis años; y tenemos un hogar increíble, que glorifica a Dios. Me jubilé recientemente, lo que me permite explorar lo que Dios tiene a continuación para mi vida. Una cosa importante para tener en cuenta: tener dos personas que creyeron en mí con apoyo y sin juzgarme, es un envío de Dios. Recuerde siempre la importancia de establecer relaciones piadosas, el amor incondicional de Dios, y no hay nada que podamos hacer que pueda decepcionar a Dios. Simplemente sé puro de corazón y recuerda mi oración diaria:

"Crea en mí un corazón limpio, oh Dios, y pon dentro de mí un espíritu nuevo y recto. No me eches de tu presencia, y no quites de mí tu santo Espíritu. Entonces enseñaré a los transgresores tus caminos, y los pecadores volverán a ti." (Salmos 51: 10-11, 13 RSV)

-29-
"El Gadd 15"

"Aún Sigo Aquí."

Jim era conocido por su gran sonrisa, apretones de manos firmes, y saludos cálido. Siguiendo después de que te preguntara tu nombre, te preguntaba cómo estaba de apasionada tu alma en salvar a los perdidos. Quería que todos fueran al cielo, donde él está ahora. Durante años, Jim estuvo involucrado en un programa llamado "Explosión de evangelización" donde él y otras personas de la iglesia visitaban a las personas en sus hogares y les hablaban sobre aceptar a Jesús como su Salvador. Jim y yo facilitamos un curso llamado "Convertirse en un cristiano contagioso" por Bill Hybels y Mark Mittelberg, que ayuda a las personas a desarrollar su propio estilo evangelístico. Enfatizamos que no todos podían acercarse a personas como Jim y ser amados por ello; cada persona es un eslabón en la cadena que conecta a otra persona más cercana a Jesús por sus acciones y bondad. Visitaba a Jim y a su esposa Wanda, y hablábamos durante horas sobre el ministerio, las misiones, la familia y el llamado de Dios en nuestras vidas. Siempre salía de su hogar sintiéndome animada y lista para hacer más para llevar a la gente a Jesús. ¡La pasión de Jim era contagiosa!

Cuando Jim oró, pudimos sentir un espíritu poderoso entre nosotros. Sus oraciones no eran floridas ni pomposas; eran reales, auténticas y sinceras. Somos testigos de muchas curaciones que tuvieron lugar porque él impuso las manos sobre las personas y oró por ellas.

La idea de "Gadd 15" se originó durante los estudios bíblicos de los viernes por la noche para jóvenes adultos en nuestra casa. Cuando el grupo pidió la ayuda del Rev. Jim Gadd para memorizar las Escrituras clave para compartir el evangelio, Jim compuso una lista de 15 versículos y nos animó a trabajar diligentemente para memorizar la Palabra de Dios. Desde entonces, los adultos jóvenes todavía se refieren al "Gadd 15."

Cuando a Jim le diagnosticaron cáncer, oró por sanidad y nos pidió que orara por él. Quería vivir lo suficiente para cuidar a sus pequeños nietos. Dios no respondió a nuestras oraciones y no impidió que el cáncer creciera en el cuerpo de Jim. Sin embargo, desde su diagnóstico hasta su muerte, Jim aprovechó cada oportunidad para testificar a otros acerca de Cristo. Dijo que sabía que pronto iría al cielo y quería llevar consigo a tanta gente como fuera posible. Los hospitales y clínicas médicas se convirtieron en su iglesia, y no dejó de hablar con la gente sobre Jesús hasta que su cuerpo finalmente se rindió. Su muerte fue un golpe devastador para su familia, la familia de nuestra iglesia y para mí. Nuestro evangelista más poderoso se había ido. Se necesitaría más de una persona para llenar el vacío que dejó en nuestra congregación.

Además de dejar atrás a muchos cristianos que fueron recibidos en la iglesia por Jim, también dejó una biblioteca de libros sobre evangelismo, sus sermones y sus notas. Su familia me honró dándome este arsenal espiritual suyo. Durante meses, leí todos los libros de su colección y disfruté leyendo sus reflejos amarillos, oraciones subrayadas y notas escritas a mano en los márgenes. Se sentía como si él estuviera allí conmigo comentando y gritando las palabras que tenían signos de exclamación: "¡Sí!" "¡Aleluya!" "¡Nuestro mundo necesita a Jesús!"

Sus sermones están archivados, etiquetados y mecanografiados o escritos a mano y almacenados en sobres de manila; cada página está repleta de Escrituras. La Biblia era todo lo que Jim necesitaba para decir la verdad. Si no ha conocido a Jim Gadd, lo hará cuando llegue al cielo, pero él le dirá que se asegure de conocer a Jesucristo como su Señor y Salvador para tener la seguridad de la vida eterna.

En memoria de Jim, comparto su testimonio y el "Gadd 15" aquí:

Mi Testimonio

"Me crié en un hogar cristiano, donde una Madre piadosa oraba a menudo por sus hijos. También dio un buen ejemplo de vivir diariamente lo que creía. A medida que crecía y me exponía a las personas en la escuela y, finalmente, en el lugar de trabajo olvidé lo que ella nos había estado enseñando acerca de Jesús y la Biblia. Sabía que eventualmente todos pasarían la eternidad en algún lugar. También sabía que solo había dos hogares eternos, uno en el cielo y el otro en el infierno.

"Hice una profesión pública de fe a los 11 años, pero todo dependía de los sentimientos y no duró. Después de la secundaria, me alisté y pasé cuatro años en la Fuerza Aérea de los Estados Unidos. Me casé después de dejar el servicio y luego serví diez años en el Departamento de Policía de Hamilton. También fuimos bendecidos con dos hijos, un niño y una niña durante este tiempo. Solo iba a la iglesia los días festivos; sin embargo, mi esposa, que se crió en la Primera Iglesia de Dios, insistió en que nuestros hijos fueran llevados a la escuela dominical todos los domingos, para que dejarlos y después recogerlos. Dejé el departamento de policía y me fui a trabajar a la planta de General Motors en Fairfield. En esta etapa de mi vida, las primeras enseñanzas de mi madre se filtraron de nuevo a mis pensamientos y volví a pensar en dónde pasaría la eternidad. Me volví más consciente de la muerte y realmente temí morir e ir al infierno. Empecé a leer la Biblia; sin embargo, no pude sacar mucho provecho de la versión King James. Un compañero de trabajo, Harold

Long, me prestó una Biblia de traducción moderna y fue de gran ayuda para comprender lo que significaba. Tenía un verdadero problema para comprender el don de la vida eterna. Después de una simple explicación del significado, nuevamente por Harold, pude encontrar paz a través de la promesa de Dios de arrepentirme y creer. Después de mi decisión, sentí como si me hubieran quitado un gran peso de encima. Desde ese momento, sé que tengo vida eterna y algún día estaré con el Señor para siempre." —Jim Gadd

El Gadd 15

La promesa de Dios: el cielo es un regalo gratuito. No se gana ni se merece

1. Romanos 6:23 Porque la paga del pecado es muerte, pero la dádiva de Dios es vida eterna en Cristo Jesús Señor nuestro.

2. Efesios 2: 8-9 Porque por gracia habéis sido salvos mediante la fe, y no por vosotros mismos, no por obras, para que nadie se gloríe.

Problema del hombre: es un pecador y no puede salvarse a sí mismo.

3. Romanos 3:23 Por cuanto todos pecaron y están destituidos de la gloria de Dios.

4. Tito 3: 3 No por obras de justicia que hayamos hecho, sino por Su misericordia, nos salvó mediante el lavamiento de la regeneración y la renovación del Espíritu Santo.

La solución a través de Dios: Él es amoroso y misericordioso. Él es justo y debe castigar el pecado.

5. 1 Juan 4: 8 El que no ama no conoce a Dios, porque Dios es amor

6. Juan 3:16 Porque tanto amó Dios al mundo que dio a su Hijo unigénito, para que todo aquel que en él cree no se pierda, sino que tenga vida eterna.

7. Juan 1: 1 En el principio era el Verbo, y el Verbo estaba con Dios, y el Verbo era Dios.

8. Juan 1:14 Y el Verbo se hizo carne y habitó entre nosotros, y vimos su gloria, la gloria como del unigénito del Padre, lleno de gracia y de verdad.

9. Juan 20:28 Y Tomás respondió y le dijo: ¡Señor mío y Dios mío!

10. 1 Pedro 2:24 quien Él mismo cargó con nuestros pecados en Su propio cuerpo sobre el madero.

(Repetición de Romanos 6:23 porque la paga del pecado es muerte, pero la dádiva de Dios es vida eterna en [a] Cristo Jesús Señor nuestro.)

Los Pasos: fe, lo que no es y lo que es, confianza.

11. Santiago 2:19 Crees que hay un solo Dios. Incluso los demonios creen y tiemblan.

12. Hechos 16:31 Entonces dijeron: "Cree en el Señor Jesucristo, y serás salvo."

13. Juan 6:47 De cierto os digo que el que cree en mí tiene vida eterna.

¡Confirmamos nuestra fe al decírselo a otros!

14. Romanos 10: 9-10 que si confiesas con tu boca al Señor Jesús y crees en tu corazón que Dios lo levantó de los muertos, serás salvo. Porque con el corazón se cree para justicia, pero con la boca se confiesa para salvación. *¡Entonces se convertirán en una nueva creación en Cristo!*

15. 2 Corintios 5:17 Por tanto, si alguno está en Cristo, nueva criatura es, las cosas viejas pasaron, he aquí todas son hechas nuevas.

–30–
Cuando Las Pasiones Chocan

Pero si servir al Señor les parece indeseable, entonces elijan ustedes mismos hoy a quién servirán, si a los dioses que sirvieron sus antepasados al otro lado del Éufrates, o a los dioses de los amorreos, en cuya tierra viven. Pero yo y mi casa serviremos al Señor.
—Josué 24:15

"Aún Sigo Aquí."

Yamashita. Cuando el gimnasta japonés Yamashita realizó por primera vez su salto homónimo en la década de 1960, no tenía idea de quién era. Sin embargo, cuando Deidra Lauer fue la primera en el estado en realizar la bóveda de Yamashita, todos en la escuela sabían quién era ella. En nuestra asamblea de la escuela secundaria que celebraba nuestro campeonato estatal de gimnasia femenina, la multitud estalló en aplausos mientras Deidra corría a toda velocidad por el piso de madera hacia el caballo de cuero, saltaba a un trampolín de madera con los brazos extendidos, se bajaba del caballo y levantaba el pecho y piernas en forma de V, y se abrió a un aterrizaje sólido sobre la alfombra de vinilo. Volaba alto y yo estaba fascinada.

También me encantó ver a mi prima segunda, Bev Meyer, realizar un ejercicio de piso increíble que combinaba movimientos artísticos con poderosos giros. Denise Hulshult dio la vuelta y se envolvió alrededor de las barras paralelas desiguales con fuerza y gracia. Otras gimnastas hicieron giros, giros y acrobacias en la barra de equilibrio, una tabla de madera de 4 pulgadas de ancho y 4 pies del piso. La forma en que desafiaron la gravedad con atletismo artístico me impresionó.

Las gimnastas realizaban volteretas saltando de un mini trampolín, una tras otra, volando por el aire. Todo me pareció muy divertido. En la clase de educación física, teníamos lecciones en cada uno de estos, pero nunca tuve el talento para hacerlo mejor que un salto de pliegue sobre o sobre la bóveda y "despellejar al gato" alrededor de la barra baja. Pero guau, me encantaba el deporte.

Pasé mis años de escuela secundaria disfrutando del tap, el equipo de baile, el equipo de ejercicios y la interpretación de canciones y bailes en nuestro programa de variedades, pero estaba asombrado por esas chicas fuertes y atléticas del equipo de gimnasia.

Antes de la aprobación del Título IX en 1972 que exigía la igualdad de fondos para los deportes, la entrenadora Betty Sroufe abogó por el equipo y la igualdad de tiempo en el gimnasio para producir un equipo de campeonato, lo cual hizo. Betty fue la entrenadora dura que empujó a las gimnastas a hacer lo mejor que podían. La entrenadora Bud Sroufe, su esposo y exgimnasta, era más amable con las niñas, pero un genio en biomecánica. Con poco dinero para el equipo, Bud convirtió el equipo de gimnasia usado para hombres en equipo para mujeres y construyó una barra de equilibrio con madera desechada.

Después de graduarme de la universidad, mi escuela secundaria me contrató nuevamente para enseñar inglés y periodismo, y pronto Betty me invitó a ayudar con el equipo de gimnasia. ¡Claro que sí! Supervisé, aprendí algunas formas de detectar a las chicas a través de algunos trucos, pero mi principal contribución al cuerpo técnico fue convertirme en juez de gimnasia: estudiar las rutinas obligatorias, averiguar qué buscaban los jueces en cada uno de los cuatro eventos, y compartir esta información con nuestras gimnastas para ayudar a mejorar sus puntajes. Hice esto estudiando el código de puntos, analizando películas de las mejores y peores actuaciones de cada evento, calculando deducciones de 10.0 en incrementos de .05 o .025 para cada grado de imperfección. Vi películas de la estadounidense Cathy Rigby y las soviéticas Olga Korbut y Svetlana Boginskaya; También vi películas de gimnastas de la escuela secundaria local. De mejor a peor, miré en cámara rápida y lenta, identificando cuántos giros o saltos mortales se realizaron en una habilidad o una serie de pases o saltos. Luego comparé mi puntaje final con los jueces expertos en el deporte. Fui a clínicas, tomé pruebas en papel y en película, me uní a la Asociación Nacional de Jueces de Gimnasia Femenina y recibí un reconocimiento incremental a nivel estatal, nacional e internacional. Con una pasión por el deporte, quería ser el mejor juez que pudiera ser para darle la puntuación más justa a cada gimnasta. Estudié más y más duro que cualquier maestría o doctorado de una universidad para certificarme como oficial de gimnasia.

Seguí ayudando a entrenar al equipo de la escuela secundaria, pero finalmente dejé de entrenar cuando me trasladé para tomar un puesto de profesor en la escuela secundaria. Sin embargo, seguí juzgando gimnasia y me convertí juez del estado, luego director regional de jueces, donde me senté en la junta nacional y enseñé en clínicas de jueces y simposios. Me encantó cada minuto de las competiciones. Me encantó ver a la pequeña gimnasta de trenzas, que corrió más rápido para mostrarle a su mamá su cinta de participación que ella corriendo por la pasarela de la bóveda. Me encantó ver a la gimnasta universitaria realizar una rutina de 9.95 en un estadio lleno de espectadores abucheados en el Penn State Coliseum porque querían un 10.0 en su lugar. Lloré cuando vi una rutina perfecta por primera vez en la Universidad de Georgia cuando finalmente vi a una gimnasta realizar acrobacias y movimientos de baile a la perfección con una coreografía espectacular. Fui invitada al curso Brevet y me convertí en un clasificado internacional, lo que me permitió acceder a trabajar en los Juegos Mundiales Universitarios en Nueva York, los Juegos Panamericanos en Indianápolis, los Nacionales de la NCAA y los encuentros nacionales Olímpicos Juveniles.

Hubo una inmensa presión para que mis puntajes estuvieran cerca de los de los otros tres jueces, mostrados públicamente a las multitudes que vitoreaban o abucheaban, analizados por comentaristas en televisión y protestados por los mejores entrenadores del país. No me importaba la presión; Era adicta a la actuación de juzgar con precisión, a la adrenalina de ver las mejores rutinas, y la camaradería y la competencia con los otros jueces. Los jueces de gimnasia son mis mejores amigos de toda la vida, incluida mi cuñada Denise, cuya actuación había admirado hace años en esa asamblea de la escuela secundaria.

Mi entrenadora de baile y gimnasia de la escuela secundaria, Betty Sroufe, también fue mi mentora y, a menudo, compañera de viaje, a pesar de que nos llevábamos unos años entre nosotras, nos convertimos en las mejores amigas. Junto con Denise y los jueces de nuestra área, estudiamos películas juntas, incluso vimos películas de encuentros que habíamos juzgado para ver si podíamos mejorar aún más. Conocimos a entrenadores famosos, como Bela Karolyi; juzgamos a Amanda Borden y otros atletas olímpicos a medida que crecían en nuestros gimnasios locales; y trabajamos concursos internacionales. Negociamos los salarios de los jueces y diseñamos estrategias para mejorar la profesionalidad en nuestro deporte.

Otras mujeres brillantes y carismáticas, como Delene Darst e Yvonne Hodge, fueron modelos a seguir para mí, no solo por su experiencia e imparcialidad, sino también por su inversión personal en las personas. Aprendí mucho más que anotar rutinas de estas mujeres. Aprendí liderazgo y defensa de los demás.

Mi esposo cuidó a nuestros tres hijos pequeños mientras yo viajaba a las competiciones de gimnasia, para consternación de mi madre y mi suegra, quienes veían mis fines de semana (y algunas noches de la semana) como un pasatiempo y un abandono de mis deberes maternales. Sin embargo, me pagaron más dinero en un fin de semana que en una semana entera de enseñanza en la escuela cristiana y la guardería, donde asistían nuestros hijos. Mi viaje, comida y alojamiento fueron compensados y mi tarifa por hora fue lucrativa. Mi esposo es un padre excelente y los cuidó muy bien durante mi ausencia. Me sentí culpable de faltar a la iglesia los domingos y traté de programar la mayoría de las reuniones en torno a ella, pero la gimnasia no se adapta a los horarios de la iglesia. Sabía que me estaba tomando mi papel demasiado en serio un fin de semana cuando llevé a toda la familia a casa después de las vacaciones en una tormenta de nieve porque tenía que ir a una reunión al día siguiente. Mi esposo me pidió que saliera de la carretera para pasar la noche en un hotel hasta que pasara la tormenta, pero seguí las huellas del camión con remolque que tenía delante. Fue raro que no estuviéramos de acuerdo en algo, pero esa noche es una que ambos recordamos con pesar. Afortunadamente, llegamos a casa sanos y salvos y la vida continuó.

Mientras tanto, también me involucré en viajes misioneros a través de la escuela cristiana, y también me apasionaron los campos de trabajo, especialmente en Argentina, donde nuestra escuela e iglesia se habían comprometido durante cinco años a construir varias iglesias. Me enamoré de la gente de allí y crecí espiritualmente cada vez que salía de mi zona de confort de los Estados Unidos. Llegaba a casa después de estar ausente durante 10 días o dos semanas y hablaba sobre el próximo viaje. Mi esposo estaba aún más preocupado por mis viajes internacionales en viajes misioneros que por mi conducción a través de tormentas de nieve para competencias de gimnasia. Pocos maridos serían tan comprensivos, por eso la gente lo llama "San Darrell."

Un día durante la temporada de gimnasia, tuve que hablar con Darrell sobre nuestro presupuesto familiar. Me habían pedido que trabajara en los Juegos Olímpicos de Atlanta, pero tuve que pagar los gastos de mi bolsillo para el viaje y el alojamiento para el evento de dos semanas. Además, me había apuntado para el próximo viaje misionero a Argentina. Darrell, como siempre, estaba de acuerdo con todo lo que quería hacer. Él siempre ha hecho de mi felicidad una alta prioridad en su vida, pero nuestro presupuesto familiar solo permitía $ 2,000 adicionales, que eran el costo del viaje a Argentina y el costo de ir a los Juegos Olímpicos. Fue en este momento cuando chocaron mis dos pasiones, la gimnasia y el trabajo misionero. Tenía que tomar una decisión. ¿Asisto a un evento deportivo único en la vida para ver la mejor gimnasia del mundo, o sigo con la asociación Argentina-Ohio trabajando con niños, construyendo iglesias y continuando amistades que se habían establecido?

En el campo competitivo de la gimnasia juzgando, no había conseguido tantas competencias de alto nivel ese año, y pensé que tal vez Dios estaba tratando de decirme que me retirara del deporte y me concentrara en los campos de trabajo. Sin embargo, sabía que habría otros viajes misioneros, no solo a Argentina, sino a otros países y localmente. Tuve que tomar una decisión y, como suele suceder, la gente pone su dinero donde está su corazón.

Con pensamientos profundos, muchas oraciones y charlas sinceras con Dios, finalmente decidí que necesitaba poner mis prioridades en orden, no solo con mi tiempo y esfuerzos, sino también con mi familia. Sentí que quería hacer un compromiso más fuerte con el Señor a través de las misiones, pero también viajar con mi familia en campos de trabajo. Quería que mi esposo y mis tres hijos experimentaran la alegría y los desafíos que surgen de trabajar con personas de diferentes culturas, y ver personas en países del segundo y tercer mundo que son felices en el Señor, incluso sin todas las comodidades que tenemos en casa. También quería mantener los domingos libres para poder adorar con mi familia y la familia de nuestra iglesia para fortalecernos espiritualmente. Sabía lo que tenía que hacer. Me retiraba de juzgar la gimnasia después de 20 años.

Fue difícil dejar el deporte, tan difícil que le llevé mi broche Brevet a mi pastor y le pedí que se lo quedara para no cambiar de opinión. Después de rechazar el trabajo voluntario de los Juegos Olímpicos, recibí un aviso de que, por primera vez, la junta de EE. UU. Había decidido pagar los gastos de los jueces de Brevet que trabajaban en los eventos. Recibí correos electrónicos de amigos jueces pidiéndome que reconsiderara renunciar a mi puesto como Director Regional de Jueces. Y como si Satanás no hubiera tomado mi decisión lo suficientemente difícil, recibí una cadena de contratos de jueces por correo para las competencias universitarias nacionales y para las prestigiosas competencias olímpicas juveniles. Era muy tentador volver con mi pastor y suplicarle que me devolvieran las credenciales, pero estaba en una encrucijada espiritual y no iba a dar marcha atrás.

Como resultado, he compartido muchos viajes misioneros con mi esposo, quien se desempeñó como colíder, planificador y coordinador financiero para viajes misioneros internacionales, nacionales y locales. Hemos llevado grupos de 20-30 personas a otros países. Fuimos testigos de la salvación de muchas personas y el bautismo de miembros de nuestro propio grupo. Nuestros hijos viajaron con nosotros, disfrutando de la aventura de la vida fuera de las comodidades de nuestro hogar. Han sido campistas de trabajo en Argentina, México, Haití, Dakota del Sur, el Bronx y Kentucky. Han aprendido carpintería, albañilería, yeso, cemento, techado y otras habilidades que usan hoy. Han sido guiados por grandes hombres y mujeres piadosos y han ampliado su visión del mundo. Han crecido en compasión y competencia cultural.

Todavía me mantengo en contacto con mis amigos y familiares de gimnasia. Veo encuentros de gimnasia en la televisión de vez en cuando y hago cálculos en mi cabeza para ver si me acerco al puntaje real que aparece en la pantalla del televisor. Escucho a los comentaristas y estoy de acuerdo o en desacuerdo con alguna autoridad. Después de estar fuera del deporte durante 15 años o más, me invitaron a volver para una reunión y celebración de un aniversario importante en la gimnasia. Nuestra asociación de jueces de la Región 5 me llevó en avión a Chicago para el evento, donde recordamos los buenos tiempos, las grandes actuaciones, los cambios en el deporte y los actos de comedia que había realizado para ellos para aliviar el estrés en nuestros simposios. Me di cuenta aún más de lo bendecida que soy por haber trabajado, estudiado, viajado y reído con un grupo tan asombroso de mujeres inteligentes, influyentes y divertidas de todo el país. Las cuento como amigas, pero sobre todo nos enviamos mensajes de texto o nos seguimos en las redes sociales. Aún sigo aquí, retirada de la gimnasia, pero nunca me retiré de las misiones. De vez en cuando, visito a Betty Sroufe, quien también se ha jubilado de la gimnasia, pero dona regularmente para mis viajes misioneros, generalmente por alguna causa especial o necesidad tangible. Ella dice que diezma el dinero de su bingo, y su nivel de donación depende de su suerte y nivel de ganancias. Ella me hace sonreír.

No me arrepiento de mi decisión de seguir mi pasión por las misiones, porque esa decisión y mi amor por Dios cambiaron el curso de mi vida de maneras inimaginables. Como dice la canción que cantamos los domingos: "He decidido seguir a Jesús, no hay vuelta atrás, no hay vuelta atrás. La cruz delante de mí, el mundo detrás de mí, no hay vuelta atrás, no hay vuelta atrás."

–31–
¡Vaya, lo hice de Nuevo!

Jesús se volvió y la vio. "Anímate, hija," dijo, "tu fe te ha sanado." Y la mujer fue sanada en ese momento. —Mateo 9:22

"Aún Sigo Aquí."

Conduzco motocicletas desde que estaba en la escuela secundaria. Mi padre, mi hermano y mi novio ahora marido tenían motocicletas. Incluso mi madre dio un paseo en la mini-motocicleta de mi hermano y se estrelló con algunas heridas, pero le encantaba montarla. Mi esposo, Darrell, vendió su motocicleta cuando nos casamos porque necesitaba una lavadora y secadora nuevas.

La primera vez que monté una motocicleta, la dejé de lado en el callejón detrás de mi casa porque no podía controlar el peso de la bicicleta. Tomé una de nuevo cuando la pequeña maestra de matemáticas de la escuela de primer año estaba vendiendo su edición del 100 aniversario de 2003 de una motocicleta 883 Harley Davidson Sportster. Estaba en perfectas condiciones y guardada en un garaje tan limpio que parecía un museo. Darrell hizo una prueba de recorrido alrededor de la cuadra y luego pagó y lo condujo a casa. Tenía un solo asiento y siempre decía que era mía. Compré el casco, equipo de montar con armadura y botas de protección. Sin embargo, la ropa no puede proteger a un ser humano de malas decisiones. Después de un día lluvioso, tomé la Harley para dar un paseo e intenté un atajo a través de la hierba mojada junto a nuestro camino de entrada y me resbalé sobre el concreto. Cuando aterricé supe que algo andaba realmente mal. No me moví. Dos transeúntes se detuvieron y me preguntaron si necesitaba ayuda. Dije: "Sí, por favor, busca a mi esposo."

Preguntaron: "¿Dónde está? ¿Qué tan lejos de casa está, señorita?"

"Está en la casa," respondí, señalando el camino de entrada. La gente dice que la mayoría de los accidentes ocurren cerca de casa y, en este caso, a solo unos metros de mi garaje.

Darrell salió corriendo de la casa, levantó la motocicleta para liberarme y me ayudó a subir a su camioneta. No podía mover mi hombro derecho, así que fuimos a la sala de emergencias, donde fuimos bendecidos con la enfermera Cheryl, una buena amiga, que me cortó la camisa para que no tuviera que mover el brazo. Tenía un hombro dislocado y el médico me medicaba para soportar el dolor de volver a colocarlo en su lugar.

Después de ir a rehabilitación y dejar que mi hombro sanara, sentí que tenía que vencer mi miedo a conducir y regresé a mi Harley con sus nuevos rasguños en el tanque de gasolina y abolladuras en el guardabarros. Decidí no montar nunca en motocicleta bajo la lluvia, después de la lluvia, o en cualquier momento en que hubiera una amenaza de carreteras mojadas. Tuve algunas llamadas cercanas, como cuando pasé a lo largo del río hacia el campo para oler el aire fresco de los campos, las granjas de caballos y las flores. Subí por una carretera sinuosa y me detuve en un alto, volviéndome para buscar coches que se aproximaban. La Harley bajó lentamente y yo estaba sola sin nadie que me ayudara, sin teléfono, sin ningún lugar para caminar a la vista de mi bicicleta. Agarré los manublios, dije una oración y luego grité una y otra vez: "¡Levántate! ¡Levántate! ¡Levántate!" y de alguna manera pude levantar la máquina de 489 libras hasta un soporte y volver a montarla para volver a casa. Nunca pude volver a levantarla, así que creo que Dios me dio la fuerza, incluso en mi propio momento de estupidez, porque confié en el nombre de Jesús para ayudarme en un momento de necesidad.

Avancemos varios años hasta un viaje por carretera por el oeste de los Estados Unidos, donde acampamos de Ohio a Canadá y de regreso. En una de nuestras paradas venturosas en Montana, nos dirigimos al Parque Nacional Glacier y condujimos el viaje de 50 millas y 2 horas en Going-To-The-Sun Road, uno de los recorridos más pintorescos imaginables. En nuestra planificación previa al viaje, le había pedido a Darrell que montara a caballo en esta hermosa parte de nuestro país, no en viejas yeguas que caminaban pesadamente por un sendero desgastado o atadas a un guía que nos guiaba, sino al estilo occidental montando por nuestra cuenta, como verdaderos vaqueros al trote o al galope y disfrutando del aire libre. Encontré un lugar de este tipo en línea y reservé un viaje por la mañana de 2-3 horas que nos llevaría hacia arriba y alrededor de una montaña a temperaturas más frías y luego de regreso a lo largo de un lago bajo el sol. Parecía una forma perfecta de ver las vistas a caballo. Un joven vaquero nos dio algunas instrucciones y luego nos condujo al pasto para emparejar individuos con sus caballos. El mío se llamaba "Blue" ("Azul"), ¿posiblemente del gran buey azul de la leyenda de Paul Bunyan? ¿Estaba manchado en blanco y negro con un toque de gris, probablemente luciendo azulado para algunas personas? No estaba preocupada por su color; Estaba preocupada por el tamaño de esta montura. Blue no era una yegua con el lomo caído y lento a la que había que tirar de las riendas para moverse. Era musculoso y enérgico, sobresaliendo por encima del resto. Como los otros jinetes eran más jóvenes y pequeños, entendí el partido, pero me intimidó su tamaño. He montado caballos en el pasado, pero ninguno tan desalentador. Me dije a mí misma que tenía que ser grande y fuerte para llevarme por las montañas durante un par de horas.

Darrell montó solo en su caballo; los demás montaron el suyo y me esperaron. Luché con la altura de los estribos, que parecían tan altos como mi pecho. Apenas podía meter la punta de mi zapato en el estribo, pero no lo suficiente como para presionar mi pie en el estribo como apoyo. Agarré el cuerno de la silla con los dedos izquierdos y la parte trasera de la silla con la mano derecha. El vaquero se ofreció a darme un empujón, pero le pedí un taburete para ayudarme con el apalancamiento. Se negó, con la excusa de que tenía que demostrar que podía montar, por si me caía o me desmontaba por los senderos y necesitaba volver a montar. Sin otras opciones y con el deseo de empezar, acepté el incómodo impulso de su mano en la parte superior de mi muslo y tiré con todas mis fuerzas. Sentí mi hombro derecho saltar y supe que estaba en problemas nuevamente. Grité: "¡Déjame! ¡Déjame!" y llamé a Darrell. "Estoy en problemas. Hice algo realmente malo en mi hombro."

Si bien el guía me recordó que su empresa no era responsable de las condiciones de salud preexistentes y que firmé la exención que lo eximía de cualquier responsabilidad, lo ignoré y salí del corral hacia nuestro camión.

Darrell pidió indicaciones para recibir ayuda médica y nos dieron dos opciones: la clínica en la reserva indígena Blackfeet que estaba a 30 millas de distancia o el Centro Médico Northern Rockies en Cut Bank, Montana, a 70 millas de distancia. No había servicios médicos disponibles a nivel local. Íbamos por nuestra cuenta para conducir a algún lugar en busca de ayuda. El camino que salía del parque era el único camino, y era el camino de tierra y grava más accidentado con la mayor cantidad de baches que jamás hayamos sentido, ¡y yo sentí todos! Por mucho que Darrell intentara evitar las peores partes, cada golpe me producía un dolor punzante. Gritaba de dolor en cada bache y podía ver la preocupación en el rostro de Darrell. Me incliné hacia la izquierda, cerré los ojos y recé por el fin de este tortuoso camino.

Al doblar hacia una carretera de dos carriles, buscamos señales y hablamos sobre dónde deberíamos ir. La carretera estaba pavimentada, pero desierta, a excepción del coche del alguacil del condado. Darrell vio las luces intermitentes en su espejo retrovisor y se detuvo a un lado de la carretera. Esperaba conseguir una escolta aún más rápida al hospital o clínica más cercana, pero en cambio nos dieron un consejo. Un patrullero habló con Darrell en el lado del conductor y el otro habló conmigo. Explicamos el motivo por el que se sobrepasaba el límite de velocidad, pero nos advirtieron que redujéramos la velocidad y que pensáramos primero en llegar seguros a nuestro destino. Darrell recibió indicaciones para llegar a la clínica de reserva porque estaba más cerca, pero el oficial de mi lado me recomendó el hospital de la ciudad si podía soportar el dolor durante unos kilómetros más. Le había preguntado: "Si fueras yo, ¿a dónde irías?"

Él respondió: "Si fueras mi esposa, conduciría un par de horas más para recibir la mejor atención posible. Los mejores médicos trabajan en hospitales, no en clínicas. E incluso si trabajaron en la reserva, la ley dice que los reservistas reciben la máxima prioridad y son vistos primero. Si hay tiempo después de eso, se ven otros 'no de la reserva."

Cuando se describió la diferencia en la calidad de la atención, recordé con tristeza las discrepancias económicas y culturales que afectan a las personas en nuestro propio país. Aquí estábamos en medio de la nada en una crisis médica y política que me afectó personalmente en muchos niveles. Egoísta y descaradamente en mi dolor, opté por los mejores médicos, el servicio más rápido y la seguridad de que nuestra tarjeta médica cubriría cualquier tratamiento que pudiera haber necesitado. Seguimos recorriendo distancias y horas adicionales hasta el hospital con todas sus ventajas. Agradecí a Dios en voz alta por los hospitales, las carreteras pavimentadas y un camión lleno con suficiente gasolina para llevarnos allí. Mientras tanto, los que hacen las reservas siguen recibiendo una atención menos que equitativa en sus instalaciones médicas y no hay pruebas para creer que sus circunstancias cambiarán pronto.

Preparándonos para recorrer la distancia hasta el hospital de la ciudad, Darrell y yo no hablamos ni escuchamos música. Fuimos en silencio, sin ni siquiera bromear sobre lo rápido que conducía Darrell o cómo se salvó de una multa por exceso de velocidad (¡como siempre lo hace!). Darrell continuó conduciendo por las partes más lisas del pavimento y yo contuve la respiración preparándome para sentir más dolor punzante. Comencé a pensar en todas las veces que hemos pedido a Dios que sane a las personas, y comencé a orar fervientemente en el nombre de Jesús para que me sanara, ya sea a través de la atención médica o un milagro, para que pudiéramos continuar nuestras preciosas vacaciones. tiempo juntos sin más preocupaciones para Darrell. Ambos pensamos, pero no hablamos, que podría tener que volar a casa o quedarme en un hospital o cualquier otro tipo de atención que paralizara estas vacaciones. Estábamos a días de casa en camión y a varias horas del aeropuerto más cercano.

De repente, en medio de mi súplica por misericordia y sanación, y sin ningún movimiento consciente por mi cuenta, mi cuerpo se inclinó hacia atrás hasta una posición vertical sentada, mi brazo se relajó a mi costado, ¡y todo el dolor desapareció! Dije: "¡Darrell! ¡Darrell! ¡Darrell! ¡Algo simplemente sucedió!"

"¿¡Qué!?" Luego traté de mover mi brazo un poco, y luego mucho, y no sentí ningún dolor.

"¡Darrell, creo que Jesús acaba de sanar mi hombro!" Esperé y volví a probar mi hombro. ¡Todo estaba en su lugar y yo estaba libre de dolor! Lloré y agradecí al Señor en voz alta una y otra vez. Los ojos de Darrell se llenaron de lágrimas y me dio unas palmaditas en la mano, diciendo: "Gracias, Jesús."

Podríamos haber dado la vuelta al camión y regresar a nuestro campamento, pero sentimos que necesitábamos un experto médico para confirmar que no se había producido ningún daño permanente. Queríamos verificar el milagro y obtener consejos sobre cómo continuar nuestras aventuras occidentales. Al llegar al hospital, la enfermera de emergencias preguntó qué pasaba. Dije: "Bueno, nada ahora, pero hace unas horas, me disloqué el hombro, pero el Señor me sanó en el camino aquí."

Escribió algunas notas en un papel y nos llevó a una sala de examen. Cuando entró el médico, miró de cerca, escuchó nuestra historia, palpó todos mis tendones y huesos y declaró que no necesitaba una radiografía ni medicamentos. Ella dijo: "Creo que Dios te ha sanado. Puedes comprobarlo. No hay razón para interrumpir sus vacaciones, pero no montaré a caballo durante los próximos días. No querrás repetir la lesión pronto."

Mientras salíamos, la recepcionista y la enfermera de emergencias hablaban sobre mi accidente y desacreditaban la idea de los milagros. Me explicaron que el efecto de la adrenalina de la parada de la patrulla de carreteras probablemente hizo que mis músculos y tendones se relajaran, lo que permitió que mi hombro se deslizara fácilmente hacia su lugar. Respondí: "No lo creo. Creo que nuestros cuerpos pueden curarse solos a veces, pero en este caso, fue solo después de pedirle al Señor que me sanara, no después de la parada del tráfico." Incluso después de que un médico confirma un milagro, hay médicos que se apresuran a desacreditar los beneficios curativos de la oración. De cualquier manera, estoy convencida de que Dios recibe la gloria por esto, y estoy agradecida y responsable de compartir las buenas nuevas.

En el largo viaje de regreso a nuestro campamento, nuestras bromas de viaje habituales fueron reemplazadas por un silencio y agradecidos, ambos pensando en todos los resultados posibles, si no hubiera sido curada. Me pregunté si el incidente podría haber sido una forma de evitar algo peor que le pudo haber sucedido a un jinete entusiasta y novato a caballo en la ladera de una montaña, en lo profundo del bosque o junto al lago, a millas de otros medios de transporte que no sean caballos. Quizás el Señor nos salvó de nosotros mismos y de nuestros propios planes a veces. Nos sentimos como si estuviéramos "regalados" con la oportunidad de continuar nuestro increíble viaje para ver todo lo que Dios ha creado para que todos y todo lo disfruten.

Dios nos sana, incluso cuando tomamos malas decisiones, a veces más de una vez. No siempre usamos la sabiduría junto con el libre albedrío que Dios nos ha dado. *Aún sigo aquí* para contar las misericordias de la gracia de Dios, la sanidad en el nombre de Jesús y la perfecta voluntad del Señor para las personas imperfectas.

–32–
Mujer con Suerte

Honra a tu padre y a tu madre, como el Señor tu Dios te ha mandado, para que tengas una larga vida y te vaya bien en la tierra que el Señor tu Dios te da. —Deuteronomio 5:15

"Aún Sigo Aquí."

Mi mamá siempre decía que era una mujer afortunada, que tenía el mejor marido y la mejor familia del mundo. Iba a la iglesia todas las semanas, dirigía un grupo de manualidades para mujeres, ayudaba a mi padre con las tareas del hogar, cocinaba buena comida y le encantaba pasar tiempo con la familia. Amaba al Señor y amaba los juegos de azar.

Mamá era frugal, porque tenía que serlo cuando cuidaba a cinco niños con un solo ingreso. Papá tenía tres trabajos: la estación de bomberos, colgar persianas venecianas y repartir flores. Mamá cosía toda nuestra ropa... no solo la ropa de sus hijos, los trajes típicos de los setenta de papá, las camisas y corbatas, así como toda nuestra ropa de muñecas Barbie.

Mamá cocinaba todas las comidas y nos esperaba a los niños a tiempo cuando la comida estaba caliente. Papá anunciaba: "¡Pies debajo de la mesa a las cinco!" Mamá cocinó pollo frito en su sartén de hierro que chisporroteó tan fuerte que sabíamos lo que había para cenar. Su pastel de carne estaba delicioso, caliente o frío y si nos estábamos quedando sin cátsup, lo diluía para que rindiera. Mamá hizo puré de papas con una barra de mantequilla y ejotes del jardín sazonados con cebolla y mucha sal. Los tomates de la huerta eran deliciosos, pero no tan delicioso como su pudín de chocolate. Ella amenazó con azotar a cualquiera de nosotros que nos comiéramos los postres antes de la cena.

Cuando el abuelo y la abuela iban a cenar, le pedían a mamá que preparara hígado y cebollas, pero odiaba el olor y la textura de la carne. Cuando no me lo comía, me obligaba a darle al menos un bocado porque "el dinero no crece en los árboles" y "me agradaría." Nunca me gustó.

Cuando papá cazaba conejos o pescaba, mamá cocinaba lo que fuera que trajera a casa y se esperaba que nos lo comiéramos. Papá decía: "Cuando estás en el ejército, comes lo que come el ejército." No comía ningún alimento que venía fresco de la vida silvestre que había visto momentos antes en el jardín trasero. Me quejaba de las matanzas y de comer a "Tambor" de la película de Bambi y luego pedí permiso para pararme de la mesa para comer un sándwich de mantequilla de maní.

Como decía papá, su mujer podía cocinar, coser, limpiar, hornear y hacer cualquier cosa con las manos. Papá tomó la frase, "¿Cuál es la cuenta?" de los bomberos cuando se sentaban a comer en la estación de bomberos y le hizo a mamá la misma pregunta para hacernos saber cuáles serían nuestras porciones para que todos tuvieran lo suficiente para comer. El mayor peligro para papá en la cocina de mamá era ofrecer sugerencias sobre cómo preparar la comida como lo hacía el cocinero en la estación de bomberos. También él sería sacado de su cocina.

En la "noche de club" con sus amigas, mamá preparó deliciosos postres y jugó para las cartas con las damas mientras leíamos libros, jugábamos juegos de mesa o escuchábamos discos de 45 RPM en nuestras habitaciones. Podíamos escuchar a las mujeres reír durante horas mientras nos entreteníamos. Era bonito escuchar reír a mi mamá.

Si nos quejábamos, nos metíamos en un gran lío en la noche del club y se nos negaban los dulces sobrantes cuando las damas se fueran. Cuando nos aburríamos, observábamos a los vecinos desde la ventana de nuestra habitación mientras cenaban alrededor de la mesa de la cocina y bromeaban sobre su día. Quizás el entretenimiento no era tan interesante como los reality shows modernos, pero nos mantenían ocupados.

El club de mujeres de mamá era un descanso de sus largas horas de limpiar la casa y cuidar a los niños. A menudo probábamos su paciencia, lo que hizo que sacara la paleta de madera. La paleta vino del juego de niños que tenía una pelota de goma roja unida al centro de la paleta con una goma con una grapa. Si lo jugábamos demasiado o al revés, la pelota se rompería y mamá compraría una paleta nueva. Me dolió cuando la usó, pero era mejor que la alternativa.

Al otro lado de la calle, la mamá de mi amiga usó un matamoscas para castigar a sus hijos. Hablábamos de cual dolería peor, la paleta o el matamoscas. Convencida por mi amiga de que el matamoscas dolía más y duraba más el dolor, salí bastante afortunada con la paleta. Lo que sabíamos con certeza es que ninguno quería la tercera alternativa: el cinturón. (Hoy en día, muchos padres han aprendido formas más efectivas y menos dolorosas de motivar a sus hijos).

En los días de lavandería, mamá pasaba la ropa sucia por una lavadora escurridora en el sótano, luego la llevaba arriba para colgarla en el tendedero en el patio trasero. Para planchar, llenó una botella de refresco con agua, la tapó con un pico de metal y roció cada prenda antes de planchar. Ninguna de nuestras prendas era "lavar y usar" y, a menudo, teníamos que usarla más de una vez antes de dejarla en el sótano.

Los domingos, mamá sacaba sus cajas de sombreros del estante y elegía un bonito sombrero para ir a la iglesia con su vestido hecho a mano, guantes blancos hasta el codo y tacones altos. Caminamos a la iglesia en familia y nos sentamos en silencio durante la misa. Jugaba con la cinta larga de mi

"Aún Sigo Aquí."

sombrero de paja blanco o abría y cerraba mi billetera. No tenía nada que llevar en mi bolso; solo se esperaba como el accesorio necesario para ir con mi vestido.

Fuimos a casa a una fiesta dominical donde nuestros abuelos y tía se reunieron con nosotros para almorzar. Después de limpiar la mesa y lavar los platos, todos nos sentamos en el porche y platicamos.

Si mamá tenía un vicio, era uno que era aceptable en su iglesia. Era BINGO, impulsado por festivales de la iglesia con ruedas de dados, póquer y varios juegos de azar con apuestas bajas y grandes ganancias ocasionales en efectivo. Cuando crecimos y nos fuimos de la casa, mamá pudo aumentar sus viajes a BINGO y "el barco," que era uno de los tres casinos en el área. También era una fanática del juego en los pasillos de BINGO llamado "estafas", que eran exactamente eso: boletos ganadores instantáneos que compró y arrancó de una barra de metal que mostraba si era una ganadora o no.

A mamá le encantaba jugar en el casino del río, al que se refería como "ir al bote" con sus hermanas, sobrinas y amigas de la iglesia. Ella nunca, nunca nos dijo a nosotros ni a nuestro padre si ganó o no en alguno de sus juegos de apuestas, o diría que ganó un poco, pero de alguna manera era un miembro de la tarjeta de Oro que le daba derecho a comidas, habitaciones y premios gratis. "Bueno, mamá, ¿ganaste?" preguntábamos por sus salidas nocturnas con sus amigas.

Ella solo respondía: "Nos divertimos."

Papá apartaba la "asignación" semanal de BINGO de mamá en un sobre de dinero blanco del banco, del tipo que recibe un cliente con el efectivo solicitado. Mamá lo llamó su "dinero ficticio". Papá racionalizó que esta asignación semanal para apostar o BINGO era más barata que la terapia y que la mantenía feliz y a él fuera de problemas por cualquier cosa que él dijera o hiciera que la molestara. Con la falta de filtro y diplomacia de papá, entendí lo que quería decir.

Incluso cuando toda la familia visitó a mi tío en Michigan en un casino antes de que ingresara en un hospicio, papá se quedó en su habitación de hotel mientras mamá y su hermano montaban patinetes motorizados alrededor de las mesas de póquer y las máquinas tragamonedas. Me quedé con papá hasta que ella regresó porque me dio pena que estuviera solo en un lugar "divertido". Dijo que no tenía ningún deseo de apostar, pero sabía cuánto le encantaba a mamá y que podrían pagarlo en sus años de jubilación.

En mi juventud, había visitado Las Vegas con mi amiga Betty después de un estresante curso de evaluación de gimnasia, fue entonces cuando me di cuenta de que podía autodestruirme en un lugar como ese. Me divertí demasiado jugando en las máquinas tragamonedas, el póquer, las carreras de perros en video, cualquier tipo de juego de azar que prometiera un premio mayor por una moneda o dos. Mi esperanza permaneció eterna, pero mi efectivo se agotó rápidamente, y me encontré bebiendo café negro gratis mientras esperaba que Betty se cansara de BINGO y KENO. Regresé a casa sana y salva, sin utilizar mis tarjetas de crédito ni perder grandes cantidades de dinero en efectivo, pero lamentablemente con solo el cambio suficiente para sacar mi automóvil del estacionamiento del aeropuerto. Nunca volví a Las Vegas, conociendo mis límites y las tentaciones allí, pero si fui durante estas vacaciones familiares en honor a mi tío, cuya salud estaba decayendo rápidamente.

Nos dio la oportunidad de charlar mientras él veía la televisión y esperaba a que ella regresara. Después de varias horas, escuchamos un movimiento en la puerta y mamá entró en su silla eléctrica. Nos saludamos y ella se colocó entre las dos camas del hotel con el espacio suficiente para acercar la silla eléctrica a papá. Ella se inclinó para darle un beso, le sonrió y le tendió la mano. "Voy a necesitar un poco más de dinero ficticio." Papá abrió su billetera, mamá tomó algo de efectivo, hizo retroceder su silla eléctrica como un experto piloto de carreras y salió por la puerta. Papá y yo nos miramos y nos reímos. Papá se encogió de hombros y dijo: "Me gusta ver a tu madre feliz y divirtiéndose con su hermano. Cuando están en el casino, se olvidan de su dolor por un tiempo. Es mejor que la medicina."

Mamá sufrió de diabetes en sus últimos tres años y tuvo que ir a tratamientos de diálisis regulares, donde tuvo que sentarse en una silla durante horas solo para vivir. Papá la cuidó en casa hasta que no pudo hacerlo. Vivía en Westover Retirement Center y Assisted Living al otro lado de la ciudad. Tenía dolores constantes por insuficiencia cardíaca congestiva, insuficiencia renal, diabetes y tenía problemas de neuropatía en los pies. Papá la visitaba todos los días y nos pedía que la visitáramos en los momentos en que no podía. Básicamente estaba postrada en cama, excepto por un paseo ocasional en su silla de ruedas para cenar conmigo o con un miembro de la familia. Sus abrazos se hicieron más fuertes y sus lágrimas fluyeron con más frecuencia. Tuvimos conversaciones de corazón a corazón y aclaramos nuestras conciencias de cualquier arrepentimiento o problemas pasados de madre e hija. Mantuvo las manos y la mente ocupadas dirigiendo el grupo de manualidades en el centro. Papá o yo salíamos a comprar los materiales, y mamá hacía prototipos de conejitos de Pascua, muñecos de ganchillo con ambientadores y otras manualidades para mostrárselas a los demás residentes. Un día me convenció para que me vistiera como un payaso y repartiera globos de helio a la gente de la clase de manualidades, lo que provocó visitas a otros residentes hasta que se acabaron todos los globos. Le encantaba mostrar su creatividad y ver a los demás disfrutar de las actividades tanto como ella. Ayudé con el pegamento y los suministros y tomé fotografías para que mamá las compartiera después.

Finalmente, después de mucha consideración, mamá dijo que estaba lista para partir; el dolor era demasiado insoportable; y los viajes a diálisis fueron agotadores. Necesitaba dos días de descanso después de cada día de diálisis. En cuestión de hablar, mamá quería ser la que "desconectara" para que ninguno de nosotros tuviera que tomar esa decisión final.

Mamá quería morir antes de Navidad para que no tuviéramos que estar tristes durante las vacaciones y la gente no tuviera que planear o ir a un funeral en Navidad. No quería que estuviéramos tristes en Navidad con recuerdos de su muerte cuando la Navidad era su época favorita del año para reunir a toda la familia en su casa todos los años en Nochebuena. Por sus deseos, y tanto para nosotros como para ella, en noviembre le organizamos una gran fiesta de Navidad en el centro. Reservamos una gran sala de fiestas, tomamos fotos familiares frente al árbol de Navidad, escuchamos a los músicos tocar y cantar, nos reunimos alrededor del piano mientras mi hijo Michael tocaba melodías para los nietos, y mamá nos abrazó y besó a cada uno de nosotros, sabiendo que sería la última vez que estaríamos juntos. Comimos una deliciosa comida navideña, servida por la gran gente que trabajó en el restaurante de la instalación. Agotada pero encantada, mamá descansó bien esa noche.

Recibí una llamada sorpresa en la escuela de que mamá había convocado una reunión con los médicos, directores de hospicio, directores de instalaciones, papá y sus hijos para esa tarde. Mamá explica con cuidado y claridad sus intenciones de dejar de ir a la diálisis, el único tratamiento que era necesario para que ella se mantuviera con vida todos los días. Por la mirada de sus ojos y la firmeza de su voz, supimos que había tomado una decisión. Cuando mamá tomó una decisión, sabíamos que nadie podía cambiarla. El papeleo se le dio a papá para que las firmara, pero mamá rápidamente insistió en que lo firmara todo ella misma, ya que esta era solo su decisión. No quería que nadie más sintiera que alguien más influyó en su decisión de dejar que la naturaleza siguiera su curso en su propio cuerpo. Ella nos aseguró que estaba en su sano juicio y propósito, y firmó su nombre en el papeleo para suspender la diálisis e ingresar en cuidados paliativos. La habitación estaba en silencio, y mamá nos dijo entre lágrimas que nos amaba a todos y cada uno de nosotros, que estaba feliz de ir por este camino y que deberíamos cuidar de papá y de los demás. Después de que compartimos nuestros sentimientos con mamá, el representante del hospicio le ofreció un último deseo de cualquier cosa que quisiera hacer antes de su muerte y, por supuesto, mamá eligió un viaje al "barco", un casino en el río. El viaje se organizó para la semana siguiente para que ella fuera con sus "compañeros de barco" y una enfermera del hospicio.

El día antes de su último viaje para pedir un deseo, sus "amigos BINGO" la visitaron. Llegué hacia el final de su visita y pude escuchar reír y charlar antes de llegar a su habitación. Estaban recordando y contando historias que tenían puntos clave de la vida real. Mamá estaba sentada en una silla, riendo y disfrutando de su compañía.

El día del viaje en bote, papá y yo sabíamos que ella se sentiría culpable o incómoda con nosotros durante el viaje, así que nos quedamos atrás y esperamos escucharla decir que se había divertido. Sus amigos nos dijeron que se divirtió mucho y salió adelante en sus ganancias, pero nadie pudo dar detalles. Lo que pasó en el barco se quedó en el barco, como de costumbre. Mamá solo sonrió y dijo: "¡Creo que lo hice bien!" Papá la acostó, le dio un beso y le dijo que tuviera dulces sueños. Compartieron algunos momentos tiernos, especialmente sabiendo que su tiempo juntos llegaría a su fin bastante pronto. Fueron bendecidos por poder compartir su amor hasta el final.

Al día siguiente, la salud de mamá falló drásticamente por la falta de tratamientos de diálisis para su único riñón existente. Papá llamó a la familia y ella pudo comunicarse con algunos de sus hijos y nietos; cantó algunas canciones e himnos favoritos mientras perdía y perdía la conciencia; oró con nosotros y nos dijo que amaba a Jesús; nos dijo que nos amaba; y en cuestión de horas, su respiración dificultosa se volvió una tortura para nosotros. Mi hermano se sentó vigilantemente a su lado mientras yo iba a otra habitación para acostarme, pero podía escucharla desde tres habitaciones con la puerta cerrada. Recé para que ella encontrara la paz que había anhelado. Mi hermano y la enfermera del hospicio nos dijeron que estaba a solo unos momentos de su último aliento, así que regresé a su habitación. La respiración de mamá se hizo más tranquila y se fue silenciosamente con unos largos suspiros que señalaron la paz y el final. Mi hermana se detuvo en el estacionamiento después de una noche en auto desde la costa este y pudo decir su último adiós. Mamá se había ido pero su espíritu se mantuvo fuerte durante unos minutos más.

Se llamó a la funeraria para que llevara su cuerpo para estar preparada para la vista, pero el clima invernal y un problema de comunicación nos dejaron esperando durante bastante tiempo. Para pasar el tiempo y mantenernos ocupados, mi hermana y yo comenzamos a recoger la ropa y los artículos personales de mamá. Papá se sentó en la silla y nos observó, a veces dirigiéndonos, mientras limpiamos silenciosamente y con respeto algunos de los estantes y cajones. Cuando descubríamos algo de valor para mi padre, se lo dábamos o lo dejamos a su lado. Quería dejar algunos suministros útiles para otros residentes y designó algunos artículos para otros. Se veía tan perdido, pero trató de mantenerse concentrado para evitar derrumbarse por completo frente a nosotros.

Finalmente llegó el director de la funeraria y mi papá salió de la habitación. No quería ver el cuerpo de mi mamá perturbado en absoluto. Había visto demasiadas muertes en su trabajo como bombero, y esta vez era demasiado personal para estar involucrado. Mi hermana y yo ayudamos al director de la funeraria a trasladar el cuerpo de mamá con cuidado a la camilla, la ayudamos a cubrirla con la sábana y la guiamos a través de la puerta hasta el coche fúnebre que esperaba. Estábamos tan tristes, pero también consolados de que ella dejara este mundo bajo sus términos, a su manera.

Papá quería irse a casa, así que mi hermana y yo trabajamos un poco más rápido para despejar la habitación de mamá. Con todos los arreglos y la preocupación de papá por el costo diario de la habitación, nos ordenó que despejáramos todo de la habitación antes de irnos, si era posible. Decidimos hacerlo posible y nos dedicamos a clasificar y empaquetar todo para llevarnos. Se sintió bien despejar la habitación, ahora que mamá se había ido. El espíritu de la muerte que se avecinaba se disipó mientras llenamos bolsas de ropa y cajas de suministros para manualidades y artículos que mamá había hecho.

Revisé el armario dos veces para asegurarme de que no habíamos dejado nada en los estantes superiores y en los inferiores. Miré todas las perchas en el armario, pensando que las dejaríamos para el próximo residente. En medio de un par de docenas de perchas de alambre, noté una sola percha cubierta con tela de flores acolchada y bordeada de encaje festoneado, que ocultaba una cremallera cosida a lo largo de la parte inferior del triángulo. Lo reconocí como uno de los muchos artículos hechos a mano de mamá que le dio a cada una de sus hijas y hermanas. Sirvió como un escondite secreto para nuestro "dinero loco" de nuestros maridos, en caso de emergencias. Cuando comencé a salir con alguien, mi mamá siempre me daba un centavo como "dinero loco" para poner en mi zapato o bolso, por si me "enojaba" con mi cita y necesitaba llamar para que me llevaran a casa. No sabía que esta idea se expandió para incluir a los maridos, pero ella mejoró en ocultar su "dinero loco" a través de sus más de 65 años de matrimonio, como supimos el día que murió.

No sabía si había algo en la percha cubierta, pero cuando abrí la cremallera, saqué un sobre blanco con varios billetes de diez dólares. Llamé a mi hermana y le dije: "¡Mira esto!" y contamos $1000 escondidos dentro de una percha que estaba lista para tirar. Debían haber sido sus ganancias de BINGO, le sugerí a mi hermana. Unos minutos más tarde, metió las manos en un cajón de la cómoda superior para recoger la lencería de mamá y encontró otro sobre bancario, también con una pila de billetes. No lo podíamos creer. Mientras limpiamos los cubículos, miramos debajo de pilas de camisas cuidadosamente dobladas en un estante, en su joyero portátil y en el botiquín del baño, terminamos con una pila de sobres bancarios, cada uno lleno de decenas y veinte, por un total de miles de dólares ocultos. justo debajo de nuestras narices.

Solo conocíamos un pequeño monedero cosido a mano, hecho por mamá, donde guardaba monedas para los juegos de bingo en el centro. Ella guardó su monedero junto a sus coloridos embadurnadores de esponja y una bolsa de marcadores de bingo de plástico redondos. Nos sorprendió que nuestra madre pudiera guardar cientos de dólares en efectivo en secreto en su pequeña habitación de un asilo de ancianos que nunca cerró, incluso cuando salió del edificio.

Supongo que si ella fue lo suficientemente inteligente y creativa como para mantener un hogar con un presupuesto posterior a la depresión en la década de 1950, entonces ciertamente fue lo suficientemente inteligente como para ocultarnos un par de miles de dólares a todos nosotros. Desde usar sobres comerciales etiquetados en la cómoda de papá para el presupuesto familiar hasta esconder los sobres bancarios de papá con su propio ajetreo, mamá encontró la manera de divertirse por su cuenta. El juego puede ser un vicio, pero mamá nunca engañó a papá con otro hombre en más de 70 años de matrimonio. En su religión, se mantuvo alejada de los pecados mortales que enviaban a la gente al infierno, y no estoy seguro de si el juego se consideraba un pecado venial para ser confesado regularmente a un sacerdote. Sin embargo, creo que mamá jugó bastante bien el juego de la vida según los estándares morales y la cultura de la fe de esa época.

Mientras completamos las tareas en la antigua habitación de mamá, le presentamos a mi papá las pilas de tesoros escondidos como el botín de piratas. Dijimos: "¡Oh, espera! ¡Aquí hay otro más!" y se lo pasó a papá, quien contó el contenido cada vez. Estaba tan sorprendido como nosotros. Nos había contado que había encontrado su herencia en una bolsa de papel en el fondo del guardarropa de su padre cuando falleció el abuelo. El abuelo nunca confió en los bancos después de la Gran Depresión, por lo que el efectivo era el camino a seguir. Papá se rió entre dientes, casi para sí mismo, y dijo en voz alta: "¿Qué tal eso? Supongo que Jo-Ann se divirtió mucho, ¡entonces! " Dijo que ella había pedido aumentos en su "asignación" de vez en cuando, e incluso insistió en cobrar los viernes cuando no podía ir a ningún lado con sus amigos o hermanas. Se lo dio de todos modos. Su trabajo era mantenerla feliz.

A pesar de lo afligidos que estábamos, tuvimos que reírnos de que nuestra madre escondiera dinero en efectivo por toda su habitación sin decirle una palabra a papá. El dinero ficticio de mamá, el dinero loco, la mesada, el dinero de BINGO, las ganancias o como decidamos llamarlo; nos encanta contarle a la gente acerca de ganar el premio gordo de un secreto que nuestra madre guardó tan bien durante tantos años. Supongo que pensó que se lo había ganado después de todos esos años de "ama de casa" con trabajo sacrificado y no remunerado criando a cinco hijos y manteniendo feliz a su esposo. ¡Qué personaje! ¡Qué mujer más afortunada! ¡Qué bendición para todos nosotros! Esta historia nos ayudó a superar su funeral, y *aún sigo aquí* riéndome de una mujer increíble, y aparentemente una gran apostadora, que fue y es mi madre.

–33–
El Mejor de Todos Los Cumpleaños

El rey Salomón era mayor en riquezas y sabiduría que todos los demás reyes de la tierra. El mundo entero buscó audiencia con Salomón para escuchar la sabiduría que Dios había puesto en su corazón. Año tras año, todos los que venían traían un regalo: artículos de plata y oro, túnicas, armas y especias, caballos y mulas. —1 Reyes 10:23-25

"Aún Sigo Aquí."

Mi padre de 93 años iba a cumplir años y yo recibía la misma respuesta todos los años cuando le preguntaba qué quería: "No necesito nada. Tengo todo lo que quiero y compro todo lo que necesito." A lo largo de los años, los obsequios habituales fueron zapatillas, una botella de vino Mogen David, una caja de bombones, una bolsa de cacahuetes con cáscara y tal vez una camiseta que normalmente se devolvería. ¿Qué se compra a un hombre de 90 años que ya no viaja, no come mucho, ve películas de vaqueros, escucha polca alemana, toca la armónica y lee novelas de historia?

Este año estaba decidido a encontrar algo especial, algo diferente para complacerlo. Agradarlo siempre había sido el desafío a lo largo de los años, pero nunca dejé de intentarlo. Le dije: "Vamos, papá, si pudiste tener cualquier cosa en el mundo, desde que naciste, ¿cuál es el único regalo que siempre quisiste tener?"

"Un pony," dijo con una sonrisa.

"¿Quieres un pony?" Yo pregunté.

"No, no necesito nada, pero cuando era niño, siempre quise un pony." Fue un momento raro en el que aprendí algo nuevo sobre papá, pero eso fue todo. Sus ídolos cinematográficos fueron John Wayne, Audi Murphy, Clint Eastwood y más. Le encantaba la novela, *Shane*, y resumió la trama de un vaquero que llega a la ciudad y se hace amigo de un niño.

Aunque papá estaba bromeando conmigo, acepté el desafío de conseguirle un pony para su cumpleaños. Busqué en Internet los establos locales y llamé a algunos lugares que ofrecían clases de equitación. A partir de ahí, supe de una empresa que traía caballos a los hogares para que los niños los montaran en fiestas de cumpleaños y otras ocasiones especiales. Los llamé y les conté el deseo de cumpleaños de mi padre, y negociamos para que trajeran dos caballos y permitieran que todos en la fiesta de cumpleaños dieran un paseo por nuestro patio trasero. Mi esposo sabía que nuestro césped nunca volvería a ser el mismo después de esto, pero estuvo de acuerdo con la idea de todos modos.

Toda nuestra familia se reunió dentro de la casa en un día frío pero soleado el 18 de febrero. Cuando el camión y el remolque de caballos se detuvieron frente a la casa, le dije a papá que su regalo de cumpleaños estaba esperando afuera. Mientras caminaba hacia la puerta principal, se detuvo un momento. "¿Qué hiciste, Nancy?"

Te compré tu pony para tu cumpleaños. Tienes dos horas para montarlo todo lo que quieras."

Papá saludó a los guías y sostuvo las riendas de un caballo, presentándose mientras acariciaba la crin del caballo. Tomé una foto de los dos nuevos amigos y vi la alegría en el rostro de mi padre mientras miraba en mi dirección. Uno de los guías le puso un sombrero de vaquero en la cabeza y lo ayudó a montar. Papá esperó a que mi hermano montara el otro caballo y los dos rodearon la casa hasta el patio trasero. Se siguieron en círculo varias veces y luego desmontaron para ver a los hijos y nietos turnarse en los caballos. Papá se sentó y los observó hasta que el frío de febrero le penetró los huesos y entró. Después de que cantamos la canción de cumpleaños y le hiciéramos soplar las velas (dos veces, una tradición familiar), me dijo: "¡Nancy, ese fue el mejor regalo de cumpleaños!"

Cuando volví a quedar perplejo por su regalo de Navidad ese año, enmarqué la foto de él y su pony de cumpleaños. Fue solo un gesto, porque no nos había permitido poner fotos de él con mamá en ningún lugar de la casa. Dijo que le entristecía demasiado porque la echaba mucho de menos.

Sin embargo, hasta el día en que murió, justo antes de cumplir 95 años, esa imagen de él como un vaquero con su caballo todavía se exhibía sobre su chimenea. Supongo que realmente le gustó su regalo, y mientras esté aquí, el recuerdo de ese día siempre me traerá alegría también.

–34–
Siempre en Mi Mente

¡Sea la cerveza para los que mueren, el vino para los angustiados!
—Proverbios 31:6

"Aún Sigo Aquí."

Odio la cerveza. Siempre la he odiado y siempre la odiaré. Fingí que me gustaba en la preparatoria porque era la más chévere y la bebida ilegal más barata que podía fingir tomar y aun así encajar con los demás. Cuando nos casamos, decidimos mantener el alcohol fuera de nuestra casa para evitar tentaciones para nuestros hijos y cualquier tipo de alcohol de nuestras fiestas. Sin embargo, a mi papá le gustaba una cerveza fría después de cortar el césped en un caluroso día de verano. Lo bebía y decía: "¡Ahh!" como Lázaro bebiendo agua fría en el infierno.

Cuando mi papá estaba en sus últimos días en un centro de vida asistida, le dijeron que pronto sería trasladado a un hospicio con una estimación de unos tres meses de vida. Después de vivir en fibrilación auricular y con mal corazón durante años, finalmente se rindió al linfoma. Incluso en su dolor, decía las cosas más divertidas. Se levantaba a su andador, se acercaba lentamente a la puerta de su habitación para su cita de fisioterapia y decía: "Jo, jo, hum, solo 89 viajes más a fisioterapia," como si sus días estuvieran contados exactamente hasta 90.

Para entretenernos, le pedimos las canciones favoritas al dispositivo electrónico Alexa y las cantábamos, por lo general, canciones country antiguas. Papá golpeaba los dedos de los pies en la cama del hospital y canturreaba a su cancion preferido de Hank Williams, Jr.

También escuchamos música cristiana y le pidió a Alexa que tocara canciones viejas espirituales que nunca había escuchado antes. A veces, cuando se hablaba demasiado del cielo, se ponía triste, lloraba y paraba la música. Cada día se volvía más frágil y comía muy poca comida. Su consumo de agua se redujo a uno o dos sorbos de líquido por día.

En una visita un viernes por la noche, mi papá me dijo: "Nancy, realmente me encantaría una buena cerveza fría de barril. ¿Podrías ir a buscarme uno?"

Por supuesto, yo estaba dispuesta a correr hacia la tienda Kroger, cruzando la calle y trayendo su bebida favorita.

Él dijo: "No. No hablo de latas o botellas. Estoy hablando de una cerveza de barril, como la que se obtiene en un bar."

Pensé a mí misma: "¿Me estás tomando el pelo? Soy ministra y directora de una escuela de Hamilton y ahora me pides que vaya a un bar un viernes por la noche y pida una cerveza de barril yo sola ... ¡para llevar ...! "

Sin embargo, para complacer a mi padre, tomé un vaso de viaje plateado de una de las visitas anteriores al casino de mi mamá y llamé a un amigo mío que va a los bares.

"Oye, ¿dónde puedo conseguir una cerveza de barril lo más pronto posible?"

"¿¡Que qué!?" respondió el amigo. "¿Dime otra vez quién eres?"

Dije: "En serio, mi papá quiere una cerveza de barril y estoy cerca de la tienda Kroger. ¿Dónde está el bar más cercano?"

Mi amigo me explicó: "No se puede sacar cerveza de barril de un bar. ¡Es ilegal!" pero me dirigió a un pequeño bar frente a una tienda con un grupo de personas reunidas cerca de las puertas, en el estacionamiento.

Una mujer le estaba gritando maldiciones a un chico y algunas estaban mirando lo que él iba a hacer. Las parejas susurraban juntando sus caras, y cortésmente pasé entre ellas, diciendo: "Disculpé, perdóneme, disculpé..." hasta que me dirigí al bar para llamar la atención de dos camareras. Tenía la esperanza de que no hubiera padres de la escuela o exalumnos que me vieran entre la multitud. Si lo hicieron, no hice contacto visual con nadie y me moví lo más rápido posible para tomar la cerveza y correr.

No sé qué llamó la atención de los meseros: mi ropa, mi comportamiento, el vaso de viaje plateado en mi mano o la expresión de mi cara. Ambas chicas se acercaron y me preguntaron qué me gustaría tomar. Les dije que era ministra, que no bebía alcohol y que estaba allí para cumplir con la última petición de un moribundo. Necesitaba una cerveza fría de barril de cualquier marca, probablemente Budweiser o Pabst, para mi padre moribundo de 94 años en el hospicio, y por favor, prepárala "para llevar" en mi vaso de viaje.

Entonces sonreí y dije: "Muchas gracias por hacer esto por mí."

Después de que las chicas me miraron y luego se miraron con desconcierto, una dijo que no con la cabeza y la otra me miró y respondió: "Um, no podemos hacer eso, señora. Va contra la ley. Nos meteríamos en un gran problema."

No estaba a punto de volver con mi padre moribundo sin una cerveza de barril, así que le pregunté: "Está bien, bueno, aquí hay veinte dólares. Por favor, sírveme una cerveza de barril en un vaso y la llevaré a mi mesa. Gracias y quédate con el cambio." Dejé el billete de 20 dólares en el mostrador y contuve la respiración. No sabía el costo de la cerveza, pero sabía que era suficiente, más que suficiente para convencerlos de que me sirvieran.

"Ahora", pensé, "¡yo también soy culpable de soborno!"

"Aún Sigo Aquí."

Mientras me imaginaba que me sacaban esposada y tratando de explicarle a la policía, que probablemente serían los mismos agentes que trabajaban en mi escuela, las chicas sonrieron. No sé qué estaban pensando, creyendo o considerando, pero Dios me bendijo en mis acciones criminales esa noche. Las chicas se susurraron entre sí y sonrieron, tal vez con incredulidad, y probablemente preguntándose qué haría a continuación.

Una de las chicas se volteó para agarrar un vaso y tiró del mango para que la cerveza de barril fluyera hacia un vaso de cerveza alto que formaba la clásica espuma, de esas que solían hacer un bigote blanco en el labio superior de mi padre cuando tomaba el primer trago. Casi me pareció refrescante y delicioso, excepto por ese olor a pan rancio.

Tomé el vaso y busqué una mesa vacía en la esquina del pequeño café. La mayoría de la gente estaba de pie o circulando, así que tuve suerte. La música estaba a todo volumen y mi corazón latía con fuerza. Estuve a punto de infringir la ley, intencionalmente, por primera vez en mi vida adulta, a excepción de exceso de velocidad y el intento más reciente de soborno. Rápidamente abrí la tapa de plástico del vaso de viaje y vertí la cerveza lentamente en un ángulo para meter la mayor parte en el vaso sin que la espuma ocupara todo el espacio. Tapando el vaso, dejé el vaso de cerveza en la mesa y abrí mi abrigo para ocultar el vaso de cerveza bajo mi brazo.

Maniobré de regreso a través de la multitud, sin hacer contacto visual, excusándome y pidiendo disculpas en voz baja con una mirada indiferente, aunque con la mirada culpable en mi rostro. Salté a mi auto y me alejé, sin abrocharme el cinturón de seguridad hasta que llegué al semáforo. Miré por el espejo retrovisor, pensando que vería las luces intermitentes de una patrulla de la policía, pero regresé a las instalaciones sin incidentes.

Entré de puntitas en la habitación y saludé a papá musicalmente: "¡Oye, papá, mira lo que te traje! ¡Tu cerveza de barril! ¡Solo espero que la policía no me esté siguiendo!"

Mi Papá sonrió y dijo: "¿Me trajiste la cerveza? ¡Excelente!"

Cuando quitó la tapa, dijo con un gruñido: "Espero que no tenga espuma. Odio toda esa espuma." Papá tomó un sorbo de cerveza y chasqueó los labios, exhalando ese delicioso sonido de "ahhh."

Después de algunos tragos más, me dijo: "Nancy, ¡esta es la mejor cerveza que he probado en toda mi vida! ¿Ahora, dónde están esas palomitas de maíz que dijiste que trajiste?"

"Nunca dije nada sobre palomitas de maíz, papá. No me dijiste que querías palomitas de maíz."

"No lo pedí, pero pensé que te escuché decir que me trajiste cerveza y palomitas de maíz."

"No, papá, dije que traje cerveza y, con suerte, no POLICÍA DETRÁS DE MÍ. ¡No dije PALOMITAS DE MAÍZ!"

"Ohhh," mientras seguía bebiendo en silencio.

Este hombre que no podía tomar dos sorbos de agua al día ahora estaba saboreando todo el vaso de cerveza. Incluso podría ser llamado un milagro, aunque algunos teólogos y médicos podrían estar en desacuerdo.

Llamé a la machina "Alexa" para que tocara la canción favorita para beber cerveza de mi padre. Golpeando con los pies, bebiendo su cerveza de barril y cantando, papá estaba más feliz de lo que lo había visto en meses, tal vez incluso años.

Todo lo que sé es que aún sigo aquí, no me dieron una multa ni fui a la cárcel, y el pequeño bar sigue abierto. Su nombre permanecerá en el anonimato, pero muchos han vuelto a contar la historia sobre la última solicitud de mi padre.

Continúe y cante junto la canción country más favorita, si lo desea, tomando cualquier bebida de su elección y piense en mi papá y su loca hija que solo quiere hacer feliz a su papa.

¡Salud, papá!

–35–
Su Memoria Amorosa

Creo que es correcto refrescar su memoria mientras viva en la tienda de este cuerpo. —2 Pedro 1:13

"Aún Sigo Aquí."

Uno de los mayores desafíos para envejecer es olvidar ... olvidar detalles, nombres o rostros de personas, experiencias y dónde dejé mis lentes o teléfono anoche. Me encantaría recuperar toda mi memoria, excepto en los momentos de trauma, discordia o injusticias del pasado. Luego los empujo hacia donde mi cerebro almacena información innecesaria.

Ayer mis recuerdos explotaron cuando una amiga me visitó para almorzar para celebrar su retiro de trabajar como bibliotecaria, asistente administrativa y varios trabajos en la escuela primaria de nuestra infancia. Después de más de 30 años de leerles a los niños, ir a viajes de campo a Washington, DC y Chicago, Joyce estaba lista para elegir cómo quería participar en el vecindario donde creció, se casó, fue a la iglesia y trabajó. Su casa está a solo varias cuadras de la iglesia, la escuela y la casa de su infancia, donde nuestras familias eran vecinas. Nuestras madres estaban en el hospital al mismo tiempo que nacimos, con solo tres días de diferencia. Joyce me ha llamado fielmente a lo largo de los años para desearme feliz cumpleaños y recordarme ... de nuevo ... que soy mayor que ella y siempre lo seré.

Me había mudado de nuestro vecindario cuando me casé y me mudé de nuevo cuando necesitábamos más espacio para nuestros hijos y nuestro ministerio. Recientemente, mi esposo y yo compramos nuestra "última casa" con mucha naturaleza alrededor para entretener a nuestros nietos, organizar retiros de líderes de la iglesia y encontrar paz lejos de la vida de la ciudad. Joyce quería venir a ver nuestro nuevo hogar; Quería celebrarla a ella y su dedicación a nuestra antigua escuela primaria y vecindario. Trabajar en la escuela católica fue una misión para ella, pero también fue un sacrificio para ella y su familia con los modestos ingresos que venía con el trabajo. Sin embargo, Joyce encontró formas de mantener a la familia como una prioridad, tanto como su vida espiritual. Aunque ella siguió siendo católica mientras yo me convertí en ministra de la Iglesia de Dios, ambas nos hemos aferrado a nuestra fe en Dios y los valores morales de nuestra educación.

Joyce y yo caminábamos juntas al Kínder y la escuela primaria, hablando de todo y de cualquier cosa, debatiendo sobre la realidad de Santa Claus (ganó), los chicos lindos en las barras de monos, jugando juegos, pretendiendo ser maestras o monjas y borradores de limpieza después del colegio. Como ambos recordamos, siempre nos quedábamos después de la escuela para ayudar a nuestros maestros, hablando con el conserje, encendiendo velas en la iglesia e incluso tratando de llevar a un maestro a casa para ver dónde vivía. (Se suplicó diciendo que tenía que ir a la iglesia para encender una vela para su querida madre, pero lo vimos al otro lado de la iglesia, entrando en el bar del vecindario). No estoy segura de sí éramos útil o molesto, pero podemos haber sido la causa de al menos un problema con la bebida de un maestro. En cualquier caso, éramos buenas chicas con buenas intenciones la mayor parte del tiempo.

Por las noches con otros hermanos y amigos del vecindario, jugábamos a "patear la lata," "SPUD," rayuela, kickball, cuatro cuadrados, a las escondidas y cualquier juego que nos mantuviera afuera la mayor parte del tiempo hasta que las luces de la calle se encendían. Entonces todos teníamos que volver a casa. Cuando hacía mal tiempo, jugábamos a las cartas, hacíamos pretzeles caseros, leíamos libros y jugábamos con muñecas Barbie. Nuestros padres eran amigos y nuestro vecindario tenía un picnic en la calle en el verano.

Nadie tenía aire acondicionado, solo ventiladores de la casa, que sacaban el calor y entraban el sonido. Cuando el hermano de Joyce estaba en problemas y lo llamaba por su nombre y segundo nombre, podíamos escuchar a su madre amenazando con el matamoscas. Cuando cuatro de nosotras jugamos a las cartas en el dormitorio de Joyce, mi padre podía oírnos reír mientras se sentaba en nuestro porche con mosquitero. Incluso la llave maestra que abrió nuestra casa también abrió la casa de Joyce.

En el verano, cuando éramos adolescentes, Joyce y yo trabajamos como líderes de parques juveniles, no por dinero, sino como voluntarias. Aquí es donde conoció al chico con el que finalmente se casó. También nos ofrecimos como voluntarias en los veranos en el hospital, visitantes de hogares de ancianos, servidores en el centro para personas mayores, Boys and Girls Club y otras actividades orientadas al servicio. Nos encantaba escuchar música, nadar en la piscina pública y andar en bicicleta.

Cuando íbamos a la escuela secundaria, tomamos el autobús juntos hasta que comenzamos a viajar con otros hermanos o amigos. Seguimos siendo amigos, pero nuestros caminos tomaron direcciones diferentes. Joyce consiguió un trabajo y estaba contratada en su último año. Estuve involucrado en el consejo estudiantil y el equipo de baile. Fui a la universidad y Joyce formó su familia. Se casó y tuvo tres hijos. Luego me casé y tuve tres hijos. El hijo menor de nuestras dos familias se llama "Michael." Durante nuestros años de casados, nos veíamos, pero no con tanta frecuencia. Finalmente, nos encontramos de vez en cuando, generalmente en los funerales. Cuando programamos una noche de chicas con algunas otras amigas, nos reímos todo el tiempo y nos maravillamos del extraño recuerdo de Joyce con detalles de la mayoría de los eventos. Yo era la peor para recordar la infancia, pero me encantó que parece conocer a todos en la ciudad y toda su información actualizada.

"Aún Sigo Aquí."

Mientras celebramos juntas su almuerzo de jubilación e ignoramos las calorías de un trozo de pastel de cerezas a la mode, bromeamos sobre nuestras dietas fallidas y prometemos estar más saludables mañana. El hermoso cabello blanco y grueso de Joyce la hacía lucir atemporal, mientras yo cubría mis raíces grises con cualquier color de cabello "marrón dorado" que estuviera en oferta. Nos reímos de nuestros últimos dolores y molestias, su tobillo débil y mi cuello dolorido. Se hizo un gran trabajo dental y recomendó a su dentista; Compartí mis aventuras sobre romperme los dientes delanteros en el piso del baño de la casa de un misionero africano. Ambos usamos anteojos y no tenemos intenciones de corregir nuestra visión con una cirugía.

Ella entró en detalles sobre sus planes de vacacionar en el lugar en un lago en Michigan, donde ella y su esposo habían visitado todos los años de su matrimonio. Hablé sobre comenzar a escribir un libro, algunos desafíos en la escuela y nuestros planes de permanecer cerca de casa este año con la mala salud de mi suegra.

Joyce no solo sacudió mi memoria sobre la diversión de nuestra infancia, sino que también compartió sus sentimientos sobre la pérdida de una niña después de solo cinco semanas de vida, el aborto espontáneo de una niña en su séptimo mes y los tiempos difíciles de ser padres y abuelos. Compartimos el dolor de ver el deterioro de la salud de nuestros padres y la vigilancia de su cuidado. Aprendí más sobre la forma en que ella y su esposo lograron formar una familia con un solo ingreso y las lecciones que ella les enseñó a sus hijos sobre ser agradecidos y responsables. Me sorprendió que no supiera todo sobre Joyce a nuestra edad de jubilación; había más para compartir.

Nuestro tema más común fueron nuestros hijos y nietos, y cuánto nos encanta estar con ellos. Hablamos sobre ser suegras, el deseo de mantener unidas a nuestras familias en crecimiento y las diferencias entre generaciones. Compartimos cómo nuestra fe nos mantiene fuertes y valientes en los momentos más difíciles, y dimos testimonios de curaciones y momentos en los que nos sentimos cerca de Dios de maneras asombrosas.

Ninguno de las dos notó que el reloj marcaba las siete en la tarde. Nunca nos quedamos sin cosas de qué hablar después de siete horas de ponernos al día y planificar nuestros años de jubilación. Me ofrecí a preparar la cena, pero Joyce se fue a casa después de abrazos y promesas de volver a estar juntas pronto. Tengo curiosidad por ver cómo maneja la jubilación, porque ambas hemos estado trabajando y sirviendo activamente durante 65 años.

Le obsequié a Joyce un regalo de jubilación de vino tinto y vasos sin tallo que decía en letras: "Ten Fe, Atesora a la Familia, Disfruta de los Amigos." Por supuesto, el vino tinto tenía una tapa giratoria y los vasos eran de la tienda de un dólar, pero era la señal tangible de lo que era importante para los dos: celebrar las cosas importantes de la vida.

Cuando se subió a su auto, me preguntó si pensaba o no que viviríamos tanto como nuestros padres. Llamé por encima del hombro: "No lo sé, Joyce. ¡Solo quiero vivir tres días más que tú!"

Nos reímos y dijimos adiós, sin saber cuándo tendríamos un día entero para recordar juntas, pero contaré con ella para completar los detalles.

Visitar a una amiga de la infancia es como hacer un viaje en el tiempo, llenar nuestras mentes y corazones con todos los recuerdos de una vida bendecida y luego regresar al presente para mirar hacia el futuro. Dios me ha dado muchos amigos increíbles, pero no hay amigo como un viejo amigo. *Aún sigo aquí*, pero mi memoria no es tan buena como antes. Siempre puedo contar con mi amiga más joven para que me ayude.

–36–
Todos Necesitamos a Jesús

Aquí solían sentarse un gran número de discapacitados: ciegos, cojos, paralíticos. —Juan 5:3

"Aún Sigo Aquí."

Como ministro ordenado en la Iglesia de Dios, siempre he dicho que mi misión y ministerio es con los estudiantes en las escuelas, tanto privadas como públicas. He servido como oficiante en bodas y funerales, como predicadora invitada en iglesias de la zona y oradora en grupos de mujeres, pero nunca he servido como pastora de una iglesia. En nuestros viajes al sur u oeste de los Estados Unidos, mi esposo y yo hemos hablado de pastorear una iglesia pequeña con 20-50 personas en nuestros años de jubilación, pero nunca llevamos nuestras conversaciones más lejos.

Un domingo por la mañana después de la iglesia, un hombre se me acercó y me preguntó si estaría dispuesta a planificar y llevar a cabo servicios religiosos para personas con discapacidades físicas y/o mentales. No sabía nada sobre las personas ni los detalles de la solicitud, por lo que mi esposo y yo nos reunimos con el director de la instalación. Con personal médico y cuidadores adultos, la instalación tenía adultos y adolescentes que vivían allí de forma permanente y no podían ser transportados de manera adecuada y regular a una iglesia local. Sin embargo, ellos y sus familias necesitaban que alguien viniera y les llevara la iglesia. Dado que había una necesidad y que estábamos disponibles, acordamos probarlo.

Con dos pianistas voluntarios para rotar semanas, planeo una lección breve y simplista basada en historias bíblicas y escrituras, mientras mi esposo se encarga de las comunicaciones y organiza una sala de conferencias para que haya entre 20 y 30 personas, algunas en sillas y otras en sillas de ruedas.

Debido a que las habilidades cognitivas y comunicativas tienen un rango tan amplio, cantamos canciones y compartimos historias que serían atractivas para cualquier persona de cualquier edad. Cada semana está relacionada con algún artículo o baratija que encontramos en la tienda de un dólar: pequeños corderos de peluche para recordar los molinetes del Cordero de Dios para mostrar cómo el Espíritu Santo no se puede ver pero su espíritu se mueve como el viento a través de un molinillo; trofeos de plástico para celebrar la victoria en Jesús; aplausos para correr la carrera al cielo; velas solares cuando cantamos "Esta pequeña luz mía, voy a dejar que brille;" y brazaletes de campanillas cuando hablamos de los ángeles que anuncian el nacimiento de Jesús.

Si no ha estado rodeado de personas con discapacidades múltiples, es posible que se sienta incómodo con el entorno de una habitación llena de sillas de ruedas, tubos de oxígeno, aparatos ortopédicos y cascos protectores. Al principio tampoco nos sentimos cómodos, pero una vez que empezamos a cantar y vimos a la gente responder con sonrisas o aplaudiendo, nos enganchamos.

Cuando preguntamos quién quería orar o quién tenía una solicitud de oración, algunos respondieron con claridad, y algunos pronunciaron palabras que estoy segura de que Dios podría entender, pero sabíamos que las oraciones estaban siendo elevadas. Un joven nos preguntó cómo era el cielo y si no había sufrimiento allí. Una joven le preguntó a Dios si podía ir a casa con su madre. Un hombre repitió "Jesús" cada vez que le preguntamos quién lo amaba o por qué nos reunimos los domingos por la tarde. La canción favorita de un amigo es "Jingle Bells," que lo impulsa a cantar con nosotros todo el tiempo, así que la cantamos siempre, solo por la alegría que le brinda.

Recientemente, nuestra iglesia compró un juego de instrumentos de ritmo para nuestros servicios. A todos los asistentes se les ofrece un instrumento para tocar: triángulos, castañuelas, campanas, platillos, maracas y tamborcitos. ¡Hacemos un grito de alegría al Señor! (ref. Salmo 100)

La mayoría de la gente regresa de una semana a otra, a menos que tengan problemas de salud o haya mal tiempo. Generalmente, nos hemos convertido en una pequeña congregación de gente dulce que ama a Jesús. Es tan simple como eso. No siempre cantamos en tono, y no siempre logramos cantar al 100%, pero el Espíritu Santo está presente entre nosotros.

"Porque donde dos o tres se reúnen en mi nombre, allí estoy yo con ellos." (Mateo 18:20)

A veces, sus familiares asisten y se unen al tiempo de canto y oración. Los cuidadores parecen disfrutar un poco de nuestro tiempo junto. Los llamamos nuestros ángeles y rezamos una bendición especial sobre ellos.

Puede ser difícil comunicarse, planificar el mini-mensaje y organizar a los voluntarios, pero aún seguimos aquí, sirviendo como pastores de la congregación más pequeña y dulce de este lado del cielo. Vamos allí con la intención de ser una bendición para ellos, pero siempre nos bendicen más de lo que podemos anticipar.

Por el momento, COVID ha afectado nuestra capacidad para tener servicios en persona. Con mi esposo, Darrell, *aún sigo aquí* en casa, esperando un momento seguro para reanudar la alegría de este ministerio.

–37–
Latón de Las Aldabas

Pero si servir al Señor les parece indeseable, entonces elijan ustedes mismos hoy a quién servirán, si a los dioses que sirvieron sus antepasados al otro lado del Éufrates, o los dioses de los amorreos, en cuya tierra viven. Pero yo y mi casa serviremos al Señor.
—Josué 24:15

"Aún Sigo Aquí."

Cuando nuestra casa de ladrillos de dos pisos era nueva para nosotros y nuestros tres niños pequeños, quería reclamar nuestro hogar para Dios con alguna señal tangible de mi promesa. Compré dos aldabas de bronce hechas a medida para las puertas francesas que habíamos pedido, una aldaba grabada con las palabras, "En cuanto a mí y mi casa," y la otra terminó la Escritura de Josué, "serviremos al Señor."

Inmediatamente después de que los instaladores apretaron el último tornillo en las hermosas piezas de latón, mi esposo y yo tuvimos un debate amistoso sobre el aspecto final. La segunda parte de la Escritura en la aldaba de la puerta derecha estaba torcida, yendo un poco cuesta arriba de izquierda a derecha, y yo estaba lista para que mi esposo las quitara, las devolviera, se quejara al grabador y recuperara nuestro dinero. Perdonador, el paciente Darrell argumentó que nadie más notaría la leve imperfección, y que realmente no quería desinstalar las placas de bronce que estaban perfectamente alineadas en ambas puertas. Presentamos la discusión para ver si podía vivir con la distracción. La semana siguiente, Jim Gadd visitó nuestra casa.

Como un ávido evangelista, Jim saludaba a todos, desconocidos o amigos, llamándolos "hermano" o "hermana" y preguntándoles cómo estábamos y si conocíamos a Jesús. "Déjame decirte lo que el Señor ha hecho por mí." Incluso cuando tuvo cáncer, Jim pasó más tiempo durante sus tratamientos contra el cáncer orando con otros pacientes y guiándolos hacia Jesús.

Siempre animador, Jim pasó por nuestra casa para una visita, y nos reímos con él sobre nuestra última "discusión" sobre el verso torcido y los llamadores de puerta "alineados por expertos." Jim resolvió la discusión rápidamente. Dijo que si un visitante se da cuenta, tendríamos la oportunidad perfecta de compartir por qué tenemos ese versículo en nuestra puerta. En segundo lugar, agregó Jim: "Cuando lean las palabras en voz alta, su voz se hará más fuerte automáticamente a medida que aumenta la línea. En cuanto a mí y mi casa,

¡serviremos al SEÑOR! " A partir de esa noche, repetiríamos el versículo de la misma manera que entramos en nuestra casa. No se hicieron cambios y la discusión se abandonó... hasta 20 años después, cuando vendimos la casa a una familia de Nepal.

No conocíamos su fe y discutimos el valor de mantener o quitar las aldabas de bronce. Decidimos dejarlos. A medida que conocimos a la familia nepalesa, nos enteramos de que, de hecho, eran cristianos. Incluso habían invitado a nuestros vecinos a adorar con ellos, algo que no habíamos hecho durante los años que llevábamos viviendo en la calle, sin querer ofender y esperando mantener una relación amistosa, sobre todo porque nuestros chicos eran buenos amigos de sus hijos.

El hermano del nuevo dueño de la casa hablaba inglés con fluidez y pidió varias veces información sobre la casa. A través de estas conversaciones, Darrell se enteró de que estaban buscando una iglesia o escaparate para que su congregación se reuniera, por lo que les presentó a nuestro pastor, el pastor Tim Kufeldt de Dayspring Church of God. Como iglesia multicultural con servicios en diferentes idiomas, nuestra iglesia fue una buena combinación y les dio la bienvenida para que celebraran sus servicios los domingos por la tarde.

El pastor Tim había estado haciendo arreglos para los servicios de la iglesia nepalesa y también había visitado al patriarca de la familia en el hospital. Fue allí, en la habitación del hospital, donde Pastor le preguntó al padre cómo él y su familia llegaron a vivir en nuestra área. Según cuenta su historia, cuando el padre vivía en Bután, un país sin salida al mar en el Himalaya oriental del sur de Asia, sufrió una infección en la parte superior del muslo. El médico local había planeado amputarle toda la pierna al hombre como último recurso, pero el padre sabía que perder la pierna podría provocar la pérdida del empleo, complicaciones físicas relacionadas y posiblemente la muerte. Un misionero cristiano pasaba por su pequeña aldea y, desesperado, el padre aceptó la oferta del misionero de orar por él. El misionero oró por él pidiendo "sanación en el nombre de Jesús."

Milagrosamente, la herida sanó y la enfermedad desapareció por completo de su cuerpo. El padre, junto con toda su familia, se convirtió al cristianismo. En 1993, cuando se difundió la noticia de su curación y conversión al cristianismo, la milicia del gobierno invadió su casa y le dio a él y a su familia un ultimátum. Tenían tres días para retractarse de su nueva religión, o él y toda su familia serían asesinados o encarcelados, y todas sus propiedades serían destruidas.

Inmediatamente, en la oscuridad de la noche, la familia empacó todo lo que tenía y huyó a Nepal, a 390 millas de Bután. Allí vivieron en un campo de refugiados durante 22 años. Lucharon mucho en el campamento sin electricidad. Vivían en una casa de palos de bambú con una lona por techo. La familia dice: "A pesar de que habíamos pasado por muchas dificultades, no dejamos de servir al Señor en ninguna situación. Nos ayudaron diferentes organizaciones, como el programa mundial de alimentos OMS, ACNUR, UNICEF, FLM, etc. Por la gracia de Dios y la oración de los creyentes, finalmente tuvimos la oportunidad de venir a los Estados Unidos."

Poco a poco, el padre mudó a toda la familia a los Estados Unidos, donde él, su esposa y sus hijos lavaban platos y limpiaban pisos para ganar suficiente dinero para pagar el alquiler de un apartamento. Compartieron un pequeño espacio habitable, pero continuaron agradeciendo a Dios por su libertad y por el derecho a adorar como quisieran en los Estados Unidos. Como no hablaban inglés, llevaron a cabo sus propios servicios de adoración en su apartamento mientras buscaban a otros creyentes que vivían cerca y que hablaran su idioma. Después de años de trabajo servil, finalmente ganaron suficiente dinero para obtener un préstamo para el primer propietario de una casa y firmar los documentos bancarios de nuestra casa.

Mientras el pastor contaba los detalles de la historia de fe, lucha, libertad, humildad y perseverancia de esta familia, me sentí asombrado por su viaje espiritual. También estaba agradecido de que esta maravillosa familia ahora ocuparía la casa donde habíamos criado a nuestros tres hijos desde bebés hasta hombres adultos.

El padre falleció poco más de un año después de que su familia comprara nuestra casa. Murió en paz con la seguridad de que su familia tiene libertad y una iglesia donde pueden adorar en su propio idioma todos los domingos. El padre murió en paz, sabiendo que hay un Dios que sana, un Dios que salva y un Dios que ama a las personas de todas las culturas. Murió sabiendo que su familia tiene una casa a la que llaman hogar, una hermosa casa con un mensaje en las aldabas de bronce que refleja su vida: "¡En cuanto a mí y mi casa, serviremos al SEÑOR!" (Josué 24:15) Su legado sigue vivo.

Parte de la razón por la que escribo este libro es para transmitir un legado de fe a mis nietos mientras *aún sigo aquí*.

–38–
Semana Santa en Cuarentena 2020

El primer día de la semana, muy de mañana, las mujeres tomaron las especias aromáticas que habían preparado y se dirigieron al sepulcro. 2 Encontraron quitada la piedra del sepulcro, 3 pero cuando entraron, no encontraron el cuerpo del Señor Jesús.
—Lucas 24:1-3

"Aún Sigo Aquí."

Al menos cuatro semanas en cuarentena y mirando hacia al menos otras seis semanas para quedarnos en casa, comunicándonos en línea con la gente, obteniendo nuestros comestibles del estacionamiento de la tienda, calculando cuánta comida y papel higiénico nos sostendrán a través del coronavirus durante esta temporada, sin saber cuánto tiempo el virus COVID-19 se apoderará de nuestro mundo y cuándo regresará, espero que la ciencia y las mentes humanas puedan arreglarlo para que podamos regresar a alguna forma de vida normal ... poder visitar a la familia, ir a trabajar, viajar, compartir abrazos y apretones de manos, vivir la libertad que tanto deseamos.

En esta mañana de Pascua temprano, me desperté a las 7:30 y en lugar de asistir a mi servicio favorito al amanecer, me conecté a un mensaje virtual del amanecer de un pastor local, parado frente a un cuerpo de agua con los pájaros cantando y el sol comenzando a asomarse a través de los árboles. Mientras el pastor leía la historia del evangelio de Jesús devolviendo a Pedro a su llamado alrededor de una fogata de pescado y hogazas de pan con los discípulos comiendo el banquete que acababa de traer del mar, sentí la fuerte sensación de re-dedicación a Jesús, a mi Salvador que me ha llamado a servirle sin reservas. Sin embargo, mi esposo y yo estamos en cuarentena, "en riesgo" por tener más de 65 años, y contentos en casa comiendo arroz y frijoles para nuestra comida de Pascua (sin jamón al horno con miel, pavo, comida familiar para preparar, sin esconder huevos de colores en el patio y en el bosque, sin preocupaciones de esperar a todos los nietos para el día). Extrañamos a nuestra familia y anhelamos un gran abrazo de cada uno en las próximas semanas o meses. Sin embargo, con esta Pascua como la más distinta de nuestra vida, me siento tan cerca del Señor y sus discípulos.

Jesús acababa de experimentar la tortura y muerte más dolorosa conocida por los humanos en su tiempo de caminar sobre la tierra. Tuvo que hacerlo solo con Dios su Padre para pedir ayuda, gritar con desesperación y entregar su espíritu. Sus discípulos se apiñaron juntos en el miedo y el abandono de una causa que se sentía tan digna y noble días antes. Pedro exteriormente negó a Jesús, y todos pensaron que todo estaba perdido. ¿Qué palabras podrían decirse que tuvieran sentido, que los hicieran sentir mejor? Él y el resto de los seguidores de Jesús solo podían orar al mismo Dios para que viniera a su ayuda, para rescatarlos de un mundo en caos.

La caminata de las mujeres hacia la tumba debe haber sido tranquila, con abrumadores sentimientos de tristeza, desesperación e impotencia. ¿Quién les iba a ayudar a quitar la piedra para que pudieran preparar adecuadamente el cadáver de Jesús para un entierro digno del que tanto amaban?

Debe haber estado tranquilo dentro de la tumba. Jesús yacía acostado, su cuerpo gastado, su espíritu esperando que Dios se moviera y lo restaurara en victoria sobre la muerte. Sospecho que la piedra realmente no necesitaba ser movida. Jesús en su espíritu resucitado pudo haber trascendido y atravesado la piedra para aparecer a las mujeres y sus discípulos, pero Dios continuó manifestándose a través de señales y prodigios. La piedra fue removida, los guardias estaban desarmados y en estado de shock, el despertar espiritual apuntalado por el movimiento físico de los cuerpos, de las rocas y de la tierra temblando en testimonio de que Jesús había resucitado de entre los muertos, no con palabras dichas sobre él, no con las manos impuestas sobre él, sino únicamente por la voluntad de Dios Padre y la profecía cumplida. Jesús estaba vivo y era visible para quienes lo amaban. Las mujeres dejaron sus óleos funerarios y corrieron a contárselo a las demás. Inmediatamente, su misión se transformó de cuidar a los muertos a difundir las buenas nuevas de que Jesús es todo lo que dijo que es, ¡y que hay esperanza para todos los que lo llamamos nuestro Salvador y Amigo!

En la tranquilidad de nuestro hogar, en una época sin precedentes del coronavirus, el asesino invisible de nuestro tiempo, Jesucristo vivo ha resucitado de entre los muertos y trae esperanza a nuestro mundo. Si no podemos dejar nuestros hogares, podemos aumentar nuestro tiempo de silencio en oración y en la Palabra. Podemos ayudar a los enfermos y moribundos mediante la oración y el apoyo financiero a los cuidadores. Podemos transformar nuestro pensamiento de discípulos que dudan a los creyentes que pregonan en el amor de Jesús y prometen que Él nunca nos dejará ni nos desamparará. Podemos amar mejor, amar más y amar de una manera más fuerte que nunca. Las iglesias se han visto obligadas a abandonar sus edificios y llegar al mundo a través de la Internet, a través de actos personales de bondad hacia los extraños, y a vivir lo que Jesús nos llamó a hacer. Puede que nunca vivamos nuestra "religión" de la misma manera. Los cristianos nunca querremos ponernos en cuarentena en nuestras iglesias lejos de aquellos que realmente necesitan sentir el amor de Jesús y escuchar palabras de esperanza.

Está tranquilo, y *aún sigo aquí* en casa, pero es un gran momento de transformación en esta temporada de Pascua. ¡A Dios sea la gloria!

–39–
2020: El Año de la Pandemia

Ven, volvamos al Señor. Nos ha hecho pedazos, pero nos curará; nos ha herido, pero vendará nuestras heridas. Después de dos días nos revivirá; al tercer día nos restaurará para que vivamos en su presencia. Reconozcamos al Señor; sigamos adelante para reconocerlo. Tan seguro como sale el sol, aparecerá; vendrá a nosotros como las lluvias invernales, como las lluvias primaverales que riegan la tierra.
—Oseas 6: 1-3

"Aún Sigo Aquí."

El ataque del virus corona (COVID-19) cambió nuestras vidas en una pandemia mundial. Las familias fueron puestas en cuarentena en sus hogares, las escuelas cerraron, los negocios cerraron, las iglesias ofrecieron servicios solo en línea y los hospitales estaban repletos. No se permitían visitantes en los hospitales ni en las instalaciones de vida asistida, y las noticias diarias alimentaban una sensación de miedo con informes de contaminación generalizada y aumento de las tasas de mortalidad. Cada noche había un nuevo informe del gobernador o presidente sobre el estado de una posible vacuna y las formas de mantenerse a salvo.

Se requería que las personas usaran máscaras faciales, que mantuvieran una "distancia social" de seis pies de los demás y que se lavaran las manos después de cada punto de contacto. Los estantes de las tiendas se vaciaron de desinfectantes para manos y productos desinfectantes antibacterianos. Con poca información sobre la naturaleza del virus COVID, el enfoque más seguro para las personas era quedarse en casa, aislarnos y protegernos a nosotros mismos y a los demás de esta amenaza invisible para nuestras vidas.

Todos tenían que encontrar una nueva forma de vivir, mantenerse en contacto con familiares y amigos y sobrevivir económicamente. La gente encontró formas creativas de realizar negocios, escuelas e iglesias. Tuvimos que sustituir abrazos y besos por olas y toques de codo. En lugar de socializar en los hogares, nos conectamos a través de reuniones virtuales en línea y visitas al aire libre en porches y patios traseros. El año 2020 fue un desafío para todos en todos los sentidos.

Espiritualmente, tuve que repensar mis formas de conectarme con Dios. En lugar de asistir a los servicios religiosos, sintonicé la música de adoración y los sermones de nuestra iglesia en transmisión en vivo. Durante la semana, escuché estudios bíblicos y devocionales con diferentes personas de diferentes iglesias. Disfruté de la variedad de estilos de predicación y música, pero extrañaba ver a nuestros amigos en la iglesia. Esto me llevó a repensar por qué asisto a la iglesia. ¿Fue por los beneficios sociales de visitar amigos, o el propósito de la iglesia fue acercarse más a Dios?

A través de la pandemia, reconsideré toda mi vida espiritual. Tuve que preguntarme: "¿Qué significa realmente ser cristiano, seguidor de Jesucristo y qué me pide Dios?" No era el año de los viajes misioneros, ya que todos los viajes eran limitados. No era el año de conciertos cristianos y música de adoración en vivo, ya que la comunicación se limitaba a la televisión y los servicios de la iglesia en vivo. No era el año para servir a los demás como lo haríamos normalmente, ya que las visitas y los contactos personales estaban prohibidos.

Me retiré de la educación en junio de 2020 y tenía planes de pasar la mayoría de los días con los nietos, viajar al oeste con mi esposo durante varias semanas y recibir a nuestros amigos de Argentina durante un par de meses. En cambio, todos los viajes y visitas fueron cancelados, y estábamos solos en casa con mucho tiempo para pensar. Combatimos el aburrimiento con entrenamientos físicos diarios, visitas virtuales con familiares o amigos y viendo películas. No pasó mucho tiempo antes de que Dios me impresionara para orar más, meditar más, leer más de la Biblia todos los días y descubrir cómo servir a partir de nuestra situación actual. Después de agitarme durante algunas semanas, finalmente encontré una disciplina diaria de oración y estudio que me acercó más al Señor. Traté de usar mi "tiempo libre" para un tiempo más íntimo con Dios de una manera muy intencional. Aprendí más sobre Dios y sobre mí durante este tiempo. Aunque estábamos en crisis, Dios pudo "hacer nuevas todas las cosas" al obligarme a dedicar más tiempo a concentrarme en lo más importante. Así es como pude escribir este libro para dar un testimonio de la fidelidad, el amor y la gracia de Dios.

Aprendí que mucho de lo que hacía era innecesario e improductivo. Aprendí que ver programas de televisión en exceso es una actividad que adormece la mente, y que pasar tiempo en oración es un ejercicio mucho mejor para saber quién es Dios y quién soy yo. Aprendí que necesito familia y amigos y un sentido de propósito todos los días. Aprendí a apreciar cada día que estoy vivo y a animar a otros a encontrar algo de alegría en cada día. De forma aislada o en grupo, escucho a Dios llamando, diciendo: *"Aún sigo aquí."*

Si eres un creyente, te animo a que sigas orando, leyendo tu Biblia, buscando sabiduría en tu iglesia local y registrando tus propias historias de Dios. Podemos animarnos unos a otros compartiendo nuestras experiencias espirituales, las "señales y maravillas" de Jesucristo como nuestro Salvador.

Si no se considera un creyente, entonces sepa que creo que Jesucristo es el hijo de Dios, que vino a la tierra para morir en la cruz como expiación por nuestros pecados. Resucitó de entre los muertos y ha prometido estar con todos sus seguidores hasta el fin de los tiempos. Jesús cumple sus promesas.

Te animo a que pruebes una vida basada en la verdad y la gracia diciendo en voz alta en una oración a Dios: "Señor, perdona mis malas acciones. Sálvame de mí mismo y de mis caminos autodestructivos. Jesús, ven a mi vida y sé mi Señor y Salvador. Quédate conmigo y ayúdame en esta vida para que pueda pasar la eternidad contigo en el cielo." Si desea esto para usted y ha hecho esta oración, comuníquese con un amigo cristiano o con una iglesia local para obtener más orientación y sabiduría para convertirse en un seguidor de Jesús.

"Aún Sigo Aquí."

Si lo buscas, lo encontrarás, cuando lo busques con todo tu corazón.

Pero si desde allí buscas al Señor tu Dios, lo encontrarás si lo buscas con todo tu corazón y con toda tu alma. (Deuteronomio 4:29)

–40–
Héroes de Hospitales y Hospicios: Reverenda Amy

A donde tú vayas, iré yo, y donde tú te quedes, yo me quedaré. Tu pueblo será mi pueblo y tu Dios mi Dios. —Rut 1:15

"Aún Sigo Aquí."

Amy Arnold es una amiga de toda la vida, una ministra ordenada y una gran predicadora. Fuimos a la misma iglesia, servimos juntos en varios viajes misioneros y compartimos el mismo amor de los santos mayores de la iglesia. Amy se ha desempeñado como pastora principal, pastora asociada, capellán de HOSPICE y es una fuerza para Dios. Ha estudiado en Israel y ha sido pastor en varios estados, pero recientemente regresó al área cercana a su ciudad natal y trabaja en un hospital local con Cuidados Paliativos. Amy es una persona empática que incluye a todos, que se fija en las personas y responde a sus necesidades. Tiene un gran sentido del humor y un nivel de energía que la sostiene, y su naturaleza exuberante es contagiosa.

Durante la pandemia, mi esposo y yo estuvimos en cuarentena en casa durante meses mientras Amy visitaba a cientos de pacientes con COVID19 para brindarles consuelo, compañía y oración. Con su careta, máscara, guantes y ropa protectora, Amy tocaba las puertas de los pacientes, charlaba con ellos o rezaba por ellos cuando no podían comunicarse. Aunque los pacientes solo podían ver sus grandes ojos azules, Amy les transmitió amor y compasión en sus terribles circunstancias. A través de COVID, ella estuvo presente en los momentos en que luchaban por respirar o cuando exhalaban su último aliento. Consoló a los familiares en duelo y realizó funerales. Amy apoyó a los equipos médicos con palabras de aliento o pequeños obsequios en sus estaciones. Al igual que con todos los profesionales de la salud, Amy estaba exhausta, trabajaba muchas horas y tenía una doble función cuando los demás capellanes se enfermaban. Estaba cansada de la muerte y no había visto a su propia familia durante meses.

Aunque no veíamos a nadie de nuestra propia familia, excepto en el camino de entrada o en Internet, sentí firmemente que Dios quería que invitáramos a Amy a nuestra casa para un tiempo de respiro para ella. Sentí que si ella podía arriesgar su vida todos los días en su ministerio, entonces podríamos romper la cuarentena por un día y ayudarla a recargarse. Hicimos una caminata en el bosque, caminamos por un campo de golf y nos sentamos alrededor de nuestra mesa comiendo y orando, haciendo planes para nuestras metas futuras como ministros.

Dimos gracias a Dios por mantenernos cerca a través de los años. Acordamos leer las mismas Escrituras por un período de tiempo y orar el uno por el otro. Apreciamos que nos hayamos mantenido conectados a través de los años, y como ella era mucho más joven que yo, le dije que yo sería su Noemí si ella sería mi Rut. De manera similar a estas dos mujeres bíblicas, prometimos que seguiríamos siendo amigos fieles mientras seguimos sirviendo al mismo Dios y a Su pueblo en este mundo loco.

Durante años me he identificado con Rut, que valoraba las sobras de la cosecha, pero para mí, las sobras eran metáforas de los pobres, oprimidos y marginados. Después de que Amy y yo hicimos este pacto, y ella se convirtió en mi Rut metafórica, encontré este poema en mis archivos, que también describe a Amy Arnold. Le dedico este poema y oro por su seguridad en su ministerio. Amy, cuando necesites otro día de descanso, ¡*aún sigo aquí* para ti!

Yo Soy Rut

Rut trabajó la cosecha
Recogiendo el trigo hasta la tarde
Trillando la cebada recolectada
Hasta que no pudo cargar más
Cosechando las sobras
Esperando ser elegido para el propósito de la vida.
Zacarías 10 dice el Señor
Envía las tormentas eléctricas
Da chubascos de lluvia
A toda la gente
Y plantas del campo
Para todo el mundo.
Mi corazón busca
Los no invitados
El marchitar,
Las sobras de nuestros campos.
Mi mente trabaja para reunirlos
Juntos
Sentir que son parte
De todas las personas, cada una.
Soy una cosechadora como Rut
Buscando a los forasteros
Después de que todas las almas en los campos de la iglesia hayan sido ganadas
Busco a los forasteros
Antes consideraba que mi trabajo estaba terminado.

–41–
Profundizar Antes de Excavar

Después de seis días, Jesús se llevó consigo a Pedro, Santiago y Juan y los condujo a un monte alto, donde estaban solos. Allí se transfiguró ante ellos. Su ropa se volvió de un blanco deslumbrante, más blanco de lo que nadie en el mundo podría blanquearlos. Y aparecieron ante ellos Elías y Moisés, que hablaban con Jesús. Pedro le dijo a Jesús: "Rabí, es bueno que estemos aquí. Levantemos tres refugios: uno para ti, otro para Moisés y otro para Elías." (No sabía qué decir, estaban tan asustados.) Entonces apareció una nube y los cubrió, y una voz salió de la nube: "Este es mi Hijo, a quien amo. ¡Escúchalo a él!" De repente, cuando miraron alrededor, ya no vieron a nadie con ellos excepto a Jesús. —Marcos 9:2-8

"Aún Sigo Aquí."

Seis meses en cuarentena y esperando una vacuna para el coronavirus (o COVID-19), vacilo entre el aburrimiento, el descanso, la lectura, el ejercicio, la oración y los estudios bíblicos. En mis tiempos espirituales, siento que Dios quiere que me tome este tiempo para relajarme y reflexionar sobre mi carrera pasada como educadora, pero luego avanzar pensando en cómo servir eficazmente ahora y en el futuro. Intento hacer una llamada telefónica significativa diario para comunicarme con amigos y personas que necesitan apoyo. Horneo golosinas para llevar a los nietos y disfruto comprando en línea para los cumpleaños y aniversarios de nuestra familia. Aunque no pasamos tiempo en estrecha proximidad con nuestra familia, estamos encontrando formas de conectarnos con ellos, celebrarlos y hacerles saber cuánto los amamos.

Estoy disfrutando el tiempo en casa con mi dulce esposo, Darrell, y todavía estoy aprendiendo cosas nuevas sobre él. En el primer aniversario del fallecimiento de su madre, hice un pastel esponjado con piña y crema chantillí. Sé que a Darrell le encanta la piña y que a su madre le encantaba el pastel esponjado para sus cumpleaños. Al ver que yo era la única que consumía el pastel después de dos días, le pregunté a Darrell si iba a comer algo porque estaba listo para tirarlo (para ahorrarme las calorías y la tentación). Dijo: "Realmente no me gusta el pastel esponjado". Acabamos de celebrar 44 años de matrimonio y ahora estoy aprendiendo este dato curioso de mi esposo. Dijo que comía el pastel de vez en cuando, pero solo cuando lo servían para ocasiones especiales. Ahora estoy aún más intrigada por ver qué más puedo aprender de él que aún no sepa. Parte de nuestros votos matrimoniales decía: "Amo lo que sé de ti y confío en lo que todavía tengo que aprender." Esos votos continúan describiendo nuestro amor y amistad.

Para aumentar mi vida espiritual, he comenzado a ver más servicios religiosos y estudios bíblicos en línea. He regresado repetidamente para ver los mensajes y estudios bíblicos del obispo Michael Dantley de Christ Emmanual Christian Fellowship en Cincinnati, Ohio. Primero lo conocí como el Dr. Dantley, mi asesor y profesor de la Universidad de Miami, donde obtuve mi doctorado en Liderazgo Educativo. He visitado su iglesia varias veces y he disfrutado de la adoración, la gente y el mensaje, pero a través de la cuarentena de COVID, puedo recibir la Palabra hablada interpretada por el obispo Dantley casi a diario. Regresé varios años para ver videos anteriores, y encontré que la Palabra de su enseñanza es tan relevante y convincente como probablemente lo fue para aquellos que escucharon al obispo enseñar y predicar en ese entonces. Eso me dice que la Palabra de Dios es la misma ayer, hoy y mañana. Lo que se dijo en la Verdad de la Palabra es igualmente significativo hoy, a pesar de que las lecciones comenzaron a existir hace varios años.

A partir de estas enseñanzas, he podido ver cómo Dios se mueve y se movía en mi vida, y mi entusiasmo por el ministerio se ha vuelto a encender. En lugar de insistir en las experiencias negativas y las personas del pasado, ahora estoy lista para escuchar lo que Dios quiere de mí hoy y todos los días. Mis visiones y sueños ya están regresando, mi percepción de la Palabra está regresando y mi confianza y paz están siendo restauradas. Dios nos restaura, pero tenemos que estar abiertos a recibir el proceso restaurador para poder ver a Jesús más claramente. A través de los mensajes del obispo Dantley y mis lecturas diarias de las Escrituras, he dejado a un lado los pensamientos negativos del pasado, he comenzado a vivir el perdón que había hablado pero que no había sentido realmente, y me despierto todos los días agradecida por otro día, de otra manera para servir y por lo que Dios tiene para mí en el futuro con otras asociaciones cristianas.

A través de él y de la oración, he comenzado a guiar a una joven que planea una carrera como pastora, música y maestra. Somos de diferentes culturas, diferentes grupos de edad, diferentes ciudades y diferentes denominaciones de iglesias, pero estamos unidas en nuestra pasión por seguir nuestro llamado de servir a Dios y a los demás. Nuestras videoconferencias semanales han sido beneficiosas para ambas, ya que mapeamos nuestros viajes espirituales juntas y por separado. Oramos por cada una y nos damos cuentas de cómo Dios se ha estado moviendo en nuestras vidas de semana en semana. Sé que Dios nos está preparando para nuestro próximo paso en nuestros viajes espirituales.

He comenzado a ver a cada persona como una oportunidad para mostrar bondad y el amor de Dios. Incluso cuando limitamos nuestras visitas fuera de nuestra casa durante la cuarentena, he sido más consciente de conectarme con los trabajadores de las tiendas, los conductores de reparto, los pintores de casas y los clientes de autoservicio. He sido más intencional en conectarme con cada uno de nuestros hijos y nietos. El tiempo pasa lentamente en casa solo viendo la televisión o tomando siestas, pero el tiempo pasa rápido en relación con la cantidad de días que nos quedan en la tierra y nuestras oportunidades de vivir una vida de calidad para servir a Dios y a los demás.

Las cuarentenas pueden ser estresantes, pero Dios puede capturar el tiempo con nosotros para acercarnos aún más. Antes de que salgamos de esta cuarentena de COVID-19 y obtengamos su vacuna, necesito sintonizar mi oído y mi corazón con el Señor mientras está extremadamente silencioso en nuestro hogar. Y cuando llegue el momento de las celebraciones de cumpleaños, las cenas de temporada y los eventos sociales fuera de nuestra casa, apreciaré el ajetreo, el ruido, el caos y la alegría de la gente que se une. El libro de Eclesiastés tiene razón: HAY un tiempo para estar tranquilo en casa, para conectarse con Dios a través de la meditación, la lectura de su Palabra y la oración. Y hay un momento para estar activo en la comunidad, para conectarse con la familia, amigos y extraños a quienes amar y servir. Incluso cuando no estamos obligados a mantener la distancia social de otras personas, he aprendido que es bueno aprovechar el tiempo en casa para enfocarnos más en Dios y nuestro propósito de *seguir aquí... aún*.

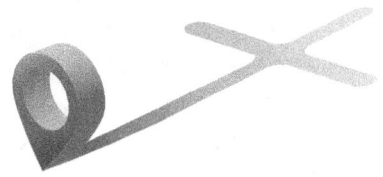

–42–
Cómo Se Ve y Cómo Suena la Oración

Y cuando ores, no seas como los hipócritas, porque a ellos les encanta orar parados en las sinagogas y en las esquinas de las calles para ser vistos por los demás. De cierto os digo que han recibido su recompensa en su totalidad. Pero cuando ores, ve a tu habitación, cierra la puerta y ora a tu Padre, que no se ve. Entonces tu Padre, que ve lo que se hace en secreto, te recompensará. Y cuando reces, no sigas balbuceando como los paganos, porque creen que serán escuchados por sus muchas palabras. No seas como ellos, porque tu Padre sabe lo que necesitas antes de que le pidas. Entonces, así es como debes orar: "Padre nuestro que estás en los cielos, santificado sea tu nombre, venga tu reino, hágase tu voluntad, en la tierra como en el cielo. Danos hoy nuestro pan de cada día. Y perdónanos nuestras deudas, como también nosotros perdonamos a nuestros deudores. Y no nos metas en tentación, más líbranos del maligno." Porque si perdonas a otras personas cuando pecan contra ti, tu Padre celestial también te perdonará. Pero si no perdonas los pecados de otros, tu Padre no perdonará tus pecados. —Mateo 6:5-15

"Aún Sigo Aquí."

Mis momentos favoritos de oración poderosa han sido en el altar de una iglesia después de un mensaje bíblico y el movimiento del Espíritu Santo. Los amigos han sido sanados, instantáneamente, en esos tiempos de imponer las manos sobre alguien que está rodeado de compañeros de oración llenos de fe, todos creyendo que Dios puede intervenir y lo hace en nuestras vidas.

El momento más poderoso del altar fue cuando me senté junto a un amigo que estaba en una silla de ruedas debido a una grave discapacidad. Avanzamos desde la parte trasera de la iglesia hasta el altar y lo ungimos con aceite, pidiéndole a Dios que lo sanara y lo levantara de su silla de ruedas. El Espíritu Santo me impulsó a pedirle a mi amigo que se pusiera de pie, pero me acobardé. ¡No confiaba en nuestra fe y en nuestro Dios lo suficiente como para llamar a Dios y llamar a mi amigo a ponerse de pie! Sin embargo, me arrepentí ante el Señor por mi debilidad, falta de fe y miedo a la desilusión. En unas semanas o tal vez días, mi amigo se puso de pie y caminó, y fue restaurado, excepto por su mano.

Un domingo más tarde, mientras estaba sentado junto a mi amigo y su esposa, el mensaje del predicador se centró en el hombre de la mano seca y en cómo Jesús lo sanó.

Volvió a entrar en la sinagoga y allí estaba un hombre con la mano seca. Y miraron a Jesús, para ver si lo curaría en sábado, para que pudieran acusarlo. Y le dijo al hombre de la mano seca: "Ven aquí." Y él les dijo: "¿Es lícito en sábado hacer bien o hacer mal, salvar una vida o matar?" Pero ellos guardaron silencio. Y miró a su alrededor con enojo, afligido por la dureza de su corazón, y dijo al hombre: "Extiende tu mano." Extendió y su mano fue restaurada. Los fariseos salieron e inmediatamente consultaron con los herodianos contra él, cómo destruirlo. (Marcos 3:1-6) (También en Lucas 6:6-11)

Mientras escuchaba a nuestro pastor hablar de la mano seca del hombre, noté que mi amigo se frotaba o masajeaba la mano una y otra vez, sutil pero continuamente. No pude evitarlo. El Espíritu Santo me impulsó a decirle: "¿No es una mano seca? ¿Y no es sábado hoy? Vayamos al altar y recemos por la curación." Inmediatamente, asintió con la cabeza y le indicó a su esposa que lo siguiera. Mientras avanzábamos esta vez, sentí más confianza en que Dios haría lo que dijo que haría, sanar la mano de mi amigo en el nombre de Jesús.

¿Por qué Dios no querría demostrar su poder sanador frente a los creyentes y un pastor que enseñó los milagros y las señales de Jesús? No recuerdo las palabras exactas de nuestra oración, pero sé que Dios estaba sanando la mano de mi amigo en ese mismo momento. Hasta el día de hoy, mi amigo ha sido restaurado físicamente para hacer todo lo que Dios se ha propuesto para su vida.

Un segundo momento poderoso para mí, fue la sanación de una bolita en mi pecho, esta sanación fue durante un tiempo. Oré durante semanas, todos los días y a lo largo del día, pidiendo al Señor que me quitara la bolita antes de mi próxima cita con el médico, que era en Navidad. Lo llamé "mi milagro de Navidad" mientras oraba, como si le pidiera al Señor un regalo para mí. Prometí que daría testimonio de esta sanación, y rogué que me dieran la gracia de una cura instantánea sin quimioterapia ni tratamientos duros y debilitantes. Cada día de noviembre, sentía mi bolita, oraba, después la volvía a sentir para ver si se había ido. Luego, el Espíritu Santo me convenció de que dejara de revisarme, de dejar de tocar todos los días, así que tomé la decisión consciente de dejarlo en paz hasta mi cita de diciembre. La técnica que me hizo la ecografía me preguntó dos veces si la bolita estaba en mi lado izquierdo o derecho. Luego me pidió que señalara directamente el lugar donde estaba ubicado. Traté de encontrar la bolita, ¡pero ya no estaba! Como prometí testificar, le dije a la técnica que había estado orando y que aparentemente Dios había respondido a mis oraciones. Ella estuvo de acuerdo y me dijo que era libre de vestirme e irme. Los exámenes de seguimiento mostraron que estaba completamente libre de bultos, masas o indicios de que hubiera algo allí. Gracias, Señor, por tu poder sanador de la mendicidad prolongada y constante por sanidad.

Un tercer momento poderoso de oración fue en un viaje misionero cuando un hombre fue asediado por fuerzas demoníacas. Otros pueden haber descrito el problema como una enfermedad mental grave, pero se le pidió a nuestro pastor que orara por él. El pastor se preparó y oró contra todas las fuerzas demoníacas y llamó al Espíritu Santo para que viniera y llenara el cuerpo y el alma del hombre con piedad y sanación. Después de este tiempo de oración, el hombre estaba relajado, en paz y restaurado. Fue mi primera experiencia observada de lo que la oración y Dios pueden hacer por las personas que lo invocan. Desde entonces, he orado por personas con fe ferviente y he visto sanidad instantánea, tanto física como mentalmente. He escuchado a nuestros amigos de Nepal hablar de la sanación física instantánea de una herida que eludió la amputación debido a la oración llena de fe de un misionero que pasaba. Creo que la oración y la fe en Jesucristo pueden traer sanidad.

Un cuarto momento poderoso de oración es tan memorable que puedo regresar en el tiempo y revivir la paz que vino de ese momento. Mi esposo y tres hijos inquietos estaban explorando un arroyo con mucha agua corriente, escalones y grandes rocas para sentarse. Yo era una madre joven agotada y ansiaba tiempo para relajarme y disfrutar de la naturaleza. Mi esposo llevó a los niños río arriba para chapotear, saltar rocas y buscar sapos y renacuajos. Me recosté en una gran roca en medio del arroyo y contemplé la vista y los sonidos del otoño. El agua que corría sobre mis pies era refrescante, los sonidos eran relajantes y las copas de los árboles anaranjadas, amarillas, rojas y verdes parecían una pintura. Cuando la brisa me atravesó la cara, pude ver solo una hoja de arce amarilla que caía desde la copa del árbol hasta el arroyo. El viento lo hacía bailar y girar, tan lentamente que parecía como si estuviera cayendo a cámara lenta. Fue la única hoja que cayó en ese momento. Una vez que cayó en el agua, una hoja anaranjada comenzó su caminata desde la copa del árbol hasta el suelo. Debo haber descansado en ese lugar durante treinta minutos viendo el espectáculo de la naturaleza de Dios, solo para mis ojos, mientras una hoja tras otra bailaba para mí y cada hoja tenía su propio tiempo para realizar su maravilloso ballet. Sentí la presencia de Dios con tanta fuerza y pensé en la gracia de cada hoja a lo largo de esta fase de la vida. Era hora de que las hojas cayeran de su fuente de vida, para disfrutar de su caída libre al suelo y unirse a las demás para transformarse en fertilizante en descomposición para la próxima generación de plantas y árboles.

Me di cuenta de que necesitaba disfrutar cada momento de la vida, incluso este, y luego me sentí plena con el ajetreo de criar a tres niños y ser parte de una familia, una iglesia y una escuela. Y cuando llegué el momento de otra temporada en la vida, me di cuenta de que debo tomarme mi tiempo para asimilarlo todo, notar el proceso, bailar con la brisa y disfrutar los siguientes momentos.

Cuando la última hoja cayó al suelo y mi espectáculo personal llegó a su fin, me di cuenta de las risas y los gritos de mis niños pequeños. Ellos y mi vigilante esposo regresaban a mi lugar en medio del arroyo. No es sorprendente que tuvieran hambre y estuvieran listos para nuestro almuerzo campestre. Mientras comíamos sándwiches en la orilla del arroyo, los chicos contaron sus aventuras río arriba, de sus rocas planas que saltaban varias veces, de cangrejos y renacuajos, de arrojar piedras más grandes cerca de otro hermano para mojarlos. Mientras disfrutaba de nuestro tiempo en familia, también agradecí a Dios por un momento muy personal para apreciar todo lo que el Señor me ha dado en esta vida. Sabía que me habían invitado a descansar, a reflexionar y a ser entretenida por el Señor Todopoderoso con las hojas de otoño. Siempre que necesito un respiro de esta vida loca, traigo este recuerdo de las hojas que caen y al instante me transporto a un momento en el que supe que Dios sabía que yo existía, que estaba rodeada por la naturaleza en lo físico y lo espiritual y que soy amada. Este fue un momento de oración favorito para mí.

Y luego está la oración más corta y eficaz en una crisis: "¡Jesús!" Cuando no hay tiempo o capacidad mental para formar palabras juntas en oración, llamar a Jesús ha sido necesario y relevante. Cuando conduzco en un automóvil con un conductor ebrio desviándose entre carriles frente a mí, todo lo que sale de mi boca es: "¡Jesús! ¡Jesús! ¡Jesús!" Cuando mi propio coche se desliza incontrolablemente en una rampa congelada o bajando una colina en medio del invierno, me escucho a mí misma diciendo: "Jesús, Jesús, Jesús, Jesús …" Estoy segura de que el Señor conoce la causa y la intención de mi oración. Dudo que el Espíritu Santo necesite que yo describa mi crisis personal en detalles para saber que estoy pidiendo ayuda y creyendo que Dios responderá. Aunque Jesús les dio a sus discípulos un hermoso ejemplo de oración a través del Padrenuestro de Mateo 6: 9-13 en la Biblia, Jesús también citó las Escrituras como una oración en la cruz, gritó "Dios mío, Dios mío," habló bendiciones sobre la comida, y conversó con Dios el Padre en el jardín. Hay muchas formas de orar, desde largas composiciones formales escritas y habladas hasta breves exclamaciones con una palabra. Todo funciona como comunicación con nuestro Creador, Salvador y Espíritu Santo, incluso palabras que no significan nada para ninguna otra persona. Dios escucha y responde.

Actualmente estoy en la búsqueda de ser más intencional con la oración. Aunque oro todos los días, tengo mi lista de pedidos especiales, leo un capítulo de las Escrituras todos los días y hablo con Dios durante el día y la noche y en las caminatas por el bosque, siento que debo dedicar más energía y tiempo en comunión con Dios. He elegido un gran libro para guiarme, algunos estudios bíblicos en línea para inspirarme, un lugar especial para orar y un diario para escribir lo que Dios tiene para mí ahora. Quería hacer de este el primer capítulo de mi diario de oración como una persona recién jubilada y en busca de nuevos y renovados propósitos para mi vida. Quiero seguir teniendo una mentalidad misionera, reverenciando a Dios y alentando a otros creyentes. Quiero presentarles a los que no creen las maravillas de la fe, la sanación, la salvación, la redención y la restauración. Tengo tanto tiempo como una hoja bailando desde las copas de los árboles hasta el suelo y quiero disfrutar del viaje.

Espero poder orar durante toda mi vida hasta el momento de la muerte. Mi suegra falleció con una misa católica en su televisión y rezando con su familia. Aunque soy cristiana, no he hecho oraciones católicas desde que estaba en la escuela secundaria, pero sí recuerdo la mayoría de las oraciones para unirme a mi suegra en oración junto a su cama. Nos tomamos de las manos mientras yo hacía una oración conversacional espontánea sobre ella, y luego ella comenzó a rezar el Padre Nuestro y el Ave María. Me uní a ella y estaba agradecida de poder recordar la mayoría de las palabras. Por alguna razón, cuando llegamos al final del Avemaría, olvidé la última línea y le dije: "¡Lo siento, olvidé el final!" Ella me miró, puso los ojos en blanco, sonrió y dijo: "Ahora y en la hora de nuestra muerte. Amén." La ironía del momento y su humor imperecedero hicieron que este momento de oración fuera inolvidable. Rezó hasta la hora de su muerte. Murió poco después y admiro su fidelidad a la oración en su vida.

No importa la forma de oración o el idioma o las circunstancias, desde un niño que ora por un pez dorado hasta un guerrero de oración que pronuncia sus últimas palabras, estoy segura de que Dios escucha todas las oraciones de quienes lo llaman Señor. Mientras *siga aquí*, estaré rezando.

Música para acompañar el tiempo de oración

Por Francesca King

Encuentro que uno de los elementos más importantes de la oración es la música para el tiempo de oración. Como estudiante de educación musical, he descubierto que la música hace que mi tiempo de oración sea más personal y enfocado.

La música se puede encontrar en Spotify, YouTube, Apple Music o Pandora. Puede buscar música clásica (Beethoven o Bach), jass, chill beats, gospel, cristiana contemporánea, música de adoración, himnos, espirituales y música de meditación.

También hay estaciones de radio que reproducen solo música Christan o música instrumental. ¡Busca tus canales favoritos!

-43-
Un Mapa Físico de la Cabeza a los Pies: Tomando Inventario de la Gracia de Dios

Sin debilitar su fe, se enfrentó al hecho de que su cuerpo estaba casi muerto, ya que tenía unos cien años, y que el útero de Sara también estaba muerto. Sin embargo, no vaciló por incredulidad con respecto a la promesa de Dios, sino que fue fortalecido en su fe y dio gloria a Dios, estando plenamente persuadido de que Dios tenía poder para hacer lo que había prometido. Por eso "le fue contado por justicia." Las palabras "le fue contado" fueron escritas no solo para él, sino también para nosotros, a quienes Dios dará crédito por justicia, para nosotros que creemos en Aquel que resucitó a Jesús nuestro Señor de los muertos. —Romanos 4:19-24

"Aún Sigo Aquí."

Son las 5:00 a.m. y estoy comiendo galletas para el desayuno, los dos últimos del postre característico de mi hijo Mark que envía a casa para compartir con mi esposo. Anoche me comí los otros tres, pero por una buena razón. Son las galletas de avena, mantequilla de maní y chispas de chocolate más deliciosas. Mi esposo dejó de comer cosas dulces hace años, como lo demuestra su cuerpo esbelto y su energía ilimitada. Yo todavía lucho por "comer, respirar y moverme" de manera saludable todos los días, pero mi debilidad es y siempre ha sido una comida deliciosa. Puedo entender las adicciones de otras personas cuando casi a diario no rechazo los alimentos que no son buenos para mi cuerpo, como lo demuestran mis curvas y ondas y la necesidad de una siesta al mediodía. Desde los días de mi infancia, cuando mis padres me exigían que limpiara mi plato antes de ganarme el sabroso pudín de chocolate o el pastel en capas de mamá, permanezco en rebelión mientras como con alegría los postres antes de las comidas, o simplemente como un postre para el desayuno o la merienda nocturna. He mejorado en decirme a mí misma que debo encontrar formas saludables de "comer, respirar y moverme" todos los días. Durante esta pandemia de COVID, compro de una lista de las compras un día a la semana y preparo todas nuestras comidas en casa. Alejándome de los restaurantes de comida rápida y de las porciones generosas que sirven para cenar, he logrado bajar de peso en cuarentena, a menos que los postres se cuelen en casa. Mi esposo puede deshacerse de los alimentos "no saludables," pero yo no. Nunca se desperdició nada en la casa de mis padres, y ciertamente tampoco los postres. Racionalizo que comer galletas temprano en la mañana es mejor para mí, ya que pronto estaré en la caminadora y en la bicicleta de escritorio para quemar las calorías. El azúcar es un asesino lento que se llevó a mi madre con diabetes y me matará si no dejo este dulce hábito. Sin embargo, ese no es el propósito de mi escritura de hoy. Se trata de mi mapeo físico, un inventario de mi cuerpo de 66 años y evidencia de que *aún sigo aquí* por la gracia de Dios por alguna razón, o más probablemente por muchas razones ... ¡nuestros tres hijos, sus esposas y nuestra preciosa nietos!

No me refiero a las patas de gallo y los círculos alrededor de mis ojos envejecidos o las arrugas de la cara por años de sonrisas y risas, o la papada y la piel del cuello caídas por la gravedad. Me refiero a la evidencia física de 66 años de remendar mi cuerpo que me ha permitido seguir cumpliendo mi propósito en esta tierra. No tiene sentido físico que aún siga aquí, porque de la cabeza a los pies, hay evidencia de que estoy viviendo en un cuerpo imperfecto en un mundo imperfecto. Mientras hago un inventario de los problemas de salud pasados y lamo el último bocado delicioso de galleta de mis dedos, comparto una lista de mis desafíos físicos hasta la fecha. Estoy segura de que habrá más hasta que haya probado el último y exhalado el último.

Al nacer, nací con una hernia que nunca se reparó. Mi mamá dijo que tenía programada la cirugía, pero ese día tenía fiebre y nunca la reprogramó. No supo por qué ni dio ninguna excusa. Yo era la cuarta hija en una casa ocupada. Otros niños podían hacer girar la lengua, mover las orejas o hacer ruidos con las axilas. Mi tonto talento era contener la respiración y hacer que una burbuja de piel apareciera por encima de mi ombligo. ¡Pensé que era una señal de que era especial, no descuidada en absoluto!

En la escuela primaria, tuve un fuerte dolor de estómago que me hizo rodar de dolor. Mi mamá me dio un enema, como parecían hacer las madres para cada dolencia en ese entonces. Ella no sabía que yo podría haber muerto por tener un enema con apendicitis aguda, pero me llevó al médico y luego al hospital para una apendicetomía de emergencia. Tengo una cicatriz de tres pulgadas para probarlo.

No puedo culpar a mi madre por todas mis imperfecciones físicas. Estaba montada en la parte trasera de la bicicleta de un vecino y me atrapé el dedo gordo del pie con los rayos de la rueda trasera. No recuerdo haber ido al médico por eso, pero sí recuerdo que mi vecino se disculpó. Nunca más me permitieron montar en la parte trasera de una bicicleta, pero conseguí mi propia bicicleta conocida como mi "Huffy la oxidada." Lo monté por todo nuestro vecindario de Lindenwald. Fue mi libertad y probablemente me llevó a lugares donde no debí haber ido.

En la escuela secundaria, me encantaba andar en bicicleta con mis amigos y en un día típico en el que mostraba cómo podía andar sin manos, me di la vuelta y le grité a mi amiga Joyce: "¡Mira! ¡Sin manos!" Me caí y raspé mis brazos y piernas en la acera. Cuando vi que me había roto el diente frontal, me reí y corrí a casa para mostrarle a mi mamá que había perdido otro diente. Ella estaba furiosa conmigo porque el diente era permanente, lo que nos hizo hacer muchas visitas al dentista para que me hicieran una endodoncia para amortiguar el nervio, con un sello temporal, que se volvió negro. Así que, "diente negro" se convirtió en mi apodo cuando los amigos de la escuela secundaria querían burlarse de mí en el aula o en el patio de recreo. Hice un escándalo por salir en la foto familiar cuando los fotógrafos ambulantes venían a casa, pero aun así sonreí para la foto. Cuando estaba en la escuela secundaria, finalmente me dieron un diente permanente que era bonito y blanco y hacía juego con los demás ... durante algunos años. Ahora que mis dientes han envejecido y se han desvanecido, mi diente frontal es ahora el más brillante y obvio en las imágenes. Pero sonrío de todos modos. ¿Por qué no sonreír? *¡Aún sigo aquí!*

"Aún Sigo Aquí."

En la preparatoria, aprendí a manejar la motocicleta de mi hermano, pero era demasiado pesada para mis habilidades de principiante. Se me cayó en el callejón detrás de nuestra casa y no pude volver a levantarla. No me lesione y recibí ayuda de la casa. Sin aprender mi lección en ese entonces, hice lo mismo ya adulta en mi propia Harley en el campo, viajando sola. Aunque todavía conduzco mi motocicleta, he aprendido a cambiar la ruta cuando veo nubes de tormenta o un letrero que dice "alquitrán fresco" o "grava suelta." Viajo cerca de casa con mi teléfono celular montado en las manillas. Lo sé. Probablemente debería vender esa motocicleta, pero mis oídos aún se animan con el sonido de un motor Harley rugiendo. Me encanta la emoción del viaje y el olor a aire del campo. Mi consejo para todos es que nunca se suban a una motocicleta. Puede ser muy aventurero, pero también muy adictivo y peligroso.

Como mujer casada, di a luz a tres bebés, cada uno con un tipo de parto diferente. La primera fue con una aguja insertada en mi espalda baja, un parto "espinal," que se suponía que aliviaría el dolor, pero el bebé nació inmediatamente después de la inyección. Me dijeron que me acostara boca arriba el día siguiente para evitar dolores de cabeza. El segundo parto fue un parto natural sin problemas ni dolores de cabeza. El tercero fue una cesárea, que se realizó debido a la frecuencia cardíaca irregular y alto riesgo del bebé. Esto me dejó con otra cicatriz, conocida como el "corte del bikini," que me pareció absurda, yo uso un traje de baño de una pieza y una cubierta.

En mis treintas, sentí un bulto en mi seno y me tomaron radiografías, luego a una ecografía y un ultrasonido. Durante semanas en noviembre de ese año, oré por la sanación y cuando finalmente fui al hospital en diciembre para obtener un diagnóstico, el técnico dijo que no podía encontrar ningún bulto en ninguna parte de los senos. Lloré y agradecí a Dios por el gran regalo de Navidad.

A mediados de mis treinta, experimenté dolor en el cuello y la parte superior de la espalda, así que fui a varios tratamientos con un quiropráctico reconocido, me tomó radiografías y me dijo que tenía discos deteriorados en la parte superior de la espalda y el cuello. Mi médico estaba fuera de la ciudad, por lo que su socio recomendó y realizó una cirugía para fusionar dos discos con un "tapón," que supe que era un hueso de un cadáver humano. La cicatriz de esta cirugía está en la parte delantera de mi cuello, disfrazada cómodamente entre otros anillos de arrugas allí. Seis semanas después del día de la cirugía, me dieron el alta médica para ir a un viaje misionero a Honduras usando mi collarín. Cuando regresé, vi a mi médico de cabecera, quien me reprendió por haberme sometido a la cirugía, citando un caso en el que su amigo médico estaba paralizado permanentemente por este mismo procedimiento. Simplemente le agradecí a Dios que *aún sigo aquí* con lo que en broma llamo un "hueso de mono" en mi cuello.

En mis cuarentas en un viaje misionero a África, contraje una infección bacteriana, probablemente por comer la comida equivocada, me descalabre, me rompí un diente, me caí del inodoro y me desmayé. Afortunadamente, después de una estadía en el hospital, Dios me permitió unirme a nuestro grupo nuevamente y continuar la misión.

En mis cincuentas, me estaba preparando para la escuela cuando me sorprendí al notar que mis entrañas sobresalían, por lo que se realizó una cirugía para levantar mi piso pélvico de regreso a su lugar. Mi padre dijo que mi abuela y mi madre tenían los mismos problemas, pero que ninguna se sometió a una operación. Regularmente tenían que "volver a poner las cosas en su lugar." Me operaron durante las vacaciones de Navidad para poder regresar a la escuela en enero, siempre que mantuviera mi fisioterapia de seguimiento para fortalecer mis músculos inferiores y evitar que me operaran nuevamente en el futuro. No más levantar motocicletas pesadas ni nada más pesado que un galón de leche.

En mis sesentas, mis citas médicas más frecuentes son con el podólogo para que me arregle mis pies deformes. Mi pie izquierdo tiene un juanete que necesitará cirugía en algún momento, y mi pie derecho tiene artritis que envía un dolor punzante a través del dedo gordo del pie después de una caminata o ejercicio diario o nada en absoluto. Una inyección de cortisona cada tres a seis meses alivia el dolor para permitirme mantenerme activa. Tuve que descartar los tacones altos o los zapatos ajustados de cualquier tipo. Incluso como administradora de la escuela, usaba zapatos deportivos a la escuela todos los días, incluso con trajes y vestidos. Mis alumnos me dijeron que los tenis y las faldas eran geniales, pero yo solo quería seguir trabajando sin dolor en el pie.

Mi oculista dice que es posible que necesite una cirugía de cataratas en algún momento. He aprendido a descartar los "flotadores," o puntos negros que nadan como pequeñas amebas más allá de mi línea de visión, pero tengo una cita para que me den lentes más fuertes en un par de semanas. Ahora, solo con mi esposo y yo en la casa, la música y la televisión están a un volumen más alto y, a menudo, nos pedimos repetir o aclarar los comentarios que nos gritamos en la habitación de al lado, pero aún podemos escucharnos susurrar o hablar entre nosotros mismos mientras trabajamos o leemos. Estamos contentos de seguir aquí y agradecidos de vivir otro día.

"Aún Sigo Aquí."

Los más jóvenes se cansan de oír hablar de dolores y molestias y de médicos de personas mayores. A mí me paso. Torcía los ojos o dejaba de escuchar su charla médica. Sin embargo, este inventario de desafíos físicos es una prueba para mí de que *aún sigo aquí* en la tierra por una razón, o por muchas razones. Dentro de mi alma hay pasiones y fuego que me impulsan a hacer lo que hago, y por afuera hay un cuerpo carnoso desgastado y el rostro arrugado de una mujer muy feliz. Doy gracias a Dios por haber podido pedir ayuda, sin importar las circunstancias, el dolor o la necesidad. *Aún sigo aquí* porque Dios aún sigue aquí conmigo y para mí. Gracias, Señor, por darme otro día de vida … y gracia para enfrentar el próximo desafío … o la próxima galleta.

-44-
Encontrando un Nuevo Propósito y un Nuevo Amigo

No dejes que nadie te menosprecie porque eres joven, pero da el ejemplo a los creyentes en el habla, la conducta, el amor, la fe y la pureza. —1 Timoteo 4:12

"Aún Sigo Aquí."

Durante mis años de estudio en la Escuela de Teología Anderson, mi iglesia me ayudó a pagar la colegiatura. Además, me concedieron una subvención dedicada específicamente a las mujeres en el ministerio. Por tercera vez, me dieron una beca de una donación para mujeres de 30 años o más en el ministerio y me inscribí en el seminario. Las subvenciones y donaciones se establecieron para unicornios como yo para alentar a más mujeres en el ministerio. En los tres casos, no busqué el apoyo financiero; cada vez me sorprendían gratamente las provisiones de Dios y me abrumaba el hecho de que otras personas tuvieran fe en mí en mi viaje espiritual. En dos casos, no conocía a las personas que dieron y nunca las conocí. No cumplí mi objetivo de obtener una Maestría en Divinidad por un año de los requisitos del curso, pero estaba mejor equipado como ministro ordenado y con licencia y en mi papel como directora de la escuela de mi iglesia.

Avance rápido 30 años, estoy buscando un nuevo propósito en la jubilación en una pandemia. No asisto a Christ Immanuel Christian Fellowship como miembro de la iglesia, pero escucho el estudio bíblico del obispo Michael E. Dantley en línea. Un martes por la noche, invitó a los espectadores a unirse a él ese viernes para el "Café con el Obispo," donde presentaría un panel de jóvenes pastores y estudiantes en preparación para la ordenación al ministerio. El propósito era escuchar a la generación más joven de líderes de la iglesia para escuchar sus puntos de vista sobre cómo navegamos por la iglesia durante COVID y su visión para el futuro de la iglesia. Exactamente en ese momento, sin explicación, sentí una fuerte impresión del Espíritu Santo de que necesitaba conectar y apoyar a una o más mujeres jóvenes que estarían en esa reunión.

Le envié un mensaje de texto al obispo Dantley simplemente preguntándole si habría mujeres en el foro el viernes y él respondió: "Sí." No sabía cuántas mujeres vería, pero le conté a mi esposo sobre mi experiencia de escuchar al Espíritu Santo. Se ha acostumbrado a conversaciones como estas y no pareció sorprendido cuando le propuse patrocinar una de ellas de alguna manera. Decidimos una cantidad que podíamos pagar y hablamos de lo bendecidos que fuimos durante mis años en el seminario cuando nuestro presupuesto era ajustado con tres pequeños en casa.

Durante los siguientes tres días, me pregunté quién sería ella (o ellas). Oré al respecto y me desperté de una siesta con los nombres Victoria o Vashti en mi mente. Me pregunté si eso estaba relacionado con el plan. Tan pronto como comenzó el "Café con el Obispo," vi cuatro caras de hombres jóvenes y solo una mujer joven, que fue presentada como Francesca. Ella es una estudiante universitaria y quiere ser maestra de música y pastora de jóvenes. Francesca permaneció bastante callada mientras los demás proyectaban su visión de la iglesia. Cuando el obispo preguntó a cada presentador qué se necesita para ser un líder pastoral en los tiempos actuales, Francesca respondió que es importante para ella ser auténtica, vulnerable y real con las personas para que puedan confiar en que ella los guiará en su crecimiento espiritual. Su voz era tranquila, su tono serio, sus palabras concisas y su visión clara. Podía sentir mis ojos llenarse de lágrimas mientras la escuchaba, y supe que Dios ya nos había conectado a través de su Espíritu Santo.

Ese fue el comienzo de una conexión inexplicable y una maravillosa amistad. Le envié un mensaje al obispo Dantley para informarle de nuestra intención de ayudar a mantener a Francesca y asumí que enviaríamos un cheque a la iglesia para que lo ingresara en una cuenta. En cambio, me dio su información de contacto personal y nos presentamos por teléfono. Le dije que había abandonado el seminario y ella me dijo que tenía una "hoja de antecedentes penales" de discapacidades. Mientras hablábamos, me volví vergonzosamente emocional de nuevo al escuchar su alegría y sorpresa por nuestro encuentro "casual."

Decidimos chatear por video todos los miércoles y vernos las caras. En esa primera noche, conocí a su madre y a su hermana y conocieron a mi esposo. Después de un par de semanas, Francesca me envió un mensaje de texto y me pidió que fuera su mentora. Podemos provenir de diferentes ciudades, diferentes iglesias, diferentes culturas y diferentes edades, pero las dos somos mujeres en el ministerio amando a Jesús lo mejor que sabemos. Prometí ser un oído atento y una fuente de apoyo espiritual.

Doy gracias a Dios porque se me dio un nuevo propósito al remodelar mi vida en la jubilación y COVID. Espero con ansias nuestras charlas semanales. Habla mientras pasea a su perro, o su hermanita aparece en la pantalla para mostrarme sus regalos de cumpleaños. Es un intercambio tan bueno. Dios es muy bueno.

Le dije a mi joven aprendiz que estoy aquí para ella y que aun quiero seguir aquí para ella cuando sea ordenada y termine su título universitario. Ya hemos comenzado a leer el mismo libro de la Biblia en nuestras devociones diarias. Ella está "acampando" en Génesis y me uní a ella para tomar notas de mis impresiones mientras leo la Palabra de Dios. Cuando compartimos nuestros pensamientos, disfrutamos de la perspectiva de la otra, lo que genera incluso nuevas ideas e impresiones sobre cómo vemos a Dios obrar.

Hemos entretenido caprichosamente la idea de publicar un devocional juntas y encontrar una manera de incorporar su talento para escribir música. Nos reímos de escribir el guión y la música de "Genesis, El Musical." Luego dijo:

"Sabes, mis amigos y yo hemos hablado de cosas como esa. ¡Posiblemente podría suceder!" Y así siguen las bromas.

Nuestra amistad puede no resultar en la publicación de un libro devocional o un musical sobre Génesis, pero Dios definitivamente ha ordenado que nos crucemos durante estos tiempos sin precedentes. Antes de cerrar nuestras conversaciones, oramos juntas y prometemos tomarnos un tiempo para reflexionar sobre los eventos de la semana para que, intencionalmente, podamos ver a Dios obrando. Hablamos sobre los desafíos de la próxima semana y nos hacemos responsables mutuamente de afrontar la semana con la seguridad de que Dios está con nosotros. Él aún sigue aquí y esperamos con ansias lo que sigue.

La Historia de Francesca

Cuando me diagnosticaron una discapacidad de aprendizaje, no entendía realmente lo que eso significaba. Mis padres hicieron un muy buen trabajo al mantenerme animada a pesar de que tuve algunos desafíos. Siempre tuve problemas en la escuela, pero nunca entendí realmente por qué. ¿Por qué no aprendí o no entendí cosas como lo hicieron mis amigos? Cuando la escuela era difícil, mi mamá me hacía decir este versículo bíblico desde el estacionamiento hasta el auto:

Puedo hacer todas las cosas en Cristo que me fortalece. (Filipenses 4:13)

En cada momento en el que decía que no podía hacer algo, ella me hacía recitar esta escritura. En ese momento parecía algo que se suponía que debía decir porque éramos cristianos y creíamos en Dios, pero nunca supe que esa escritura se convertiría en una gran parte de mi historia.

En segundo grado fui a una nueva escuela llamada Springer School and Center donde todos eran como yo, así que nunca me sentí diferente. Hacer amigos allí no fue difícil porque en Springer todos tienen una discapacidad de aprendizaje y todos son iguales. Nunca supe que mientras estaba en séptimo grado, estaba en un nivel de lectura de quinto grado y en un nivel de matemáticas de cuarto grado. Todos estaban en diferentes niveles, y aunque sabía que era diferente, nunca me sentí así.

La escuela a la que fui era una escuela que mis padres no podían pagar. La colegiatura cuesta $18,000 por año, pero Dios fue constante al proporcionar los recursos en mi educación para que yo tuviera éxito y aprendiera estrategias que he llevado conmigo hasta el día de hoy. Recuerdo que mi mamá y mi papá me dijeron cuando crecí que siempre oraban por una forma de pagar mi colegiatura en Springer. A pesar de que batallaron, Dios siempre proporcionó una manera de pagar mi colegiatura y de recibir todos los servicios que necesitaba.

Después de Springer fui al distrito escolar de Wyoming. Fue un poco de choque cultural porque ahora me di cuenta de que realmente aprendí de manera diferente a todos y no era como todos. Aunque todos los maestros entendieron por lo que estaba pasando y eso facilitó la transición, Dios se mantuvo fiel al mostrarle a mi mamá los recursos para llegar a una escuela donde si pudiera.

Mi mamá dijo que esta iba a ser una escuela más difícil, pero ella creía que yo podía hacerlo y lo conseguí y podría ayudarme a superarlo como lo ha hecho siempre. Siempre tuve una personalidad en la que, aunque enfrentaba desafíos, no tenía miedo porque sabía que Dios siempre ha estado ahí para mí. Siempre me aseguré de tener éxito y tuve padres increíbles que me apoyaron. Empecé en Wyoming Middle School en octavo grado. Cuando comencé en Wyoming, noté que todos ya habían formado sus amistades, por lo que al principio fue difícil para mí adaptarme para encontrar mi nicho y con quién encajaría, pero con el tiempo descubrí con quienes encajaba realmente.

Cuando comencé allí, pensé que iba a ser similar a Springer donde estaba en una clase de lectura de quinto grado y otra clase de matemáticas de cuarto grado. Sin embargo, estaba en octavo grado en lengua y literatura en octavo grado en preálgebra, lo que me resultó más difícil. Sabía que si Dios podía darles a mis padres la colegiatura que necesitaba para Springer y si podía llevarme a esta muy buena escuela, entonces no había nada que le impidiera llevarme a cabo esta clase.

Terminé el octavo grado a nivel de grado en artes del lenguaje y matemáticas también y aunque hubo momentos en los que fue difícil, Dios se mantuvo fiel y consistente al brindarme personas que me apoyaron y se aseguraron de que tuviera lo que necesitaba. Tuve un gran maestro de matemáticas y un gran maestro de educación especial que pasó días después de la escuela ayudándome con mis asignaciones y asegurándose de que mis preguntas fueran respondidas. Tengo padres increíbles que trabajaron conmigo para asegurarse de que obtuviera las adaptaciones y el apoyo que necesitaba.

Para el noveno grado, debido a que había alcanzado el nivel de grado, mi madre y mi padre tuvieron que luchar para mantenerme en un IEP (Programa de Educacion Individualizado) porque había superado donde pensaban que iba a estar. Recuerdo que cuando crecí, mi madre me contaba especialmente historias sobre personas que dudaban de que yo lo lograra.

El día que me gradué de la escuela preparatoria, mi mamá me habló de nuevo sobre los escépticos, pero me gradué de la escuela preparatoria en una sociedad de honor llamada National High School Scholars, y me gradué con un promedio de calificaciones de 3.7. No podría haber llegado tan lejos sin el apoyo de mis padres, abuelos y maestros increíbles que vieron que tenía potencial para ser genial. Por supuesto, tengo que darle crédito a Dios por darme todos los recursos que necesitaba y darme padres increíbles que se quedaron a mi lado.

Al crecer, mi mamá y mi papá me influenciaron con la música gospel y mi papá es músico, así que no hay duda de que también terminé enamorándome de la música. Me encanta la forma en que los artistas de gospel hablaban de Jesús, y la música se sentía como el único idioma que no podía estropear porque era personal. Me inspiró a querer convertirme en maestra de coro.

En el camino para convertirme en un estudiante de educación musical, tuve que hacer una audición en la Universidad de Northern Kentucky. Audicioné durante mi tiempo allí dos veces y en ambas ocasiones me dijeron que no. Esto me desanimó, pero aún recordaba Filipenses 4:13 que mi mamá me hacía recitar de camino a la escuela. "Puedo hacer todas las cosas en Cristo que me fortalece." Me llevaron a la escuela en la que mi madre se había graduado con su licenciatura, la Universidad Mount Saint Joseph.

Cuando hice la audición, estaba enferma la semana anterior y no sabía si iba a poder cantar lo mejor que podía. Dios hizo las provisiones para que me dejaran entrar como estudiante de pre-educación musical y yo tendría que hacer una audición al final del semestre. Al final del semestre, Dios me permitió graduarme oficialmente en educación musical y ya no tuve que explicarle a la gente que aún no entraba y que aún tenía que volver a audicionar. Finalmente podría decir que ya lo soy. Nunca pensé que después de todas las ocasiones en las que dudaba de que incluso me graduaría de la universidad, sería una estudiante de tercer año en la universidad en camino de graduarme en 2022 con una licenciatura en música y una certificación en educación.

Sin Dios, nada de esto sería posible. Agradezco a mi mamá y mi papá maravillosos por empujarme y orar por mí y por los maestros que trabajaron con mis padres para asegurarse de que llegué a donde estoy hoy. Gracias a Dios, ahora puedo decirle a alguien más que, solo porque eres diferente a los demás, no significa que no puedas seguir tus sueños y tener éxito. Independientemente de lo que la gente diga, Dios tiene la última palabra sobre el lugar al que te dirige.

–45–
¿Quieres Jugar?

Caiga mi enseñanza como lluvia y mis palabras desciendan como rocío, como lluvia sobre hierba nueva, como lluvia abundante sobre plantas tiernas. —Deuteronomio 32:2

"Aún Sigo Aquí."

Un paseo matutino en la hierba llena del rocío
me invita a caminar descalza por el prado.

Mi única música son las melodías ondulantes
y los ritmos distintivos de la paloma matutina,
el carbonero y el gorrión.

El sol rojo anaranjado se eleva a través de las copas de los árboles
para dar la bienvenida a la vida silvestre,
incluyéndome a mí,
aparentemente la única humana despierta.

Las ardillas se escabullen por el tronco de un árbol,
cruzan algunas ramas y luego vuelven a bajar.

Dos venados mordisquean hierba en el campo
y se detienen a levantar la cabeza
ante el olor a humano en el aire,
moviendo sus colas blancas
y moviendo una oreja al menor movimiento.

Esta es mi comunión con Dios.
Esta es mi iglesia matutina.
Quiero tocar una gota de néctar de la madreselva en mi lengua
y probar lo que las abejas se llevan como tesoro.

Quiero mirar la cierva a los ojos, ambas en silencio y quietas,
sabiendo que ella me olió antes de que yo la viera,
pero me deja compartir este momento mágico
antes de que se adentre en el bosque.

Quiero sentir el viento fresco en mi rostro en la cima de la colina y
escuchar a Dios susurrando sabiduría en mis oídos, respirando:
"Estoy aquí ..."

Quiero caminar donde otros puedan haber meditado al aire libre
y sentir sus oraciones aún flotando
en el santuario del aire fresco de la mañana.

¿QUIERES JUGAR?

Quiero estar entre las lápidas envejecidas en el prado
y leer los nombres y las fechas,
y preguntarme sobre sus vidas, mientras celebro la mía.

Quiero envolverme en la fragancia de las flores
y la hierba recién cortada,
Donde soy el único ser humano vivo
disfrutando de este perfume
de vida y muerte en este único lugar
en este único momento en el tiempo.

Mientras el resto del mundo duerme,
o trata de relajarse y recargar energías,
o se pone al día con su trabajo del día,
yo sé que Dios está al aire libre en la naturaleza.
Lo escucho llamándome,

Y quiero salir a jugar.

Aún Sigo Aquí: La Vida Laboral

–46–
La Pequeña Perla de La Esquina

Una vez más, el reino de los cielos es como un comerciante que busca perlas finas. Cuando encontró uno de gran valor, se fue, vendió todo lo que tenía y lo compró. —Mateo 13:45-46

"Aún Sigo Aquí."

Una madre solía decirme que Small World Children's Center and Community Christian School era el lugar más dulce y seguro para que sus hijos asistieran a la escuela. "Es una perla preciosa en la esquina de Hamilton, diferente a cualquier otro lugar del mundo," me dijo. Ubicada en la Primera Iglesia de Dios en Lindenwald, un vecindario de Hamilton, Ohio, esta escuela atendió a bebés hasta el octavo grado con un plan de estudios que incluía lecciones y actividades centradas en la Biblia. Lo encontré después de buscar en varios preescolares para que asistieran mis hijos, y este fue el lugar que elegí para ellos, principalmente por la esposa del pastor, conocida como "tía Jean." Jean Snyder me enseñó más sobre la Biblia a través de las lecciones de mis hijos de lo que había aprendido en toda mi educación católica. Cuando recogí a mi hijo de su clase de preescolar, la tía Jean me contaba un poco sobre lo que habían hecho en la escuela ese día, lo que me provocó más preguntas sobre el personaje o la historia bíblica. La tía Jean siempre se despedía de los niños besando la punta de su dedo y luego tocando la punta de sus narices. "Eres amado," fue su famoso dicho.

En casa escuchaba a mis hijos cantar canciones sobre Jesús, canciones que yo no conocía. Me atrajo esta escuela que envió a los niños a casa felices y cantando sobre el amor de Dios. Me convertí en la "mamá de las galletas," conocida por hornear dulces y ayudar en las celebraciones. Luego me ofrecí a enseñar a los estudiantes en lectura y, finalmente, me contrataron para enseñar lectura, clases de música para principiantes y educación física. En ese momento, la escuela no estaba autorizada por el estado, por lo que no necesitaba una certificación en música o educación física, pero los estudiantes aprendieron a tocar una flauta dulce y a realizar habilidades de preparación en deportes y trabajo en equipo. Utilicé mi experiencia como juez y entrenador de gimnasia, y mi habilidad para tocar el piano, el ukelele y la flauta dulce.

Estaba tan impresionado con la calidad de la escuela que viajé a Columbus con el director para ver que la escuela se convertiría en una escuela autorizada por el estado. Todavía podríamos enseñar nuestro plan de estudios bíblico y obtener materiales educativos gratuitos para complementar lo que ya teníamos. Pasé el verano completando el papeleo de la carta mientras mis hijos jugaban en el programa de guardería de verano. Eventualmente fuimos autorizados hasta sexto grado, y luego también para séptimo y octavo grado.

Las familias de SWCC / CCS fueron comprensivas y amigables, a menudo ayudando al personal a crear buenos momentos para los estudiantes. Patrocinamos ferias y festivales que incorporaron temas bíblicos a nuestras actividades. Celebramos con platos caseros y casetas hechas a mano para que los niños de todas las edades vengan y disfruten del tiempo con sus padres y maestros. La gente de la iglesia venía y ayudaba, y algunas veces las familias se unían a la congregación de la iglesia los domingos y miércoles por la noche.

De mamá galleta a tutora, maestra y directora, me convencí de que esta escuela era el mejor lugar para toda mi familia. La escala salarial era significativamente menor que la de las escuelas públicas, pero todos los maestros y trabajadores de la guardería amaban sus trabajos y sacrificaban sus ingresos por la oportunidad de enseñar a los niños acerca de Jesús todos los días.

Un día, durante el almuerzo con el personal, la tía Jean me preguntó si alguna vez había estado en un viaje misionero. Le pregunté qué hacía la gente en estos viajes y me explicó que la iglesia envió grupos a otros países, esta vez a Argentina, para ayudar a construir iglesias, alentar a los pastores y misioneros locales y compartir a Jesús con todos los que conocieron, incluidos los niños. en una "Escuela Bíblica de Vacaciones." La tía Jean dijo: "Nancy, estarías genial con los niños. ¿Cree que le gustaría unirse a nosotros para planificar algunas actividades, juegos y lecciones para niños?" Además de querer ayudar, también quería ver más de cerca a los pastores y líderes de la Iglesia de Dios yendo en un viaje internacional con ellos. ¿Eran tan dulces y piadosos en un país extranjero como lo eran día a día en la iglesia y la escuela? Tenía curiosidad y quería dar un paso más para acercarme a servir a Dios de manera demostrativa. Ahora me doy cuenta de que este fue otro paso en el desarrollo de las habilidades de liderazgo necesarias en mi futuro.

Duda en contarles a mi esposo y a mis padres católicos acerca de esta idea, abordé el tema con cuidado. Mi esposo estaba dispuesto a cuidar de nuestros hijos mientras yo no estaba, pero yo estaba más receloso de decírselo a mi papá. Mamá había sido metodista antes de convertirse al catolicismo cuando se casó con papá, pero la herencia católica de papá se remonta a sus raíces en Europa. Cuando entré en el camino de entrada de papá, lo vi en su cortadora de césped con su sombrero de paja de borde ancho, camiseta sudada, pantalones cortos y guantes de trabajo. Cuando me vio, se detuvo pero no se bajó del tractor. "¡Tu madre está adentro!" me gritó.

Le devolví la llamada: "Lo sé, pero quería hablar contigo."

"¿Qué pasa?"

"Estaba pensando en hacer un viaje misionero a Argentina con el pastor Snyder y la tía Jean."

"¡Suena genial! ¿Por qué estás yendo?"

"Para contarle a la gente acerca de Jesús."

"¿No es Argentina 98 por ciento católica?"

"Sí, pero supongo que le diré al otro 2 por ciento sobre Jesús."

"Suena como un viaje divertido," dijo mientras giraba la podadora para recortar el césped a la perfección. Esa fue toda la confirmación que necesitaba, y ese fue el comienzo de muchos viajes misioneros internacionales y nacionales para mí. Aprendí el gozo de servir, dar, construir, jugar y compartir, independientemente de las barreras culturales o del idioma, gracias al amor de Jesús. Al final, mi esposo se unió a mí y la alegría fue más del doble ya que nuestros hijos también viajaron con nosotros. Éramos las manos y los pies de Jesús y nos hemos hecho amigos en todo el mundo con el mismo propósito.

Hasta el día de hoy, todavía me encuentro besando la punta de mi dedo y tocando la punta de la nariz de un niño, diciendo: "Eres amado.. En esta preciosa perla en la esquina de Lindenwald, todos sabíamos que nos amaban. *Aún sigo aquí* con la misión de que todos los niños sepan: "¡Eres amado!"

Algunos de mis mejores amigos son los que conocimos de nuestros días de SWCC / CCS, maestros, estudiantes y familias. Pude contratar a un exalumno para enseñar en la escuela de primer año. Leí acerca de un ex alumno de trabajo social que escribió una subvención y recibió fondos sustanciales para la salud mental. Otra es enfermera y otra profesora. Hay un estudiante del que no tendré noticias hasta que nos encontremos en el cielo, Tony Bustle. Tony fue uno de los inolvidables, de los que hay muchos. Su madre, Linda Burton, sirvió en nuestra junta escolar y fue una defensora de brindar la mejor educación e inculcar valores cristianos en nuestros hijos. En 2002, Tony murió en un accidente automovilístico. Su niña perdió a su papá y Linda perdió a su hijo. Aquí, en sus propias palabras, está el testimonio de fe de Linda.

Centavos del Cielo

¿Cómo puedo empezar a describir lo que ha significado para mí Small World Children's Center? Puedo comenzar diciendo que fue un factor integral en mi salvación y la de mi familia.

En 1979 era madre divorciada de un hijo muy pequeño. Aunque estaba empleado a tiempo completo, mi sueldo era increíblemente bajo, por lo que mi hijo y yo vivíamos con mi madre. Mi madre trabajaba, así que sabía que tenía que encontrar una guardería cercana y confiable para mi hijo. Mientras buscaba opciones en el directorio telefónico, mis ojos se posaron en uno que despertó mi interés: Small World Children's Center. Fue un ministerio de la Primera Iglesia de Dios. Los recuerdos volvieron a inundarse ... Primera Iglesia de Dios, la iglesia a la que fui cuando era niño Y estaba a solo una milla más o menos de la casa de mi madre y de mi trabajo. Inmediatamente inscribí a mi hijo Tony.

Varios meses después, pude pagar una vivienda para mi hijo y para mí, gracias a la vivienda de la Sección 8 (para familias con ingresos mínimos o nulos). Lo siguiente fue la tarea de tratar de encontrar un propietario de apartamento que aceptara la Sección 8. Era bastante nuevo en ese entonces. Había algunos edificios de apartamentos nuevos en Fairfield en ese momento en Southgate Boulevard. Decidí explorarlos. Mientras conducía por la calle, vi dos edificios de apartamentos, uno al lado del otro, con carteles de alquiler. Uno de ellos tenía contraventanas azules y el otro tenía contraventanas marrones. Le dije a mi amigo: "Tengo la sensación de que nos vamos a mover en el de las contraventanas azules." Resulta que estaba en lo cierto. Los dueños del apartamento con las contraventanas azules resultaron ser miembros de la Primera Iglesia de Dios. Además, los ocupantes de dos de los otros tres apartamentos del edificio estaban ocupados por las hijas de los propietarios, también miembros de la Primera Iglesia de Dios, Y la hija del pastor de la Primera Iglesia de Dios. Vaya, pensé, Dios realmente me está rodeando, así que hago lo correcto. Para colmo, resultó que mi segunda opción, ¡el dueño del edificio con las contraventanas marrones también era miembro de la Primera Iglesia de Dios! Me pareció que me había alejado de esa iglesia durante mi adolescencia y mis veinte años, ¡y Dios no me iba a dejar ir esta vez! ¡Qué Dios tan maravilloso!

Varios meses después de que mi hijo y yo nos mudamos a nuestro apartamento, alguien llamó a mi puerta. Una vez más, una cosa de Dios en mi opinión. Era mi nuevo propietario Bob Johnson y Harold Long, ambos de la primera Iglesia de Dios. Estaban haciendo visitas y Bob dijo que reconocía mi nombre como uno de sus inquilinos y quería invitarnos a la iglesia. En ese momento, estaba totalmente convencido ... "OK, ¡me tienes, Dios!"

¡Todo lo anterior es solo una evidencia de la persistencia de Dios y de lo maravillosamente bendecidos que fuimos mi hijo y yo al encontrar esta guardería y esta iglesia! Nunca, por un momento, temí que mi hijo no fuera atendido. ¡Sabía que lo cuidaba una familia, la familia de Dios! Estos maravillosos directores, maestros, ayudantes, ayudantes de la cafetería, conserjes de Small World y más tarde directores de Community Christian School, todos conocían a mi hijo por su nombre. Lo cuidaban como si fuera suyo; lo amaban y lo más importante, le enseñaron acerca de Jesús.

"Aún Sigo Aquí."

Recuerdo un incidente especialmente divertido que sucedió cuando Jean Snyder, la esposa del pastor, era la directora de la guardería. Me atrapó cuando entré a recoger a mi hijo y dijo: "Lo siento, pero tengo que hablar contigo sobre el lenguaje de Tony."

Mi mente corría a cien millas por minuto ... ¿qué dijo? ¿Fue una maldición? ¿Dónde lo escuchó? ¡Me imaginé lo peor!

Jean, cariñosamente conocida como "tía Jean," me dijo esto: "Hoy tuve que hablar con Tony sobre su idioma. Le dije que valía mucho más que eso. Si hablara un lenguaje feo, la gente pensaría que es feo." En este momento, estaba totalmente convencida. ¡Está bien, me tienes, Dios!

Pensé: "¡Oh, no! ¿Qué fue lo que ha dicho este hijo mío?"

Le pregunté a la tía Jean qué había dicho y ella respondió: "¡Dijo que su avión (apestaba)!"

Aunque le dije que le hablaría sobre eso, y lo hice, mi mente decía: "¡Gracias, Jesús, que no fue una palabra peor!" ¿Te imaginas hoy las cosas que nuestros pobres maestros y personal tienen que escuchar? Me siento tan bendecida de haber tenido personas cariñosas y bondadosas que señalaron lo que era apropiado y lo que no.

Podría contar tantas historias del amor de Dios y cómo nos bendijo a través de esta guardería y a través de Community Christian School. Me enorgullece decir que justo después de la edad de guardería, Tony asistió a Community Christian School hasta sexto grado y fue parte de su primera clase de graduados.

Para mí, es importante decir que cada pequeña cosa que haces como cristiano, especialmente en la enseñanza de niños y jóvenes, está teniendo un efecto, aunque no lo sepas. Sé que para mí, todas estas personas maravillosas influyeron directamente en mi aceptación de Cristo como mi Salvador, y también influyeron en la vida cristiana de mi esposo, parientes y amigos.

Lo que comenzó con una guardería terminó con la mayor bendición que podría tener en la vida. Perdí a mi precioso hijo Tony en 2001 en un accidente automovilístico. Se estaba graduando de la Universidad de Miami, tenía un trabajo y estaba deseando vivir. Su vida en la tierra fue corta, pero su vida con nuestro Salvador es para siempre. Tengo la increíble seguridad de que lo volveré a ver una y otra vez ... lo están cuidando.

Dios no me ha olvidado. Justo después de perder a Tony, estaba en un estado que ni siquiera puedo describir. Sentí que no podía mover mis piernas, ni mis brazos ... solo levantarme de la silla fue un esfuerzo. Un día logré entrar en nuestra sala familiar. Allí teníamos un tablero de dardos eléctricos. Estaba solo, pero de alguna manera sentí algo de paz. Le grité a Dios: "¡Por favor, envíame una señal de que mi hijo está a salvo contigo!"

Había oído hablar de personas que recibían señales antes, pero era bastante escéptico, así que fui bastante específico. "Dios, si mi hijo está a salvo contigo, por favor, coloca uno de los dardos rojos en el medio del tablero de dardos." No sé cómo sucedió, ¿un ángel tal vez? A la mañana siguiente, ahí estaba: ¡un dardo rojo justo en el medio del tablero de dardos! Nadie pudo haber escuchado mi súplica, así que siento que fue cosa de Dios. Empecé a sentirme un poco más fuerte.

Después de eso, comencé a recibir "Centavos del cielo." Había escuchado la canción, pero realmente no sabía mucho sobre las personas que recibían centavos que sentían que eran de sus seres queridos fallecidos. Los encontraría en los lugares más insólitos. Dejaría algo en un restaurante y me agacharía para recogerlo y habría un centavo. ¡Los encontraría por todas partes! Una vez, cuando estaba esperando una mamografía, vi una moneda de un centavo en un carrito. Le pregunté a la enfermera: "Si le doy otro centavo, ¿puedo tomar ese?" Le expliqué sobre los centavos. Ella dijo que lo tomara; ¡ni siquiera sabía cómo entró el carro allí! Podría seguir y seguir, pero permítanme decirles que ahora, después de casi 19 años, tengo cientos y cientos de centavos. Parecen aparecer cuando estoy realmente deprimido. Aún así, después de todos estos años, tengo días buenos y días malos, pero los días buenos superan en número a los malos.

Recuerdo que una señora de la iglesia me llamó después de la muerte de Tony y me dijo que ella también había perdido a su hijo. Ella me dijo que tendría días buenos y días malos, pero con el paso del tiempo, los buenos recuerdos superarían a los malos. Puedo testificar que esto es cierto. Los recuerdos solían ser dolorosos, pero ahora los atesoro a todos.

¡Nunca pierdas la esperanza, Dios nos ama! Ámense unos a otros, enséñense unos a otros y, lo más importante, ¡Ama a Dios!

Incluso cuando piensa que no está marcando la diferencia, lo está haciendo.

Recuerde, mi historia comenzó como una madre joven que estaba herida y confundida, ¡pero estaba rodeada de un Dios amoroso, gente cristiana amorosa y una guardería cristiana! ¡Ustedes son sus manos!

Recuerde ... ¡todo comenzó con una amorosa guardería cristiana!

–47–
Para sus Hijos en el Autobús de la Iglesia, Sigue Siendo una Estrella de Rock

Uno de los sirvientes respondió: "He visto a un hijo de Isaí de Belén que sabe tocar la lira. Es un hombre valiente y un guerrero. Habla bien y es un hombre atractivo. Y el Señor está con él." —1 Samuel 16:18

"Aún Sigo Aquí."

Cuando era director de una escuela alternativa, buscaba un monitor de pasillo amigable que pudiera relacionarse con los adolescentes y ayudar a mantener el orden en la escuela. Uno de los monitores de nuestro salón recomendó a su amiga, Wendell, quien era una pastora de jóvenes con gran simpatía con los adolescentes. Wendell se unió a nosotros durante un tiempo como monitor de pasillo y luego en un rol de consejero a través de fondos comunitarios. Hizo mucho más que supervisar a los adolescentes; los impactó de una manera positiva al repensar sus comportamientos para volver a encarrilarlos.

Su reclamo a la fama es su conexión con Lynyrd Skynyrd en su juventud; solo pídale que toque un riff con su guitarra. Wendell es una luz de esperanza para los niños del centro de la ciudad; solo pregúntales. Conduce el autobús de la iglesia por la ciudad para recogerlos para ir a la iglesia y comer pizza los miércoles por la noche. Los domingos predica. Durante el resto del tiempo, sirve a las personas y a Dios de muchas maneras. Cuando le pedí que escribiera su testimonio para este libro, dijo que sí inmediatamente, justo después de que se hizo cargo de 2 funerales, 1 boda y ayudó a alguien a mudarse durante el fin de semana. Todavía estoy aquí en el ministerio, pero si alguna vez pienso que estoy ocupado, puedo mirar el horario del pastor Wendell y reconsiderarlo. Aquí está su historia en sus propias palabras.

El Testimonio de Pastor Wendell Coning

Cuando era niño tenía un gran deseo de hacer feliz a la gente y amaba la música. Empecé a tocar música a una edad temprana. A través de diferentes conexiones, me convertí en parte de una pequeña banda cuando era adolescente. Durante este tiempo, experimenté con drogas y alcohol. Mi padre iba a Arabia Saudita y trabajaba varios meses seguidos mientras mi madre estaba en casa luchando contra la depresión. Mi hermano estaba involucrado en la religión oriental y su familia estaba luchando. Mi hermana estaba pasando por un divorcio muy malo con dos niños pequeños.

La puerta comenzó a abrirse para la banda cuando nos conectamos con un gerente de producción de la banda Lynyrd Skynyrd. Esto fue después del accidente aéreo de la banda, y el manager estaba realmente en la banda y nos escuchó y le gustó nuestra música. En Florida abrimos para bandas como 38 Special, Molly Hatchet, Blackfoot y otras bandas de rock sureñas. El hombre real llamado Lynyrd Skynyrd era dueño de clubes nocturnos en Jacksonville, Florida y nos permitió tocar en ellos. Quería que firmáramos un contrato discográfico con él.

Durante este tiempo, mi vida estaba fuera de control. Dejé a dos niñas embarazadas y tuvieron abortos. Estaba tan egocéntrico. Mi mamá notó que nuestras vidas estaban fuera de control, así que fue a la iglesia y recibió a Cristo en su vida. Comenzó a orar por nuestra familia y a hacer que otras personas oraran. Siempre le digo a la gente que nunca abandone la oración. ¡Así funciona!

Cuando regresamos de un viaje por carretera, mi mamá me pidió que me reuniera con el predicador en la iglesia donde ella asistía, y lo hice. ¡Le pedí a Dios perdón por mis pecados y entregué mi corazón a Cristo el 28 de julio de 1983 a las 10 a.m. en 725 Campbell Ave. en Hamilton, Ohio! No estoy seguro de qué significaba todo eso en ese momento, pero sabía que tenía que haber un cambio en mi vida. Aunque tenía un contrato con la banda, escuché de este programa llamado "Good Samaritan Inn" ("La Posada del Buen Samaritano"), como un "Teen Challenge" ("Desafío Adolescente"), que era un programa de tres meses, así que decidí dejar la banda e ir a la Posada.

¡Fue la mejor elección que hice en mi vida! Los miembros de la banda estaban bastante molestos conmigo porque tuve que romper el contrato, pero fue una oportunidad para cambiar mi vida. Entré en el programa de tres meses, pero me quedé nueve meses. Me empleé en la Posada y comencé a ayudar a otros a cambiar sus vidas.

Después de un tiempo, decidí ir a la Universidad Bíblica y me fui a Oklahoma a una Universidad Bíblica que me ayudó en mi caminar con el Señor. Mi escritura favorita es esta:

Por tanto, si alguno está en Cristo, nueva criatura es; las cosas viejas pasaron; he aquí todas son hechas nuevas. (2 Corintios 5:17)

Después de Bible College, me convertí en pastor de jóvenes durante casi 15 años en varias iglesias. Sin embargo, pasé por un momento difícil y renuncié a mi puesto en la iglesia. Solicité el divorcio y obtuve la custodia de mis dos hijos. Algunas personas piensan que una vez que se vuelven cristianos, todos sus problemas desaparecen, y eso está lejos de la verdad. Jesús nos dijo esto:

En este mundo vas a tener problemas, pero anímate porque he vencido al mundo. (Juan 16:33)

¡Es por eso que tenemos que poner nuestra confianza total en Él y poner nuestros pensamientos y enfocarnos en Él y no apoyarnos en nuestro propio entendimiento! Durante este tiempo, pensé que el ministerio había terminado para mí. Entonces Dios abrió una nueva puerta. Tuve la oportunidad de trabajar para el sistema escolar como paraprofesional de una escuela alternativa, llamada "RESCUE" ("RESCATE,") y la directora era Nancy Hulshult.

Solo quiero decir que los maestros, directores y la administración pueden hacer mucho por los niños, algunos tal vez incluso más que las iglesias. Las escuelas tienen oportunidades increíbles para llegar a los jóvenes y dar forma a sus vidas.

Mientras ayudaba en la escuela alternativa, noté que el edificio de la escuela tenía un auditorio que no estaba siendo utilizado, y pensé; ¿Por qué no usarlo para una iglesia en el centro de la ciudad? En marzo de 2001, iniciamos el "Hamilton Dream Center" ("El Centro de las Sueños".)

Hay más de 140 Centros de Sueños en todo el país, ¡y somos uno de ellos que trabaja en el centro de la ciudad! Entonces la puerta se abrió para que compráramos el edificio en el que estuvo la escuela por un tiempo y era la iglesia que realmente pido a Cristo en mi corazón. Durante los últimos 20 años, hemos repartió miles de útiles escolares y mochilas, abrigos para niños, Acción de Gracias cenas y regalos de Navidad ¡cada año! Pero ahora estamos tan emocionados con lo que el Señor está haciendo en nuestras vidas y ayudando a las personas en el centro de la ciudad. Todos los miércoles recogemos a niños y jóvenes y los alimentamos y tenemos servicios religiosos en El domingo por la mañana también con la despensa de alimentos y adoptamos un bloque por donde salimos (al barrio) los sábados.

¡Nuestro tema es "Restaurar Sueños y Llevar Esperanza al Centro de la Ciudad!"

-48-
La Asignación

Y mientras les enseñaba, dijo: "¿No está escrito: 'Mi casa será llamada casa de oración para todas las naciones'? Pero tú la has convertido en 'cueva de ladrones.'" —Marcos 11:14

"Aún Sigo Aquí."

Nuestro entorno escolar alternativo era inusual. Era un edificio histórico de la iglesia en el distrito de Dayton Lane de Hamilton, Ohio. Los salones de clase se construyeron con salones de escuela dominical, cafeterías y el gran santuario con vidrieras de techo a piso, cada una representando una parte de la vida de Jesucristo. A un lado del santuario, configuramos una biblioteca y un centro multimedia. En el otro lado había un aula de inglés con mesas y separadores de habitaciones. En la plataforma del santuario, irónicamente, estaba nuestro espacio de "tiempo fuera" donde los estudiantes serían supervisados por un adulto para mantener nuestros espacios de instrucción enfocados en el trabajo de clase. Las antiguas salas de oración se convirtieron en oficinas de los consejeros donde podían hablar individualmente con el fin de resolver cualquier obstáculo para la graduación.

En el frente de la iglesia, en la entrada al santuario, había un espacio para colocar nuestro detector de metales de paso para escanear a los estudiantes cuando llegaban a la escuela todos los días. Nuestro oficial de recursos y equipo administrativo se aseguraría de que nadie trajera contrabando. Sobre la parte superior de la puerta, y también sobre la parte superior del detector de metales, había una placa grabada con las palabras: "Mi casa será llamada casa de oración." Como director que también es ministro, no vi la necesidad de quitar la placa, ni nadie más, por lo que permaneció a través de todos los años que la escuela alternativa estaba allí, y todavía permanecía cuando un pastor local y su iglesia compró el edificio del distrito escolar.

Me inspiré a diario en las hermosas ventanas y los techos altos del santuario. Visité la habitación a menudo para comprobar el tiempo de espera. Un día escuché a la maestra de inglés y a un estudiante discutiendo sobre las asignaciones perdidas. El estudiante insistía en que pusiera su papeleo de inglés en el cable "en la canasta" en el escritorio del maestro, y el maestro continuaba diciendo con calma: "Pero si tu trabajo no está ahí, ¿cómo se supone que voy a darte una calificación por ¿eso? Tendrás que volver a hacerlo."

El estudiante era un adolescente alto, delgado, musculoso, de cabello rubio, ojos azules y un andar decidido. Su mirada era única entre sus compañeros; tenía el pelo corto y lacio recortado sobre las orejas, no tenía tatuajes visibles y mantuvo la voz tranquila cuando expresó sus opiniones. Sus padres estaban en el ejército y asistieron a conferencias para hacernos saber cuánto apoyaban a su hijo y su deseo de alistarse en la Infantería de Marina de los Estados Unidos, a pesar de que tenían diferentes preferencias en cuanto a qué brazo del ejército elegir. Querían que su hijo terminara la secundaria al final de su último año para estar listo para el campamento de entrenamiento después del verano.

LA ASIGNACIÓN

Una de mis responsabilidades como directora es escuchar a los maestros y estudiantes, particularmente cuando tienen puntos de vista opuestos en los conflictos entre maestros y estudiantes. Estuve de acuerdo con el maestro en que no podía dar crédito por el trabajo que no vio, y estuve de acuerdo con el alumno en que debería sentirse frustrado por entregar una tarea que desapareció. Como elijo creer a todos hasta que me mientan, les creí a ambos. Supongo que otros estudiantes habían eliminado su asignación de inglés para usarla en su beneficio, pero no pude probarlo.

Le pregunté si le importaría repetir la tarea y seguir adelante con sus requisitos de graduación. El se negó. Insistió en que hizo la tarea, que le creyéramos y que el maestro le transmitiera su palabra. Cuando no acepté su sugerencia, comenzó a marcharse, diciendo que estaba abandonando la escuela y nunca más volvería a la escuela. Y supe que lo decía en serio.

Le pedí que me escuchara un minuto más y se detuvo a mirarme con respeto.

Le dije: "Cuando sales de aquí hoy, estás abandonando tus metas y sueños para tu vida. Te mantienes en un principio, lo que entiendo, pero también vas a tener consecuencias de las que te arrepentirás más adelante. Déjame preguntarte esto: si vas al campo de entrenamiento, y el instructor te grita en la cara y te ordena que te agaches y le des 50 flexiones sin ningún motivo, ¿vas a hacer las 50 flexiones?"

Él respondió: "Sí, señora."

"Si hicieras 50 flexiones de brazos sin ninguna razón, solo porque tu sargento lo dice, entonces ¿qué tiene de diferente que te pida que repitas una tarea, porque te estoy pidiendo?"

Hizo una pausa por un momento con la cabeza gacha, pensando mucho, y luego dijo: "Está bien. Lo haré."

Cuando se dio la vuelta y regresó a su escritorio, me sentí aliviado y tan feliz por él, que eligió su objetivo a largo plazo en lugar de una dificultad a corto plazo. Seguí pensando en su elección y quería apoyarlo durante sus últimos meses de escuela. Recé para que él mantuviera el rumbo.

En casa, mientras caminaba en mi caminadora por la mañana, noté dos uniformes colgados en nuestra lavandería. Una era una chaqueta militar que pertenecía a mi suegro y la otra era un uniforme completo que pertenecía a mi hermano mayor, que había servido en Vietnam como infante de marina de los Estados Unidos. Mi hermano ya no quería su uniforme, pero mi madre lo guardó y yo lo guardé después de que ella murió. Mientras hacía ejercicio y oraba por mi alumno, supe que quería darle una señal tangible de mi apoyo. Examiné la chaqueta de Marine y corté uno de los botones, que tenía la insignia de Marine. Puse el botón en un sobre y le escribí un mensaje sobre el servicio de mi hermano y sobre mi deseo de que sirviera con orgullo como un infante de marina de los Estados Unidos. Al día siguiente en la escuela, le entregué el sobre y él agradeció el gesto.

Me invitaron a su fiesta de graduación de la escuela secundaria y me enviaron al campo de entrenamiento. Le escribí algunas cartas alentadoras con algunas Escrituras y promesas de oraciones. A su vez, me envió una de las correas de sus botas como muestra de su agradecimiento. Usé la correa verde de la bota militar como pulsera para recordarme a mí misma que debía orar por él mientras servía en el extranjero. Después de que regresó a casa sano y salvo, puse la correa de la bota en mi joyero.

Después de un campamento de entrenamiento y un despliegue o dos, regresó a nuestra escuela alternativa vestido de azul y condecorado medallas. Su postura era más recta, sus palabras más pulidas y su comportamiento orgulloso y respetuoso. Habló con nuestros estudiantes alternativos y les contó el momento en que casi abandona sus sueños. Los animó a seguir adelante y terminar con sus diplomas de secundaria en la mano para perseguir sus sueños.

Su familia se mudó fuera del estado, pero todavía los sigo en Facebook, todavía animado por su fe y su servicio a nuestro país. *Aún sigo aquí* viviendo mis sueños, y él ha seguido adelante para vivir sus sueños. Supongo que nos hemos inspirado mutuamente.

–49–
Primera en Terminar en una Familia de Nueve

*En Ti pondrán su confianza los que conocen Tu nombre,
Porque Tú, oh Señor, no abandonas a los que te buscan.. —Salmo 9:10*

"Aún Sigo Aquí."

Los maestros a menudo intentan conectarse con los estudiantes diciendo algo sobre conocer a un hermano mayor, pero los hermanos menores queremos ser nuestra propia persona sin el estigma o la presión de quienes vinieron antes que nosotros. Este fue el caso de una estudiante luchadora en nuestra escuela alternativa cuya familia de nueve hermanos era conocida por muchos educadores. Quería ser juzgada por sus propios méritos y me juró que sería la primera de su familia en graduarse de la escuela preparatoria. Le creí, hasta que llegaron los días en que los problemas familiares superaron su educación.

A menudo estallaba y entraba en mi oficina, diciendo que no podía aceptar que la gente fuera estúpida, o se preocupara por su padre enfermo, o se preocupara por los comportamientos adictivos de su hermana. Por lo general, la dejaba hablar o trabajar en mi oficina o en un espacio tranquilo, y ella volvía a la tarea para completar créditos para graduarse.

Un día entró en mi oficina llorando porque su padre estaba siendo llevado al hospital. Su madre necesitaba que volviera a casa para quedarse con los niños más pequeños y la ambulancia se dirigía a su casa. El otro problema era que su casa estaba demasiado lejos para caminar en un tiempo razonable y nadie podía recogerla de la escuela. Ella estaba perdida, como yo.

Decidí confiar en el Señor y en mis instintos y la llevé a casa. Ella sollozó todo el camino mientras le pedía direcciones y finalmente vi las luces intermitentes de la ambulancia. Llevaban a su padre y su madre estaba en el porche con los niños pequeños. Salió volando de mi coche y gritó: "¡Gracias!" y su madre me saludó con la mano y se dirigió hacia la ambulancia. Quería hacer más, pero tenía responsabilidades para cientos de estudiantes en la escuela.

Finalmente, su padre fue dado de alta del hospital y ella regresó a la escuela, atrasada pero decidida a ponerse al día. No solo se graduó de la escuela preparatoria, sino que también recibió una beca universitaria de $500 de nuestros socios comunitarios. Había planeado trabajar por el resto de su colegiatura y consiguió un trabajo en Sonic, un restaurant donde rápidamente se convirtió en gerente. Esto no fue una sorpresa para mí, ya que ella manejaba una casa llena de hermanos menores.

La visité en Sonic y escuché sus nuevas noticias sobre su trayectoria profesional. La enviaron a otros estados para abrir nuevos restaurantes Sonic y celebramos su éxito y el hecho de que estaba conociendo el mundo, con todos los gastos pagados: en sus palabras, "¡gasolina, hotel y todo!"

Le perdí el rastro cuando se trasladó a otra tienda, hasta años más tarde, cuando entró en mi nueva escuela alternativa que se encuentra en nuestro centro de inscripción. Entró con dos de sus propios hijos para inscribirlos en las escuelas de Hamilton. Me llamó por mi nombre y me dio un gran abrazo. Lamentablemente, tanto su madre como su padre habían fallecido hace dos años, y ella todavía los extrañaba mucho. Miré a su pequeño hijo y a su hija y vi la imagen exacta de su madre en la niña. Cuando me dijo que le puso a su pequeña el nombre de su madre, no pude contener las lágrimas. Nos abrazamos de nuevo y hablamos sobre sus días en la escuela preparatoria y sus éxitos. Dijo que no estaría aquí hoy si no fuera por mí ayuda en sus momentos más difíciles. No tenía idea de que un pequeño espacio para desahogarse y haberla llevado una vez a casa significarían tanto para un estudiante. Ella dijo que pensaba que ya me habría jubilado, pero le dije: "No. *Aún sigo aquí. Me estoy divirtiendo demasiado para dejarlo.*" Sin embargo, nos reímos del hecho de que definitivamente no seguiré siendo directora cuando su pequeña llegue a la escuela preparatoria. Dijo que llamará pronto para poder llevarme a almorzar cuando sus hijos estén en la escuela, y voy a insistir en que pasemos por Sonic para ver quién lo está administrando ahora.

–50–
"¡Te Vas a Sacar un Ojo!"

"Ni este hombre ni sus padres pecaron," dijo Jesús, "pero esto sucedió para que las obras de Dios se manifestaran en él. Mientras sea de día, debemos hacer las obras del que me envió. Se acerca la noche, cuando nadie puede trabajar. Mientras estoy en el mundo, soy la luz del mundo." —Juan 9:3-5

"Aún Sigo Aquí."

En la popular película estadounidense *A Christmas Story*, el joven Ralphie le pide a su madre una pistola de aire comprimido Red Ryder y su madre dice: "¡No, te vas a sacar un ojo!" Esta famosa cita se ha introducido en el Diccionario Urbano, pero el hecho es que jugar con armas en realidad puede causar graves daños físicos.

Escuché en las noticias que dos adolescentes de Hamilton estaban jugando con una pistola y uno había recibido un disparo en la cara, transportado en helicóptero a un hospital de Cincinnati y considerado en estado crítico. La víctima era uno de mis alumnos. Según dijeron, habían comprado el arma en el callejón detrás del mercado mexicano junto a su casa. Cuando llevaron el arma a casa para inspeccionarla, estaba cargada y se disparó una bala que le dio al rostro del joven y le salió por la cabeza.

Quería hacer algo y, al principio, lo único útil que podía pensar en hacer era orar por él. Le pedí a Dios un milagro para salvarlo. Aunque no tenía una relación particularmente cercana con él, él era uno de mis alumnos, así que me sentí impresionada de hacer algo más. Manejé hasta el hospital y me senté en la gran sala de espera afuera de la Unidad de Cuidados Intensivos, leí mi Biblia y oré por él y por su familia. Vi a una familia reunida y llorando y solo podía asumir que podría ser su familia, pero no quería interrumpir su dolor y tristeza.

Una señora mayor pasó a mi lado y miró mi identificación de trabajo que colgaba de mi cuello y me preguntó si era de la escuela. Le dije que yo era su directora y que estaba ahí para dar apoyo y oración. Se presentó como su abuela y dijo que ella también estaba orando por él y que su madre y su padre estaban en la sala de cuidados intensivos con él en ese momento.

Después de una hora más o menos, su madre se acercó a mí y me preguntó si quería verlo. Me sorprendió y realmente no sabía si realmente quería verlo. Mi estómago se revuelve cuando veo a un ser querido con dolor o cuando veo sangre. Pensé que podría desmoronarme al verlo y respiré hondo. Al principio, hice un pretexto, diciendo que solo se permitía a la familia con los pacientes de la unidad de cuidados intensivos y que otros miembros de la familia podrían querer verlo antes que yo. Sin embargo, su madre insistió, diciendo que había hecho el viaje al hospital para verlo y que probablemente a él le gustaría verme. Su abuela había ido a orar por él y la familia quería que me uniera a ella. Accedí y la seguí hasta la puerta de la unidad de cuidados intensivos.

Mientras empujaba la puerta para abrirla, contuve la respiración, preguntándome qué vería y cómo reaccionaría. Su abuela estaba junto a su camilla, llorando y mirándole la cara, que estaba casi completamente envuelta en gasas. "No se ha movido desde que lo trajeron," sollozó. "No saben si va a vivir."

Le pregunté a la abuela si podía orar en voz alta por su nieto y ella asintió con la cabeza. Mientras oraba por él y pedía en el nombre de Jesús que lo mantuviera con vida y que bendijera a sus médicos, enfermeras y familiares, comencé a llorar junto con la abuela. No pude terminar la oración; No podía dejar de rogarle al Señor que dejara vivir a este joven como una señal de que todavía ocurren milagros en nuestro mundo. Oré cerca de su oído con la esperanza de que pudiera escuchar cuánto lo amaban y cuánto necesitaba luchar para mantenerse con vida. Gritando su nombre, le dije: "Si puedes oírme, pídele a Jesús que te sane. No sé si crees en Dios o no, pero ten fe en Él y en su poder para curarte. Si ves a Jesús o escuchas de Dios, responde y pide una curación milagrosa en el nombre de Jesús."

No sé si todas estas palabras fueron exactamente las que salieron de mi boca, pero sentí como si estuviera llamando a los muertos para que volvieran a la vida. Pienso en María y Marta en la tumba de Lázaro, llorando y preguntándole a Jesús por qué no estaba allí para sanarlo, pero luego Jesús llamó a Lázaro para que saliera de la tumba, y Lázaro se levantó y salió. Eso es lo que quería de mi alumno, levantarse y vivir.

Finalmente, dije: "En el nombre de Jesús, amén." Durante todo nuestro tiempo de oración, él no se movió. Los únicos sonidos eran los de las máquinas y monitores que lo rodeaban. La abuela me agradeció por mi oración y dijo que ella también tenía fe en que Dios cuidaría de él. Dije: "Esperamos y oramos por un milagro. Ojalá supiera que él también escuchó nuestras oraciones para que luche para quedarse con nosotros."

Me preparé para irme y le di unas palmaditas en el brazo, diciéndole que lo amaba y que quería que regresara a la escuela para terminar su último crédito y medio de su diploma de secundaria. Cuando me di la vuelta para caminar alrededor de su cama, su pie derecho tembló. La abuela y yo nos miramos. "¿Viste eso?" y ambas rompimos en grandes sonrisas. ¡Tanto el Señor como su nieto nos habían escuchado!

Cuando le dijimos a la enfermera que su pie se había movido, ella respondió que a menudo puede haber espasmos musculares involuntarios en pacientes con este tipo de lesiones. Ella dijo que eso no significaba que saliera del coma. De hecho, no querían que respondiera porque necesitaba descansar y prepararse para una cirugía extensa por delante, si lograba pasar los próximos días.

Su abuela y yo seguimos creyendo que Dios nos había dado una señal de que iba a lograrlo, ¡y lo hizo! Un largo viaje de cirugías y hospitalizaciones lo llevó a un momento en el que pudo regresar a su hogar. El domingo después de ese día, toda su familia llenó en una banca de nuestra iglesia para agradecer a Dios y agradecernos por orar por él, nuestro milagro viviente.

Cuando su madre o su padre me llamaban para informarme sobre su progreso, yo les preguntaba: "¿Cómo está nuestro niño milagroso?" Había perdido un ojo y estaba paralizado, pero estaba aprendiendo a caminar de nuevo. Quería volver a la escuela, pero era imposible. Su novia estaba en mi escuela, así que envié sus tareas a casa con ella. Entre ella y su madre, él redujo las tareas del curso, pero la graduación estaba a solo unos meses. No sabía si cumpliría la fecha límite para graduarse de la escuela preparatoria ese año, pero le prometí a su familia que podría continuar hasta que terminara el año siguiente, si fuera necesario.

Sorprendentemente, completó todos los requisitos necesarios, obviamente no con las mejores calificaciones, pero con las calificaciones suficientes para aprobar las clases. Estaba encantado de saber que se graduaría a tiempo. Este fue otro milagro, en lo que a nosotros respecta. Su recuperación fue más que eso. Se le garantizó su diploma, fuera o no en la ceremonia de graduación de la escuela preparatoria en nuestra universidad local.

Entonces sucedió. Estaba sentada en la plataforma al comienzo, escuchando los nombres de los graduados cuando se acercaban para estrechar la mano de los miembros de la junta escolar y del superintendente. Escuché su nombre y lo vi subir con cuidado los pocos escalones, agarrándose al pasamanos con una mano y apoyándose en su bastón con la otra. No podía creer mis ojos. Dejé mi asiento y lo saludé arriba en las escaleras. "¡Felicitaciones, Niño Milagro! ¡Lo hiciste!" Me abrazó y me susurró las gracias.

Mientras lo observaba haciendo el laborioso camino junto a los dignatarios y estrechando cada mano, su rostro se iluminó cuando le entregaron su diploma. No escuché los siguientes nombres siendo nombrados. Solo pude ver un milagro caminando. Me pregunté cuántas personas en la audiencia de cientos sabían cuánto había trabajado para estar allí en ese momento.

Su familia y compañeros de clase lo vitorearon mientras bajaba las escaleras y regresaba a su asiento, luciendo distinguido con su toga y birrete azul brillante, un graduado de la escuela preparatoria.

Para todos los graduados que caminan por el escenario para recibir sus diplomas, hay historias de lucha, determinación, perseverancia y victoria. Algunos reclaman la victoria por sus propios méritos y otros dan crédito a otros que los ayudaron en el camino. En el caso del niño milagroso, le doy mucho crédito por luchar para mantenerse con vida y seguir sus sueños. A Dios le doy el honor y la gloria por mostrarnos que todavía suceden milagros porque él todavía está aquí.

Le he perdido la pista a lo largo de los años, pero cuando veo a uno de sus familiares en el supermercado o en la escuela, les pregunto: "¿Cómo está nuestro niño milagro?" Solo una vez me encontré con él, caminando sin ayuda y luciendo tan saludable. Me avergoncé de mí misma al hablar sobre él y abrazarlo frente a sus amigos. No pude evitar llorar de nuevo al ver a nuestro Lázaro moderno. La vida tiene una manera de unir a las personas de maneras inesperadas, y Dios tiene una manera de recordarnos que Él también sigue aquí.

–51–
Un Coche Puede Ser Un Hogar

Hasta este momento pasamos hambre y sed, estamos en harapos, nos tratan brutalmente, estamos sin hogar. Trabajamos duro con nuestras propias manos. Cuando somos maldecidos, bendecimos; cuando somos perseguidos, lo soportamos; cuando nos difaman, respondemos amablemente. Nos hemos convertido en la escoria de la tierra, la basura del mundo, hasta este momento. —1 Corintios 4:11-13

"Aún Sigo Aquí."

Algunos adolescentes tienen cierto estilo que les llama la atención. Tatuajes, camisetas de la cultura pop, vestirse solo con ropa de color negro, una mezcla de cabello de colores o cualquier nueva apariencia que esté de moda cada año escolar. Casi todos los días, un estudiante de 18 años venía a mi escuela con una camisa de botones sedosa de color naranja brillante y amarillo con una especie de diseño de filigrana en el dobladillo inferior recto que llegaba debajo de sus caderas. Llevaba pantalones de mezclilla y llevaba el pelo corto. Su rostro estaba bien afeitado y sus delgados labios no se movían mucho cuando respondía preguntas. Rara vez iniciaba una conversación. Se mantuvo reservado y trabajó de manera constante en sus cursos. Excepto por el color de la camisa naranja neón, el joven se habría mezclado con la multitud de estudiantes alternativos. Me impresionó su comportamiento tranquilo y su capacidad para mantenerse al margen de cualquier conflicto social. Le pregunté por qué usaba esa camisa tan chévere todos los días, y dijo: "Porque realmente me gusta."

Un día después de la escuela, una maestra vino a mi oficina y me dijo que había escuchado que él no tenía hogar, pero tenía un automóvil, que también era su casa. Cuando llego temprano una mañana en la parte frente de la escuela, lo vio todavía durmiendo en su auto. La maestra se enteró por otros estudiantes que tenía todas sus pertenencias terrenales en el maletero de su automóvil. Buscaba un lugar para estacionar su auto para dormir bien por la noche o quedarse en el sofá de alguien más o encontrar un lugar para bañarse antes de ir a la escuela.

Me sorprendí, no tanto que no tuviera hogar, sino porque nunca mostró ningún signo de estar desaliñado, demasiado cansado o con mal olor, que es lo que hubiera esperado si tuviera que vivir dentro de mi auto durante varios días. Nunca se quejó, nunca pidió ayuda, nunca causó problemas. Vivió así durante todo el año escolar, incluso durante los meses de invierno. Mi respeto por él creció mientras lo veía actuar como un adolescente sin problemas fuera de la escuela. Además, debido a que tenía 18 años y vivía de forma independiente, podría haber abandonado la escuela en cualquier momento; pero él no lo hizo.

Quería recordar esta importante lección sobre nuestros estudiantes y su capacidad para superar obstáculos en la vida, así que le pregunté si podía tomarle una foto. Usé la excusa de que necesitaba capturar la camisa de seda más chévere de la historia. Él solo sonrió y se quedó quieto mientras yo tomaba una foto rápida de él.

Después me di cuenta de que muchos de nuestros estudiantes se quedaban en el sofá de alguien más o vivían en sus autos. Esto provocó conversaciones sobre cómo podríamos ayudar a nuestros estudiantes adultos a mantener una existencia decente mientras trabajaban para obtener su diploma de escuela secundaria. Año tras año, nuestros funcionarios escolares y comunitarios se reunían para abordar los obstáculos a la educación y considerar todos los servicios necesarios para nuestros estudiantes.

Muchos años después de que mi joven amigo durmiera en su automóvil en la calle frente a la escuela, agencias profesionales ahora ofrecen a los estudiantes servicios médicos, dentales y de salud mental pagados con dinero del seguro y fondos comunitarios. Solo este año, a todos nuestros estudiantes se les ofreció desayunos gratis, independientemente de sus ingresos o estatus. La escuela preparatoria ofrece una cena después de la escuela para cualquier estudiante del distrito, y el camión de comida del distrito ha alimentado a miles de estudiantes en la ciudad durante los meses de verano. Nuestro programa SUCCESS ("ÉXITO") ayuda a las familias con todas sus necesidades tangibles, como comida, ropa, servicios públicos, alquiler o cualquier obstáculo para la educación de sus hijos.

Pienso en retrospectiva y deseé haber podido ofrecer más apoyo cuando mi estudiante vivía en su automóvil. *Aún sigo aquí* esperando que sus hijos reciban estos beneficios a medida que pasan por nuestras escuelas.

Algunos estudiantes son simplemente inolvidables. El estudiante de esa camisa naranja brillante es uno de ellos.

–52–
La Casa de Los Sueños

Y después, derramaré mi Espíritu sobre todas las personas. Tus hijos e hijas profetizarán, tus ancianos soñarán sueños, tus jóvenes verán visiones. —Joel 2:28

"Aún Sigo Aquí."

Espero que todos tengan un amigo como mi amigo de Dream House. Nos conocemos desde los días de Community Christian School ("Escuela Cristiana Comunitaria,") donde trabajamos juntos hasta que se cerró debido a la reubicación de la iglesia. A partir de ahí trabajamos en el sistema de escuelas públicas, programas alternativos, y ella siempre fue mi primera llamada para la enseñanza suplente a largo plazo después de que se retiró del sistema escolar. Debbie siempre ha sido maestra en muchas capacidades, remuneradas y no remuneradas, temporales o de largo plazo. Ha trabajado para los programas de verano del Salvation Army ("Ejército de Salvación,") dirige la iglesia de niños todos los miércoles y participa activamente en la comunidad ayudando a los desamparados, los hambrientos y los marginados. Debbie es uno de los héroes de mi vida.

Según cuenta la historia, los dos estábamos sentados juntos después de la escuela y hablando sobre el número de nuestros estudiantes mayores, que vivían en sus autos o en las calles. En la era de las ejecuciones hipotecarias masivas en Hamilton, Debbie señaló que una pequeña cantidad de fondos podría llevar a la compra de casas para que nuestros estudiantes tengan un lugar donde vivir hasta que puedan mantenerse con trabajos y / o estudios postsecundarios. La conversación fue una de esas charlas de ensueño sobre cómo el mundo podría ser un lugar mejor con las acciones de unos pocos, pero en ese momento, carecíamos del conocimiento y los fondos para hacer cualquier cosa más que orar por alguna forma de ayuda.

Recuerdo el lugar y la hora en que Debbie me llamó. Cuando Debbie llama, nunca ha saltado al propósito de la llamada y rara vez hace algo sin un propósito. Como madre soltera desde que la conozco, ha tomado un liderazgo fuerte en la guía espiritual de sus hijos y ahora de sus nietos. Al ver los frutos de su trabajo en las vidas de sus hijos adultos, que ahora son educadores y líderes espirituales por derecho propio, siempre me animan las sugerencias, los comentarios y la visión del mundo de Debbie. Su nivel de confianza en Dios me asombra, y cuando se le ocurre una idea, sé que ya ha hablado con el Señor antes de hablar conmigo.

El día de la memorable llamada, después de preguntarme cómo estaba, dijo que tenía una idea. Caminé desde la cocina hasta la ventana delantera, estirando el cable de nuestro teléfono fijo hasta una línea casi recta, sosteniendo el auricular cerca de una oreja y metiendo mi dedo en la otra. Explicó que había visto una casa en ejecución hipotecaria con un cartel de agente inmobiliario al frente. Estaba en la misma cuadra y calle que la iglesia a la que asistía, y pensó que la casa se podría comprar "súper barata" para que pudiéramos usarla como vivienda de bajos ingresos para nuestros estudiantes y otras familias necesitadas.

Me encantó la idea de la disponibilidad de la casa en el distrito histórico de Dayton Lane de nuestra comunidad, y la casa estaba ubicada en una esquina, donde los estudiantes podían tomar el autobús. Hablamos sobre cómo los residentes podían comer gratis en la iglesia cuando había pizza gratis los miércoles por la noche y desayuno gratis los domingos por la mañana. La casa era un edificio de ladrillo de dos pisos con un porche delantero doble y una cerca de hierro forjado para el patio trasero. La quimera seguía siendo eso. ¿De dónde obtendríamos los fondos para esta iniciativa de vivienda y cómo conseguiríamos que la gente donara la mano de obra para convertir el lugar en varios apartamentos? Solo éramos maestros con amor por nuestros estudiantes y una comprensión de las situaciones de su vida, y queríamos ayudar. Eso es todo.

Luego hice la pregunta práctica: "¿Cuánto piden por la casa?"

Debbie respondió: "Creo que alrededor de $10,000 o $15,000, pero creo que podríamos conseguirlo por mucho menos. Mi hermano es un agente inmobiliario y puede comprobarlo."

"Está bien, Debbie, pero ¿quién tiene $10,000?"

Debbie dijo: "No lo sé, pero si es la voluntad de Dios, lo encontraremos en alguna parte."

"Bien. Oremos por eso."

Cuando terminamos nuestra conversación, volví a la cocina donde mi esposo había estado esperando para ver qué estábamos haciendo ahora, o eso suponía. Le conté la idea, la casa en venta y el sueño de hacer algo que cambié la vida de nuestros estudiantes y sus familias. Cuando Darrell pareció interesado y me hizo algunas preguntas más, le pregunté si teníamos recursos disponibles para poder contribuir a este proyecto.

Darrell siempre ha sido un creador de sueños para mí. Por lo general, yo hago el "sueño" y él hace las "intrigas," es decir, hacer realidad mis sueños. Soñaré con unas vacaciones en un castillo en Canadá, y él encontrará la manera de incorporarlo en nuestro viaje de campamento al oeste. Soñaré con ir a un viaje misionero y él administra nuestro presupuesto familiar para que esto suceda. Darrell es un solucionador, un solucionador de problemas, un sirviente y un dedicado "hombre conforme al corazón de Dios."

A medida que profundizamos en las discusiones sobre las posibles fuentes de fondos para comprar la casa, también hablamos sobre reunir a las iglesias del área para hacer el trabajo como una empresa conjunta. Hablamos sobre cómo reclutar talentos de nuestros amigos con quienes han trabajado en viajes misioneros anteriores y proyectos comunitarios. La mayoría estaba dispuesta a ofrecer su tiempo y energía para hacer realidad la Casa de los Sueños. Pensamos que podríamos reclutar suficientes voluntarios, pero todavía no teníamos los fondos para comprar la casa.

Sugerí que Debbie y yo podríamos tratar de encontrar donaciones o donantes para esta causa, y le pregunté a mi esposo, Darrell, si teníamos fondos disponibles para contribuir financieramente. Lo que dijo Darrell a continuación hizo que mi corazón se detuviera y me agarré del pecho, sin palabras.

Dijo: "Hemos ahorrado algo de dinero que podríamos usar para este propósito, si entiende que no tendríamos otro dinero 'extra' para vacaciones extravagantes o para ir al sur durante los veranos cuando envejezcamos."

Cuando le pregunté de cuánto estaba hablando, dijo: "Alrededor de $15,000."

A través de mis lágrimas, le dije que si tuviera que elegir entre una "casa de vacaciones de verano" o esta casa, definitivamente elegiría esta casa. Siempre hemos tenido un buen lugar para vivir y no necesitábamos otro. Prefiero usar el dinero de la casa para las personas sin hogar. Darrell estuvo de acuerdo y dijo que siempre había querido que yo fuera feliz y que tomáramos decisiones sobre el dinero y todo lo demás juntos.

Llamé a Debbie con la noticia de que estábamos listos para los fondos, y ella llamó a su hermano Steve para ver qué precio podíamos conseguir por la casa. Negoció la compra de la casa por $10,000, un precio increíble en cualquier año bajo cualquier circunstancia. Estábamos encantados. Nuestro siguiente paso fue cumplir y completar las solicitudes de subvención para los materiales y la mano de obra profesional necesarios para restaurar y remodelar la casa. También necesitábamos aprender las leyes sobre los criterios para alquilar apartamentos, la administración y muchas más áreas. Debbie y yo fuimos a "Coalición de Vivienda y Personas sin Hogar de Condado de Butler" ("Butler County Housing and Homeless Coalition") para aprender más y conectarnos con personas en esta línea de trabajo. Le pedimos ayuda a Joel Fink, quien me había ayudado a escribir una subvención escolar en el pasado, y nos puso en contacto con los líderes del ayuntamiento y con Lorie DiStaola de Neighborhood Housing Services de Hamilton, Inc., ("Servicios de vivienda de barrio de Hamilton, Inc.") donde la gente busca apoyo para viviendas de bajos ingresos. Deanna Cocina sugirió el nombre, "La casa de los sueños," y nuestros sueños comenzaron a tomar forma en papel bajo este título y en reuniones con personas que pudieran ayudarnos.

A Lorie y los líderes de la ciudad les encantó nuestra idea de una asociación basada en la fe y una asociación relacionada con la escuela, y sorprendentemente, supimos que la ciudad pudo acceder a fondos para la remodelación de la casa. Con el capital inicial para comprar inicialmente la casa, formamos un comité de socios invertidos y comenzamos el trabajo. Nuestra parte fue tener "campos de trabajo" para preparar el lugar para los profesionales. Estamos muy agradecidos por los esfuerzos de la iglesia Dream Center con el pastor Wendell Coning, la pastora de jóvenes Lena Ramsey (Kilgore), la secretaria de la iglesia Shawna Warner, el grupo de jóvenes de la iglesia, Luke y Whitney Day, Julie Waddle, Steve Rogers, Bob y Bobbie Groh. , Gus y Deanna Cocina, Stan Horn, Glen Spradling. Robert Burk, Brad Watkins, David Burk, miembros del equipo de fútbol Americano de Hamilton. Una estación de televisión local y un periódico cubrieron nuestro proyecto comunitario. Estábamos ganando impulso, pero el objetivo final parecía muy lejano.

Nuestro comité y el equipo de Lorie establecieron pautas para los posibles inquilinos con la idea de que el alquiler durante 18 meses sería mínimo y que parte del mismo se mantendría en garantía para un depósito en su próximo apartamento en otro lugar para una vivienda más permanente. La iglesia brindaría apoyo a los inquilinos que se conectan con sus actividades. Debbie y yo enviamos correos electrónicos a nuestros amigos maestros pidiendo donaciones de muebles usados, artículos para el hogar y comida para abastecer las despensas de cada uno de los tres apartamentos. Nos inundaron las respuestas y, a veces, encontraba artículos para el hogar, como una lámpara o una bolsa de cortinas, afuera de la puerta de mi oficina sin nombre adjunto. Darrell y yo condujimos por todo el condado de Butler recolectando donaciones de muebles de calidad. Habíamos donado tanto que tuvimos que alquilar una unidad de almacenamiento hasta que se completó el proyecto de vivienda.

Cuando llegó el momento de pintar el exterior de la casa, pudimos hacer que los adolescentes ayudaran bajo la supervisión de adultos, incluido nuestro amigo argentino, el pastor Félix Escobar. Los colores de la casa tuvieron que ser aprobados por la Sociedad Histórica de Dayton, y los resultados fueron más que satisfactorios. Un encantador apartamento contenía la chimenea de ladrillo original y con una vidriera. El apartamento del primer piso en la esquina fue diseñado para ser accesible para discapacitados y dio prioridad a los veteranos. El espacioso apartamento de arriba conservó las ventanas verticales de gran tamaño en todos los lados con una vista maravillosa del vecindario con una franja de un área de parque con césped como un divisor entre el tráfico hacia el este y el oeste en el frente.

"Aún Sigo Aquí."

Tuvimos una jornada de puertas abiertas para el público y no podíamos creer lo que Dios ha hecho a través de nosotros y de nuestros compasivos líderes comunitarios, desde nuestra primera charla de sueños en la escuela hasta la finalización de tres hermosos apartamentos de bajo alquiler: todo esto de una idea loca de Debbie.

Nuestro trabajo no se detuvo ahí. Cuando los inquilinos se mudan, Debbie y yo lideramos la tarea de limpiar los apartamentos para los próximos residentes. Hemos tenido amigos que traen comida, se detienen para ayudarnos a fregar los baños o desinfectar la cocina, limpiar el horno o hacer pequeñas reparaciones. La gente de Neighborhood Housing vuelve a pintar las paredes y, si es necesario, realiza una pulverización profesional.

Nos ha encantado poder enviar gente para que se eleve en la vida, para encontrar una manera de existir con ingresos mínimos y aún tener un lugar al que llamar hogar. La casa se dedicó en 2018 en memoria de un activista comunitario y miembro fundador de la junta de Neighborhood Housing Services, que vivió su vida trabajando por viviendas asequibles. La casa ahora se llama "The Louis R. Armstead Dream Center." De los muchos proyectos en escuelas, iglesias y la comunidad, nuestra Casa de los Sueños siempre será la evolución más sorprendente de un sueño a una realidad. *Aún sigo aquí* con Debbie, esperando la próxima llamada de Lorie para preparar uno de los apartamentos para los próximos inquilinos. La mayoría de las veces, los inquilinos salientes dejan un lugar impecable, la mejor manera de demostrar que están agradecidos, ¡como nosotros!

Deanna Cocina, quien ayudó con las renovaciones y nos conectó con la Coalición de Vivienda y Desamparados del Condado de Butler, ha continuado su trabajo con las personas sin hogar. Esta es su historia de cómo obra Dios, incluso a través de una pandemia.

Los Sin Hogar: Los Fuertes

Vivía en una habitación pagada por un hombre al que no amaba. Pensó que era su única opción; ahora tiene un nuevo número de habitación. Todo de ella. Dios nos susurra: "Ella es fuerte, escuchen su historia, vean cómo la veo yo." Entonces escuchamos. No tenía a nadie que le diera esperanzas. Había vivido en el quebrantamiento y la pobreza toda su vida. Ella nació en adicción. Sin embargo, ella sobrevive. Alaba a Dios y se apoya en Él; ella es fuerte. Dios escucha sus oraciones; El es glorificado.

Los fuertes están a nuestro alrededor

Dios, ayúdanos a verlos.

Los quebrantados, orando por restauración, los fuertes.

Los solitarios, orando por un amigo, los fuertes.

Los hambrientos, orando por un milagro solo por hoy: los fuertes.

Los fuertes: empujando a través del dolor, esperando la curación.

Las expectativas, las suposiciones, duelen. Sin embargo, los colocamos sobre otros sin conocerlos.

Agradecimos que Dios pudiera ver la historia completa, todos los puntos de ruptura que les dieron su fuerza.

Dios, ayúdanos a ver a las personas como tú las ves, ábrenos para escuchar sus historias. Sin expectativas, sin suposiciones.

En Mateo 25, Jesús se identifica a sí mismo: tenía hambre, estaba herido, tenía sed, era un extraño, estaba fuera. Vemos a Jesús cuando vemos a los fuertes.

Comencé a trabajar en los 3 moteles en dificultades ubicados en Hamilton, Ohio en 1999 con Nancy y un pequeño grupo de personas apasionadas por ayudar a las personas y familias que viven allí. Servíamos comida en los baúles de nuestros autos, proporcionando comida caliente y artículos de primera necesidad. Muchos de los campamentos de personas sin hogar de los alrededores bajarían para una cena caliente. En los moteles, no era inusual que una familia criara a sus hijos en las pequeñas habitaciones individuales, y luego el niño creció y se mudó a otra habitación de motel y crió a su propia familia. El ciclo continuó, pero estaban atascados, inmóviles. Vivir el día a día económicamente, ahorrar un depósito y el primer mes de alquiler para un lugar propio era un viaje difícil, a veces imposible para ellos.

Ahora, 21 años después, este ministerio continúa a través de muchas iglesias en el área.

Con una asociación continua con la Coalición de Vivienda y Personas sin Hogar del Condado de Butler, este ministerio se ha expandido para encontrar formas de proporcionar vivienda permanente a los residentes del motel y mudarlos a sus propios hogares. Con los fondos disponibles, estábamos limitados en lo que podíamos hacer.

Luego vino COVID; financiación adicional que antes no era una opción ahora estaba disponible a través de las subvenciones COVID.

"Aún Sigo Aquí."

Durante COVID, la Coalición de Vivienda y Desamparados del Condado de Butler ha realojado a más de 50 personas y familias en 8 meses, trasladando a los marginados de la calle, refugios y moteles a viviendas permanentes con un sistema de apoyo implementado. Finalmente, un lugar para llamar suyo. Son los fuertes. Están avanzando con la fuerza y el coraje necesarios para reconstruir sus vidas, fuertes. Es un milagro de COVID-19 que fue inesperado.

Siempre recordaré esa primera visita hace muchos años para llevar la comida al Hamilton Inn junto con Nancy y sus amigos, todos los cuales estaban dispuestos a sumergirse profundamente, hagamos esto. Un plan: llevar a cabo Mateo 25. Nos alimentamos, escuchamos, compartimos.

Eso fue todo, y los fuertes nos bendijeron.

-53-
Llenando los Zapatos de Otra Persona

Él dijo: "Si he hallado gracia ante tus ojos, mi señor, no dejes pasar a tu siervo. 4 Que les traigan un poco de agua, y luego podrán lavarse los pies y descansar bajo este árbol. 5 Déjame traerte algo de comer, para que puedas refrescarte y luego seguir tu camino, ahora que has venido a tu siervo." —Génesis 18:3-5

"Aún Sigo Aquí."

A cada trabajo aportamos nuestras propias personalidades, talentos y pasiones a una lista general de responsabilidades. Cuando comencé a enseñar, pensé que mi responsabilidad de enseñar artes del lenguaje inglés terminaba al final de cada año escolar para mis estudiantes. Pero ese nunca ha sido el caso. Cada año, mi lista de alumnos presentes y pasados se hace más larga y no me había dado cuenta de que siempre seré su maestra, como lo demuestra su vacilación en llamarme por mi nombre de pila. Me han llamado Miss Meyer, Sra. Hulshult y Dra. Hulshult, pero mis alumnos nunca se han sentido cómodos llamándome Nancy, a pesar de que les ofrezco eso cuando nos reunimos como adultos mutuos. Supongo que la relación también habla de respeto. Solo un par de veces he transferido títulos a nombres de pila con mis antiguos maestros: Libby, Betty y Joe. En cada caso, fueron mis maestros y luego colegas, y luego amigos de por vida. Estas raras relaciones son un tesoro para mí, pero entiendo la dinámica de maestro/alumno.

Como directora de una escuela de noveno grado con 750 estudiantes hormonales de 14 a 16 años, tuve la oportunidad de reunirme con aquellos que luchan durante la pubertad. Tuvimos excelentes conversaciones sobre la relación entre padres e hijos, el viaje de adolescente a adulto y los desafíos en el primer año de la escuela preparatoria. Cada día fue un regalo. Aunque había un plan diario y un calendario de eventos, los días estaban determinados por la temperatura emocional del alumnado. Observaba la presión barométrica, las noticias vespertinas y matutinas y el ciclo de la luna, todo lo que afectara nuestro día. Los adolescentes son como palmeras que soplan en la playa de una isla. Cuando se levantan los vientos del cambio, las copas de los árboles se doblan y se mueven hacia adelante y hacia atrás. Cuando el sol brilla y los vientos están tranquilos, las hojas de las palmeras se elevan hacia el sol y se enroscan hacia la arena. Siempre hermosas pero nunca predecibles.

Cuando sonaba la campana de la mañana para la clase, predecía el día por el volumen de la charla y la velocidad de los estudiantes que caminan hacia la clase, así como por la cantidad de estudiantes que se concentran en sus teléfonos celulares mientras recorren los pasillos llenos de gente. A veces, las erupciones ocurrían cuando entraban por la puerta; otras veces hasta después de la hora del almuerzo. Todo lo que sabía era que tenía que dejar el papeleo y las reuniones de tareas para antes o después de las horas de estudio, solo para estar disponible y responder a la marea de la vida adolescente.

Algunos días recibía visitas sin previo aviso, generalmente adultos que eran mis antiguos alumnos cuando era maestra o directora. Algunos exalumnos eran fáciles de reconocer con sus nombres grabados en mi memoria, y otros me tomaron un poco de tiempo para averiguar qué año, qué escuela y qué situación nos había unido.

Un día, una exalumna de la escuela alternativa me visitó para ponerme al día con su vida. Estaba relativamente contenta, pero estaba luchando por adaptarse a la edad adulta. La suma total de sus posesiones estaba en su mochila andrajosa y sus chanclas estaban pegadas con cinta adhesiva para mantenerlas en sus pies. Le pregunté cómo llegó a nuestra escuela, ya que no vi autos adicionales en el estacionamiento y nadie eestaba esperándola. Dijo que había caminado una distancia de cinco millas para verme porque yo era la única que sabía que la ayudaría. Ella confiaba en mí para que la guiara en la dirección correcta, dijo. Ella no tenía hogar y buscaba donde vivir. Ella sabía que yo estaba conectada con la Casa de los Sueños y esperaba que pudiera encontrarle un lugar para dormir por la noche. Hice algunas llamadas telefónicas con la ayuda de nuestros consejeros y secretarias y diseñamos un plan de acción para ayudarla a pasar la próxima semana. Ella estaba muy agradecida, pero yo estaba muy preocupada por su seguridad, su salud mental y su futuro.

Cuando me abrazó y me dio las gracias por mi ayuda, noté esas chanclas colgando de sus dedos de los pies y pensé en la próxima temporada de frío. Le pregunté si tenía sus zapatos de invierno en su bolso y negó con la cabeza. Estos la llevaron a donde tenía que ir. Miré mis propios zapatos cómodos Tom's, un par de muchos en el armario de mi casa. Le pregunté por su punto de zapatos y usamos zapatos del mismo punto nueve. Le dije que cambiáramos sus zapatos y le di los Tom's a ella. Ella me miró fijamente, como si estuviera bromeando. Le aseguré que tenía otros zapatos y que debía llevárselos. Se los probó, le quedaban a la perfección y movió el pie hacia adelante y hacia atrás para verlos con una gran sonrisa en su rostro. ¿Estás segura? ¡Por supuesto! Le dije que caminaría muchos más kilómetros que yo y que sería un honor que ella "llenara mis zapatos." Mientras se preparaba para irse, metí sus chanclas y un poco de dinero en efectivo en su mochila, diciéndole que necesitaría esas chanclas como respaldo en caso de que lloviera. La verdad es que, de todos modos, nunca me los hubiera puesto. Estaban listos para tirarlos a la basura, pero ella aún los consideraba usables.

Después de que ella se fue, metí mis pies descalzos debajo de mi escritorio y limité mi caminata por los pasillos por el resto de la tarde. Seguí pensando en mi amiga y si había llegado o no a su destino para pasar la noche. Un par de miembros del personal pensaron que el regalo de mis zapatos era un gesto maravilloso, pero para mí, no había otra opción al respecto. Caminar era su único medio de transporte, por lo que los zapatos con suelas eran una necesidad para ella. Ahora llevaba zapatos con mi alma, grabando para siempre su rostro y sus chanclas gastadas en mi corazón.

Ya no soy la directora de esa escuela, pero espero que sepa que *aún sigo aquí* en el área. Si regresa a la escuela en busca de ayuda, es posible que no me encuentre, pero encontrará personas amables que quieran ayudar a las personas necesitadas.

–54–
Algunos Zapatos Nunca se pueden Llenar

...y proveer para los afligidos en Sion — para otorgarles una corona de hermosura en lugar de cenizas, aceite de gozo en lugar de luto, y un manto de alabanza en lugar de un espíritu de desesperación. Serán llamados robles de justicia, plantío del Señor para manifestación de su esplendor. —Isaías 61: 3

"Aún Sigo Aquí."

En la fuerza laboral, la gente suele decir que todos son reemplazables. Esa no ha sido mi experiencia. Las personas pueden ocupar el puesto de otra persona o asumir sus responsabilidades, pero nunca una persona puede ocupar exactamente el lugar de otra persona y obtener exactamente los mismos resultados, especialmente en sus relaciones con las personas que la rodean. Tal es el caso de mis subdirectores, Ryan Bellamy y Mónica Naas. Cuando me contrataron para ocupar el puesto de Jeff Miller como director, lo que dejó abierto el puesto de mi subdirector, le pedí al superintendente un asistente fuerte en habilidades con las personas y en matemáticas. Es cierto que las matemáticas nunca han sido una fortaleza para mí, así que esperaba ayuda en el análisis de datos, las habilidades tecnológicas y la forma en que la gente piensa en matemáticas. Ryan era ese tipo. También es un fiel padre de familia cristiano y una estrella del béisbol de sus días en la Universidad Xavier. Su pequeña, Lucy, y su esposa, Kristi, visitarían a "papá" en la escuela e iluminarían el lugar con su encanto y espíritu alegre. Son una familia adorable.

Desde el principio, Ryan se conectó con el personal, los estudiantes y las familias. La mayoría de los estudiantes lo tenían como su maestro de matemáticas en la escuela intermedia, por lo que su presencia en la escuela de primer año ayudó a los estudiantes a realizar una transición sin problemas a nuestro entorno. Mónica Naas es una persona afable, enérgica y trabajadora en equipo con una sólida formación en educación especial. Ella ayudó a nuestro equipo a enfocarse en las necesidades de los estudiantes con discapacidades a fin de brindarles la mejor educación posible dentro de nuestro edificio. Juntos, los tres trabajamos de manera constante durante el día escolar y luego nos reunimos en una de nuestras oficinas para informar sobre los eventos del día en preparación para el siguiente. Durante este tiempo, intercambiamos muchas risas para aliviar el estrés antes de irnos a casa con nuestras familias. Nos referimos a nuestro equipo de administración con humor como "El bufete de abogados de Hulshult, Bellamy y Naas."

Sin embargo, no todos los días era una risa. Un día, Ryan compartió la triste noticia de que su preciosa esposa, Kristi, había sufrido un aborto espontáneo. Estaba angustiado y habló sobre su preocupación por su esposa y sus sueños por su nuevo bebé que estaban perdidos. Oramos juntos y pedimos consuelo y fortaleza para él y su familia, y sanación física y emocional para su esposa, Kristi. En los días siguientes, no hubo mucho que Mónica y yo pudiéramos decir o hacer para que se sintiera mejor o cambiar las cosas, pero le ofrecimos nuestra simpatía y apoyo. Durante semanas pude sentir la carga en la que estaba Ryan, pero no permitió que su dolor afectara a sus estudiantes o sus responsabilidades como líder en la escuela. Lo admiré mientras me hablaba de cómo Dios los estaba ayudando a superar su pérdida. Planearían tener otro hijo, pero claramente, nadie podría ocupar el lugar de este hijo. Algunos zapatos nunca se pueden llenar. El dolor por perder a un hijo nunca desaparece. Todavía estoy aquí para ustedes, mis amigos. Aquí está la historia de Ryan y Kristi en sus propias palabras.

Bebé B de Ryan

Sentado aquí en mi comedor que da a nuestra sala familiar, siempre miro la decoración de la pared que dice: "Quédense quietos y conozcan" (Salmo 46:10). Esto ha estado en nuestra pared desde el día más difícil de nuestro matrimonio y de mi vida. Hace tres años, mi esposa, mi hija Lucy y yo estábamos haciendo fotos familiares cuando tuve una de las mayores sorpresas de mi vida. Mi hija de un año y medio salió de la habitación contigua, después de otro cambio de ropa, y fue entonces cuando vi su camisa, "Big Sister." Para aquellos que me conocen, sepan que no llevo mis emociones en la manga. A mi esposa le vuelve loca a veces la personalidad relajada que tengo. Puedo recordar este momento como si fuera ayer, la cantidad de emoción que estaba dentro de mí, agarrar a mi esposa y luego a mi hija y abrazarlos.

Somos una familia muy unida y no veíamos la hora de compartir la noticia con nuestras familias. Unas semanas después de que me enteré, invitamos a nuestras familias a cenar para compartir la gran noticia. Más tarde esa noche, Lucy entró paseando con su camiseta de "Big Sister" y luego comenzó a gritar de emoción y mucha alegría. Empezamos a compartir nombres si era niño o niña. Para ser honesto, quería desinteresadamente que un chico compartiera mi pasión por los deportes. Pero lo más importante, compartir con él la forma en que un hombre debe tener a Dios primero, amar a su esposa y cuidar a su familia.

Pasó otra semana, estábamos contemplando la posibilidad de decírselo al resto de nuestras familias, ya que sabíamos que aún era más temprano en el embarazo. Estábamos demasiado emocionados como para no poder compartir nuestras noticias. Al prepararnos para nuestra cena familiar semanal del lunes por la noche, volvimos a poner a Lucy en su camisa. Una vez más, las mismas reacciones, gritos, sonrisas y abrazos. Más tarde esa noche, nuestro mundo se detendría de golpe.

Probablemente eran las 4:00 a.m. de esa noche, me di la vuelta en la cama para encontrar un lugar vacío donde mi esposa suele dormir profundamente. Bajé las escaleras y entré en la cocina para ver las luces de la sala de estar encendidas. Allí estaba mi hermosa esposa acostada en el sofá con una mirada de preocupación en su rostro. Cuando me vio, instantáneamente comenzó a llorar, en ese momento, mi estómago dio un vuelco y supe que habíamos perdido al bebé. Había estado hablando por teléfono con la enfermera de guardia y estaba esperando recibir noticias del médico. Mientras se acostaba contra mí, me sentí impotente, supe que en ese momento no importaba lo que dijera o hiciera, no podía soportar el dolor y la preocupación de mi esposa. No dormimos el resto de la noche y nos dirigimos directamente al consultorio del médico para que nos revisaran.

Hablar con el médico nos dio algo de esperanza y nos envió por el pasillo a esperar para hacernos una ecografía. Esperamos durante horas. Vimos a padres emocionados ir y venir con imágenes de ultrasonido. Nos preguntaron si queríamos ir a almorzar y volver porque estaban muy atrasados. Seguimos esperando con la esperanza de ser los siguientes. Oramos pidiendo protección para nuestro pequeño por el que estábamos tan emocionados. Finalmente fue nuestro turno. Cuando el técnico de ultrasonido comenzó a escanear el estómago de mi esposa, esperaba el sonido de un latido del corazón o un atisbo de vida. Luego finalmente dijo lo que ya sabíamos pero que no quería aceptar: "Lo siento mucho, pero no hay bebé."

Como dije antes, no soy el tipo de persona que lleva sus emociones en la manga, y en este momento, hice precisamente eso. Contuve mi emoción y reprimí cada lágrima para tratar de ser fuerte por mi esposa. Los médicos y otros profesionales médicos continuaron diciéndonos que estas cosas simplemente suceden y que no hay nada que pudiéramos haber hecho de otra manera para detenerlas. Mi esposa es la mujer más fuerte que conozco y me di cuenta de que en ese momento se estaba echando toda la culpa a sí misma. Se trataba de aguas desconocidas y no sabía cómo consolar a mi esposa.

Salimos del consultorio del médico cansados y simplemente derrotados. Privados del sueño y heridos, manejamos a casa en silencio. Nuestras familias vinieron a visitarnos para amarnos, pero nada parecía ayudar a deshacerse del dolor. Con el paso del tiempo, la confusión del día se quedó en mi cabeza. Hubo muchas veces que me senté en mi camioneta mientras mis emociones eran demasiadas y no podía contener las lágrimas. Oraría, trataría de permanecer fiel pero aún me preguntaría, ¿por qué nosotros?

Crecí en un hogar cristiano y le pedí a Jesús que entrara en mi corazón a una edad muy temprana. Al crecer, estaba rodeado de increíbles hombres y mujeres cristianos que siempre hablaban de cómo Dios tiene un plan para todo. Hasta este momento de mi vida, no podía pensar en un momento que fuera realmente difícil. Yo era un joven muy bendecido. Durante este momento tan difícil, comencé a cuestionarme y por qué Dios permitiría que esto nos sucediera. Estaba enojado con Dios, no entendía cómo él podía quitarnos un bebé y permitir que tantos no creyentes tuvieran la oportunidad de tener un bebé incluso cuando no lo querían. Estaba dolido, confundido y solo quería poder soportar algo del dolor por el que estaba pasando mi esposa.

En este momento de dolor, nuestra fe y oración ayudaron a sanar nuestro dolor. Para mí, los momentos en los que estaba hablando con Dios me ayudaron a encontrar la paz al saber que Dios estaría con nosotros y nos guiaría a lo largo de este capítulo de nuestras vidas. Como no entendíamos por qué sucedió esto, ambos sabíamos que nuestro bebé está en un lugar mejor, sin dolor ni preocupaciones. Como el dolor y el asombro permanecieron con nosotros, supimos que teníamos que "estar quietos y saber" que Dios tenía el control.

Dios tenía un plan en todo esto ya que hemos podido hablar con otras familias que han pasado por la misma pérdida, y hemos podido hablar y dar paz a las parejas que recientemente perdieron un bebé. También es gracioso cómo Dios obra de formas misteriosas. No mucho después, nos enteramos de que mi esposa estaba embarazada de nuevo. Estábamos igual de emocionados, pero nuestra preocupación era alta. Mi esposa y yo tuvimos una sensación de paz cuando el médico nos dijo que podríamos ver a nuestro bebé por primera vez en la fecha de parto del bebé que perdimos. Ahora Dios nos ha bendecido con un hermoso y salvaje bebé arcoíris llamado Bo. No hay un año que pase sin que pensemos en "Baby B" y los pensamientos de cómo habría sido con él o ella hoy aquí. A veces puede que no entendamos el plan de Dios o por qué Él permite que sucedan cosas dolorosas, pero para nuestra familia, siempre serviremos al Señor y "estaremos quietos y sabremos."

Quédense quietos y reconozcan que yo soy Dios. (Salmo 46:10)

Bebé B de Kristi

Inicialmente escribí esto hace poco más de 2 años para poner mis pensamientos en palabras porque simplemente no podía entender cómo "lidiar" con todas mis emociones. A veces está por todos lados.

Entonces, 2 años después tenemos nuestra hermosa y salvaje bendición del arco iris, Bo. Lucy tiene casi 5 años y es muy consciente de que tiene otro hermano en el cielo y habla de Baby B con regularidad. Su dulce inocencia nos recuerda casi todos los días que nuestra alegría y anticipación por verte nunca terminarán y que de hecho te volveremos a ver algún día. ¡¡Y qué día será ese!!

"Aún Sigo Aquí."

"Cuán suavemente entraste de puntillas en nuestro mundo, casi en silencio, solo un momento te quedaste. Pero qué impacto ha dejado tu pisada en nuestro corazón." (Dorothy Ferguson)

A mi preciosa bebe:

Pensé en cómo guardaríamos esta experiencia para nosotros porque dolía mucho. ¡Pero al mismo tiempo trajiste tanta alegría y emoción a nuestras vidas que quiero contarles a todos sobre ti! ¿Por qué debería mantenerte en secreto? Oramos por ti todos los días, y cuando fuimos bendecidos con la noticia de tu confirmación, estábamos encantados. No podía esperar para decirle a tu papá que vendrías. Apenas puedo ocultarle un secreto, ¡así que los 5 días que esperé para finalmente sorprenderlo fueron ansiosamente insoportables! Busqué y busqué la camiseta "Big Sister" de tu hermana y finalmente la encontré. El sábado por fin llegó el día de la foto familiar y tu hermana y yo pudimos sorprender a papá durante la sesión de fotos. ¡Nos divertimos mucho riendo y agradeciendo a Dios por ti! FINALMENTE pude guardar un secreto el tiempo suficiente para sorprender a tu papá Y ponerlo en cámara (¡¡¡y fue increíble !!!). ¡Estaba emocionado! ¡Venías y teníamos mucho que preparar para ti y estábamos ansiosos por comenzar!

Hablamos de ti en cada conversación, si fueras niño o niña, cómo iba a reaccionar tu hermana cuando llegaras, tu habitación, tu futuro, nuestro futuro contigo ... Te celebramos con tu hermana mayor que estaba tan emocionada de tener "su bebé." Le encantaba mirar y besar mi vientre y hablar de su hermanita. No estamos seguros de que ella tuviera razón, pero no importaba de ninguna manera.

¡¡Inmediatamente comenzamos a tratar de encontrar formas de contarle a toda su familia sobre usted !! Sabíamos lo que decían los médicos: "Es mejor esperar hasta que termine el primer trimestre para saberlo." ¿¡¿Me estás tomando el pelo?!? ¿Cómo y por qué esperaría tanto tiempo? No importa lo que depare el futuro, ¡valió la pena celebrarlo desde el principio! ¡Ibas a traer tanta alegría a todos y la noticia de ti hizo eso y mucho más!

Tu Mimi y Papaw, Momo y Pap, el tío Jo, la tía Rachy y Cruz, el tío Brandon y Paige gritaron de emoción cuando Lucy entró corriendo a la habitación para mostrar su camiseta de "Big Sister." ¡Verás, todos estaban anticipando el día en que se enterarían de tu llegada! ¡¡Nos reímos y hablamos de ti toda la noche !! Mostramos el video y fotos de nosotros sorprendiendo a papá. ¡Planeamos todo hasta el día de tu llegada! ¡¡¡Tú y tu prima "Baby C" iban a ser mejores amigos !!! ¡La tía Rachy y yo estábamos listos para ir de compras para los dos y estábamos ansiosos por criar a nuestros bebés juntos! Poco a poco le contábamos al resto de la familia. Queríamos sorprender a todos con nuestra noticia de ti de una manera diferente y especial. Lamentablemente, no llegamos a todos ...

El lunes por la noche, disfrutamos de nuestra última emoción, contándoles a algunas personas más. Y desde el lunes por la noche hasta el martes, la realidad de que no ibas a poder quedarte con nosotros se volvió tan real. Me senté toda la noche rezando para que esto solo fuera un susto, rezando para que Dios te mantuviera aquí, rezando para que no llegara la mañana para no tener que decírselo a tu papá, mirando fijamente al techo, cuestionando todo lo que Lo había hecho las últimas semanas, orando y cuestionando, tratando de descubrir la vida sin ti, porque en el momento en que nos enteramos de ti, comenzamos nuestra nueva vida contigo en ella.

Podía escuchar a tu papá bajando las escaleras y entré en pánico. En algún lugar de la noche, las lágrimas se detuvieron. No pude llorar más hasta que lo vi. Pensé que los había decepcionado a ambos. Debería haber sido más cuidadoso. Tenía que haber algo a quien culpar por esto. Pero no fue así.

Esperamos lo que pareció una eternidad en el consultorio del médico. Bueno, porque lo fue. Estuvimos allí durante horas. Esperando. Después de una confusa charla con el médico que pudo haber dejado un rayo de esperanza, nos envió a hacernos una ecografía. La habitación estaba helada, siempre temblaba, estaba aterrorizada, intentaba mantener la calma. Seguí cuestionando la verborrea que usaba el médico. Estaba en tal negación en ese momento, que nada tenía sentido. Entonces ella nos dijo. No había señal de vida." Nuestros corazones se hundieron. Traté de mantenerlo unido. Mi roca, tu papá, estuvo a mi lado cada segundo. Yo también sabía cuánto le dolía. No escuché mucho de nada después de eso.

¿Cómo pudo el día anterior estar lleno de tanta emoción por tener el peor día de nuestras vidas? No solo estábamos sufriendo tu papá y yo. Su innegable apoyo familiar sufre junto a nosotros. El silencio es el más aterrador. Estoy muy agradecido de tener a nuestra familia y amigos. Han ayudado a empezar a curar algo de dolor.

No he dejado de pensar en ti. No creo que la idea de ti me abandone jamás. Siempre me preguntaré qué habrías sido. Pero no dejaré de estar emocionado de que te conocimos. No quiero que el mundo no sepa que estuviste aquí, tal vez solo por poco tiempo, ¡pero te celebramos desde el momento en que supimos de ti! No quiero dejar de celebrar tu vida. Estabas vivo dentro de mí, y ahora puedes vivir en el mejor lugar que jamás se haya destinado al pueblo de Dios. Puedes bailar con los ángeles. ¡Oh, cómo me gustaría que pudiéramos tener nuestras fiestas de baile en la cocina contigo, pero la tuya debe ser mucho más grande! Llegas a conocer a Jesús y nunca vives con preocupaciones, miedos o angustias. Vivirás feliz para siempre. Solo puedo imaginar la alegría que trajiste al cielo esa mañana. Solo puedo imaginarte sentada en el regazo del abuelo y él amándote mientras nos esperas un día. Mi corazón está muy triste por no tenerte aquí, pero la alegría que tengo de saber dónde estás y que un día te volveremos a ver ayuda a aliviar el dolor y comienza a traer paz a nuestros corazones.

Ya nos has enseñado mucho. Pero lo más importante es que hemos aprendido a simplemente "estar quietos" … es posible que no sepamos o no entendamos la razón de esto, pero algún día lo haremos.

Alma mía, espera en silencio solo a Dios,
Porque mi expectativa es de Él.
El solo es mi roca y mi salvación;
Èl es mi defensa;
Preferiría que no me movieran.
En Dios está mi salvación y mi gloria;
La roca de mi fuerza,
Y mi refugio está en Dios.
Confíen en Él en todo momento, gente;
Derrama tu corazón delante de Él;
Dios es un refugio para nosotros. (Salmo 62: 5-8)

Dios es nuestro refugio y fortaleza,
Una ayuda muy presente en problemas. (Salmo 46: 1)

Porque sé los planes que tengo para ti," declara el Señor," planes para prosperar y no dañarte, planes para darte esperanza y un futuro. Entonces me llamarás y vendrás a orarme, y yo te escucharé. Me buscarás y me encontrarás cuando me busques con todo tu corazón. Seré encontrado por ti," declara el Señor, "y te traeré de regreso del cautiverio. Los reuniré de todas las naciones y lugares donde los he desterrado, declara el Señor, "y los llevaré de regreso al lugar de donde los saqué al destierro." (Jeremías 29: 11-14)

Tu papá y yo te amamos desde el principio, Baby B, y nunca dejaremos de amarte y celebrar tu vida. 30 de enero de 2018.

Por compartir la alegría que trajiste … ¿por qué te mantendríamos en secreto?

No soy escritor, ni poeta, ni siquiera muy creativo, y muchas veces ni siquiera un buen comunicador de mis emociones. Tengo este cerebro revuelto con pensamientos interminables y me cuesta mucho sacarlos. Pero no dejo de pensar en ti. Todo lo que hago, te recuerdo a ti. Me considero bendecido por vivir la vida que tengo. Mi familia lo es todo y mis hijos son mi mayor alegría. Pero mientras estoy sentado aquí escribiendo esto, estamos ascendiendo a las nubes y recuerdo la belleza de Dios a nuestro alrededor, todo lo que ha creado y todas sus promesas. Si bien no estoy listo para dejar lo que hay aquí en la Tierra, no puedo evitar tener paz sabiendo que cada vez que sea mi momento de irme de aquí, tengo mucho que esperar. Sé que si voy a casa esta noche o si voy a "CASA" esta noche, estaré con mis hijos de cualquier manera. Si bien perderte me trajo una tristeza que no quiero volver a experimentar, a través del tiempo también me dio una abrumadora sensación de paz. Ni siquiera puedo imaginar cómo será, pero tenga la seguridad de que me la imagino todos los días, la imagen más gloriosa que pude ver, la música más hermosa que no puedo describir. Y Dios me recibe en su reino, sosteniendo tu mano esperándome.

–55–
Escalando Monte Vesubio

Y Elías dijo a Acab: "Ve, come y bebe, porque se oye el sonido de una fuerte lluvia." Así que Acab se fue a comer y beber, pero Elías subió a la cima del Carmelo, se inclinó y puso el rostro entre las rodillas.
—1 Reyes 18: 41-42

"Aún Sigo Aquí."

Me paré al pie del Monte Vesubio cerca de Nápoles, Italia, escuchando la emoción de nuestro grupo de adolescentes, que estaban ansiosos por subir a la cima de este magnífico volcán. Harry T. Wilks había patrocinado a un grupo de estudiantes sobresalientes de Hamilton High School para que experimentaran la cultura de Roma y Nápoles, y tuve el honor de ser uno de los acompañantes. El Sr. Wilks y su hermano Bill dijeron que nos esperarían abajo del volcán. Mientras tanto, el otro acompañante, el maestro Duane Moore, llenaba la atención de los estudiantes con la historia del Vesubio. Ya habíamos sido testigos de las ruinas de Pompeya cuando la erupción volcánica sepultó una ciudad entera en el 79 d.C., y aquí estábamos mirando la ruta de senderismo que conducía a la cima de este volcán activo. Aunque su última erupción fue en marzo de 1944, se nos dijo que podríamos oler el azufre mientras mirábamos la boca del gigante humeante. Cuando los adolescentes me preguntaron si iba a esperar en la parte inferior o subir a la cima, fácilmente anuncié que subiría a la cima. ¿Cuántas otras oportunidades en mi vida tendrían para escalar este famoso monumento de Italia? Algunos de los chicos ya habían comenzado su ascenso cuando les llamé con anticipación para que no me esperaran, cuando en realidad, sabía que no tenían intención de reprimirse. Su energía y entusiasmo juveniles alimentaron su adrenalina mientras algunos de ellos corrían por el empinado sendero.

Un vendedor me ofreció alquilar o venderme un bastón y como siempre he disfrutado de un bastón en los bosques de los parques nacionales de América del Norte y nuestros parques locales, "alquilé" el bastón que iba a ser mi adrenalina artificial para empujar a través del sendero profundo y arenoso, una línea de vida que me mantendría erguida en las partes rocosas de mi descenso.

Mientras miraba hacia arriba y hacia adelante, pude escuchar el parloteo y la risa de nuestros adolescentes cuando rápidamente abandonaron mi línea de visión. Me preguntaba si todavía estarían en la cima cuando finalmente llegara, o si me pasarían en el camino hacia abajo antes de que pudiera llegar a la cima. La elevación del Monte Vesubio mide 4,203 pies, y el paisaje sobre la bahía de Nápoles era espectacular con azules oscuros color agua que casi coincidían con el cielo, nubes blancas ondulantes arriba y terreno rocoso y herboso debajo con cercas naranjas vigilando a varios pies de profundidad para atrapar a cualquier excursionista descarriado, si alguien se resbala por el camino rocoso. Me detuve para admirar la belleza de la naturaleza al rededor, pero también me detuve para recuperar el aliento y decidir si debía continuar mi ascenso. Me animó una pareja de ancianos que subía lentamente y reuní fuerzas al saber que no sería la persona de mayor edad en llegar a la cima, si así sucediera.

Si pudiera estimar el tiempo, seguramente exageraría, porque cada minuto parecían diez. Cuando mi respiración se hizo más dificultosa, levanté los ojos y vi otra pendiente que ocultaba la cima del volcán de mi vista. Justo cuando estaba lista para dar la vuelta, un grupo de gente más joven descendía a mi lado. Le pregunté: "¿Cuánto más tengo que ir?"

Ellos respondieron: "No muy lejos. Justo sobre esa cresta."

No creí que exageraran, pero en su juventud, "no muy lejos" fue más de lo que esperaba. Sin embargo, fue suficiente para seguir adelante. Seguí caminando lentamente con mi bastón cavando en la tierra, y finalmente sobre la colina, vi la boca del Vesubio. Fue siniestro, impresionante y espiritualmente abrumador caminar sobre un volcán activo que podría entrar en erupción en cualquier momento y el volcán activo que enterró las ciudades de Pompeya, Herculano y otras dos. Seguía caminando y mirando la historia. Mientras me inclinaba más cerca del borde del magnífico gigante de la naturaleza, podía oler el azufre con más fuerza y podía ver su profundidad. Estaba tan cautivada por la vista que olvidé lo exhausta que estaba y recordé cómo casi me había dado la vuelta, a menos de media milla de la cima.

La mayoría de nuestros estudiantes aún seguían ahí, disfrutando de la vista, tomando fotos y descansando para el descenso. Me sentí hablando con el volcán, diciendo: "Bueno, al menos yo no soy la más vieja aquí. Usted es." Sorprendentemente, había un vendedor en la cima del volcán con recuerdos y artículos religiosos hechos de ceniza volcánica. No sé si me sorprendió más que pudieran hacer joyas con las cenizas o que la gente tuviera que escalar la montaña todos los días para vender baratijas a quienes pudieran llegar a la cima. Por supuesto, compré baratijas para marcar el evento, para demostrarme, sobre todo a mí misma, que en realidad estaba allí.

El descenso fue un poco más fácil, pero la roca suelta y la arena irregular me mantuvieron concentrada en estar firme. Todavía necesitaba hacer una pausa algunas veces para recuperar el aliento, pero estaba motivada por el hecho de que los adolescentes estarían esperándome en el autobús después de que devolviera mi bastón. Y lo estaban.... ¡Pero lo logré!

En mi primer día de retiro de la educación, vi una película sobre una mujer mayor, llamada Edie, que sintió que había desperdiciado muchos años de su vida y prometió escalar una montaña. Había sido un sueño no realizado de ella con su padre. Mientras observaba las luchas de Edie, volví a mi viaje al Vesubio. Al final de la película, Edie le dice a su joven guía: "Perdí la mayor parte de mi vida haciendo cosas que no quería hacer por obligación. ¡No dejes que eso te suceda!"

"Aún Sigo Aquí."

Estaba tan feliz que me forcé a subir a la cima del Monte Vesubio. Estoy bastante segura de que no volveré a intentarlo, pero aprendí mucho sobre cómo aprovechar las oportunidades, incluso cuando no parecen ser fáciles. ¡Valió la pena el esfuerzo! Cuando veo fotos de la ruta del camino que rodea el Vesubio, casi no puedo creer que estuve allí. Estuve allí, y *aún sigo aquí*, preguntándome cuál será la próxima "montaña" para conquistar.

–56–
Belleza por Cenizas

Les dijo a los israelitas: "En el futuro, cuando sus descendientes pregunten a sus padres: "¿Qué significan estas piedras? "Dígales:" Israel cruzó el Jordán en tierra seca." —Josué 4:21

"Aún Sigo Aquí."

Cuando escuché por primera vez sobre el Proyecto para Padres de la líder comunitaria Jolynn Hurwitz, supe que quería recibir capacitación en este programa para ayudar a los padres de adolescentes. Jolynn fue fundamental para llevar la capacitación a Hamilton, y me uní a Debbie Day, Steve Connaughton, Marcella Wells y un equipo de voluntarios dispuestos a convertirse en facilitadores certificados. Steve y yo comenzamos con un grupo de 20 miembros en nuestra primera sesión de 10 semanas, y ahí es donde conocimos a Patrick y Sarah Davis. Fueron participantes atentos y receptivos. La mayoría de las discusiones de la clase y del grupo de apoyo se centraron en la crianza de los hijos, la vida familiar con un adolescente y la resolución de problemas sociales y de salud mental para ayudar a mejorar la asistencia a la escuela y lo académico. Steve y yo hablamos entre nosotros sobre la relación increíblemente respetuosa y solidaria entre Patrick y Sarah. El último día de clase, cuando tuvimos la oportunidad de hablar a solas con ellos, Steve les preguntó cómo se conocieron. No nos dimos cuenta de lo especiales que eran, individualmente y como pareja, hasta que escuchamos su historia. *Aún sigo aquí* como parte del Proyecto de Padres, pero no creo que nunca conoceré a nadie como Sarah y Patrick. Aquí está la historia de Sarah en sus propias palabras.

La Historia de Sarah

En la vida, hay momentos previos que se ven empañados para siempre por una fecha que se convierte en un aniversario que nunca quisiste. Un aniversario de cuando su mundo se puso de cabeza, cuando la seguridad que una vez conoció se ve interrumpida y cuando tu forma de navegar por el mundo es alterada para siempre. La tragedia es un ladrón en esa manera.

Mi fecha fue el 9 de septiembre de 2007.

Antes de eso, mi vida se sentía bastante ordinaria y pintoresca. Quizás incluso una vida que alguien más anhelaría tener. Crecí en una familia de clase media con mi mamá y mi padrastro, quienes valoraban profundamente la familia y la fe y asistían a la iglesia todos los domingos. Mis padres fueron amorosos y cariñosos e hicieron todo lo posible para protegerme y criarme de una manera que me enseñó la buena moral y la responsabilidad. Yo seguía las reglas, nunca fui alguien que se desviara de las instrucciones de un maestro o de las leyes comunes. Cuando era adolescente, me ofrecí como voluntaria en un hospital local y por esa experiencia, supe que finalmente quería ir a la universidad y convertirme en enfermera, e inmediatamente después de la preparatoria, lo hice.

A los 27 años y cuando esa cálida noche de septiembre llegó a mi vida, me encontré casada y con tres hijos de 9, 4 y 2 años. La maternidad me vino fácilmente y ellos fueron el enfoque de mi tiempo, amor y energía y el centro de mi mundo. Trabajé tiempo parcial como enfermera titulada en la sala de emergencias y me encantaba mi trabajo y el desafío y la oportunidad que traía de cuidar a las personas en su momento de mayor necesidad. Aún así, vivía con la sensación de que algo faltaba en mi vida. Lo descarté como depresión y ansiedad con las que había luchado durante la mayor parte de mi vida. Tenía todo lo que pensaba que mi corazón podría desear, pero no podía poner mi dedo en el vacío que sentía en el fondo.

Fui criada en un ambiente eclesiástico que se enfocaba en gran medida en el arrepentimiento y aunque nunca quisiera minimizar el valor o la necesidad de eso, como alguien que ya había profesado mi salvación y recibir la gracia y el perdón inmerecidos de Dios, eso me inculcó profundamente esta sensación de maldad dentro de mí. Veía a Dios como siempre llevando la cuenta de mis pecados y esperando que me equivocara. Él se sentía inaccesible para mí sin antes confesar todos mis pecados que se me ocurrían y que posiblemente hubiera cometido ese día.

Fue tan agotador como escucha. Cuando combinas eso con una relación fracturada con tu padre terrenal, lo que a menudo obtienes es una visión muy distorsionada de Dios como Padre. Mi relación con mi padre biológico consistía en visitas muy breves una vez por semana y en su mayoría ausencias. Casi todas las interacciones que tuve con él se encontraron con esta tristeza que pude percibir en él incluso cuando era una niña pequeña por el arrepentimiento que cargaba por sus propias decisiones de vida. Lo malinterpreté pensando que yo era la causa, o que había algo en mí que le causaba sentimientos de tristeza. Viví mi vida viendo a Dios de la misma manera, decepcionado y no complacido conmigo. Entristecido por todas las formas en que no estuve a la altura. Traté de checa todas las casillas religiosas y me faltó la relación que nos da identidad, paz, alegría y vida abundante.

El 9 de septiembre de 2007, fui a una despedida de soltera en el centro de Cincinnati para celebrar la próxima boda de una amiga de toda la vida. Se suponía que iba a ser una noche divertida que recordáramos con cariño y risas, pero pronto aprendería que la vida no siempre sale según lo planeado y a veces es interrumpida por la tragedia y, a veces, que la tragedia es causada por tus propias elecciones destructivas.

Aproximadamente a la 1:00 a.m., me subí a mi automóvil después de consumir demasiado alcohol e intenté regresar a casa. Recuerdo ponerme el cinturón

> "Aún Sigo Aquí."

de seguridad, una resolución de Año Nuevo que había hecho años antes y que luego salvaría mi vida. Recuerdo que intenté encontrar el I-75 por de todas las calles de un solo sentido del centro de Cincinnati y recuerdo el momento del impacto y el sonido ensordecedor del metal aplastado seguido del silencio más inquietante.

Yo ya sabía. Había trabajado lo suficiente en Urgencias para saber que esas cosas pasan. Había visto suficientes noticias, había juzgado a suficientes personas culpables de hacer el mismo acto. Pero esa es la ilusión y el peligro de beber y conducir. No crees que te va a pasar a ti. Pensé que estaría bien solo esa vez.

En cambio, ese fue el momento. Ese fue el momento en que la vida como la conocí terminó para siempre y me tomaría años aprender a sobrellevar y vivir con lo que sucedió. Ese fue el momento en que dos mundos se destrozaron, mi propia familia y amigos que me amaban y la familia y amigos de la gente en el otro auto.

Pensé que me había golpeado contra una barandilla, pero luego me informaron bajo las luces brillantes y el mundo familiar de la sala de emergencias que Jean Marie perdió la vida esa noche cuando mi camioneta golpeó su auto de frente. Su pasajero, que era amigo de ella, resultó gravemente herido y necesitaba una cirugía de emergencia y afortunadamente sobreviviría.

Los siguientes cuatro meses pasaron borrosos. Estaba en libertad bajo fianza e incluso seguí trabajando mientras esperaba el juicio porque aún no había sido condenada formalmente. Mientras las cartas y las efusiones de amor, apoyo y condolencias continuaban llegando, me sentí fuera de mi cuerpo, como si estuviera flotando sobre mi vida viendo cómo sucedía todo, pasando por los movimientos de existir y sin saber cómo sobreviviría el dolor de lo que vendría. Era oscuro y dolorosamente brutal más allá de las palabras que jamás tendré.

Desde entonces he dicho que la parte más difícil del duelo son esos primeros momentos en los que te despiertas cuando te das cuenta de que no era solo una pesadilla. Cuando te das cuenta de que esta es tu nueva realidad, no importa cuánto la desees que no fuera.

El 11 de febrero de 2008, mi familia se reunió en mi casa para orar y despedirse. Esa mañana, comparecería ante un juez para la sentencia con mi suéter color crema y aretes de perlas con lágrimas, tanta vergüenza y muy roto corazón.

6 años. No sé si se puede poner un número a la cantidad de tiempo que se sentiría como justicia para una familia en duelo que ha perdido a su ser

querido de una manera que era tan prevenible, pero este es el número que me asignó el juez.

Pasaría 10 días en unos separos antes de ser esposada por las muñecas y los tobillos con otra presa y conducida dos horas hasta un punto en el mapa llamado Marysville. Nunca lo había escuchado. No tenía idea de que había una prisión en Ohio que albergaba solo a mujeres. Nunca pensé en las personas en prisión, excepto de una manera muy en blanco y negro y un poco enjuiciadora con la perspectiva de que, si cometes el crimen, deberías hacer el tiempo. Solo sabía lo que sabía, y sabía muy poco sobre el crimen, la prisión o la multitud de factores e historias que a menudo llevan a la gente allí.

Allí mismo, en medio de un campo de maíz remoto, con una vía de tren lo suficientemente cerca como para recordarte la vida de afuera y un cielo abierto con los amaneceres y estrellas más hermosos que jamás haya visto, se encuentra un alambre de púas y un complejo que alberga aproximadamente 2,000 mujeres.

Te sorprendería saber con lo que puedes sobrevivir cuando no hay otra opción. Sobreviví gracias a las cartas, las llamadas telefónicas a casa, las visitas y al darme cuenta de que las otras mujeres allí no eran muy diferentes a mí. Había similitudes universales, sin importar cuán diferente fuera nuestra educación o las circunstancias que nos llevaron allí. Todas amamos a nuestros hijos. Todas echamos mucho de menos nuestro hogar. Todas estábamos en un viaje para perdonarnos a nosotras mismas y a los demás. Todos pensamos que ciertos guardias eran unos idiotas y otros encarnaban la bondad y hacían que la experiencia fuera más fácil de soportar. Todas aún queríamos celebrar la Navidad y los cumpleaños, a pesar de que se veía muy diferente a como lo hacía en casa.

Teníamos mucho más en común que las cosas que nos diferenciaban.

Durante los siguientes 6 años de ese punto cero de mi vida, desaprendería todo lo que pensaba que sabía sobre Dios, la vida y las personas. Más tarde me di cuenta de que ese aspecto fue una de las mejores cosas que me pudieron pasar.

Las historias de las mujeres con las que viví me destrozaron, pero esta vez de una manera que profundiza la compasión y la empatía y aprende a suspender el juicio. Lo más humilde y honesto que pude hacer fue admitir que había pasado toda mi vida sin querer juzgando a las personas cuando no era mi lugar hacerlo y decidir vivir de manera diferente.

"Aún Sigo Aquí."

En ese lugar quebrantado y a través de mi propio dolor y desesperación, comencé a ver las muchas formas en que Dios continuaba siguiéndome y encontrándome justo donde estaba: justo en la cuneta de mi propia vergüenza y verlo a Él como un padre distante y enojado; justo en medio de mi propia ira y resentimiento hacia Él y hacia mí. Él me buscó aún así, y la comprensión de que nada de lo que pudiera hacer podría separarme de Su amor o hacer que dejara de seguirme se convirtió en la base sobre la cual pude recibir Su amor y gracia incondicionales y prodigarlos sobre otras personas.

El 3 de febrero de 2014, salí por esas puertas, moldeado para siempre y llevando conmigo las historias de tantos.

Hay tantos versículos de las Escrituras que se han convertido en el estandarte de mi vida, pero este en particular le está hablando a mi corazón en este momento.

Tenías la intención de hacerme daño, pero Dios tuvo la intención de que fuera bueno para lograr lo que ahora se está haciendo, salvar muchas vidas. (Génesis 50:20)

Hay un enemigo de nuestras almas cuya misión es robar, matar y destruir todo lo que es bueno y vivificante en nuestras vidas. Pero también hay un Dios que tiene todo el poder sobre él y que ha prometido redimir los lugares más devastadores de nuestras vidas cuando le entreguemos las piezas.

En este lado de mi vida, después de sobrevivir a algo que nunca hubiera imaginado, Dios ha sacado tanta belleza de las cenizas. He estado en casa durante 6 años y me he vuelto a casar y me he reunido con mis hijos y ahora tengo una hija de 4 años. Su nombre es Eliana, que en hebreo significa, "Dios ha respondido". Y lo ha hecho, en formas que han superado todo lo que podría haber pedido o imaginado. Mi esposo y yo pastoreamos una iglesia llamada "The Fringe" ("La Franja"), porque nuestra pasión es llegar a aquellos que se sienten al margen de la vida, la sociedad o al margen de Dios. Nos sentimos llamados a ayudar a transformar la forma en que se ven a sí mismos y su percepción de la forma en que Dios los ve. Somos dueños de un café que emplea a personas anteriormente encarceladas, ya que uno de los mayores obstáculos para un reingreso exitoso es conseguir un empleo. El café sirve como un programa de reingreso holístico de un año de duración que identifica y ayuda a superar todas las diversas barreras que experimenta alguien que estuvo anteriormente encarcelado. También realizamos un programa de musicoterapia dentro de la misma prisión donde antes estuve encarcelada. Nuestro programa utiliza la música como un medio para explorar las causas fundamentales del encarcelamiento, que a menudo están vinculadas a la vergüenza, el trauma, las fracturas de los padres, el abuso, la adicción y un sentido de inutilidad, por nombrar algunos.

Pero creo que lo que quizás sea más sorprendente es que de este lado, me siento llamada a defender a los encarcelados, ese mismo grupo de personas en el que solía no pensar en absoluto. Un defensor se encuentra en la brecha o aboga a favor de una persona o una causa. Quiero cambiar y humanizar la forma en que la sociedad ve a los hombres y mujeres con un historial de encarcelamiento como "más que lo peor que han hecho." Esa es la forma en que yo los veo y, lo que es más importante, esa es la forma en que Dios los ve.

Si está leyendo esto y se encuentra de pie sobre las cenizas de su vida o en el viaje de la curación y le resulta difícil preguntarse si su vida será restaurada alguna vez, anímese. Dios nunca falla en una sola de sus promesas. Nunca se trata de si Él restaurará.

Te recompensaré por los años que han comido las langostas, la langosta grande y la langosta joven, las otras langostas y el enjambre de langostas, mi gran ejército que envié entre vosotros.

Tendrás de comer en abundancia hasta saciarte, y alabarás el nombre del Señor tu Dios, que ha obrado maravillas en ti; nunca más mi pueblo será avergonzado." Joel 2: 25-26 (NVI)

−57−
El Hogar es donde está El Corazón

Les enjugará toda lágrima de los ojos. No habrá más muerte ni llanto ni llanto ni dolor, porque el viejo orden de cosas ha pasado.
—Apocalipsis 21:4

"Aún Sigo Aquí."

Era la década de 1970. En mi clase de inglés de la escuela preparatoria, la Sra. Turnbull dio una conferencia sobre las ideas inconformistas de Ralph Waldo Emerson en su escrito Autosuficiencia (1841): "Insiste en ti mismo; nunca imites." Sentada con mi falda de uniforme cuadrada y mi blusa blanca reglamentaria en una fila de escritorios frente al frente de la habitación, me preguntaba cómo se puede llegar a ser autosuficiente. Estudiamos el escrito de Henry David Thoreau sobre la Desobediencia Civil (1849) durante el día, y después de la escuela, me preocupaba llegar a casa sana y salva durante los disturbios raciales en las calles del centro de la ciudad. Nuestro país estuvo involucrado en una "acción policial" en Vietnam mientras estudiábamos el Julio César de Shakespeare: "La guerra da a los conquistadores el derecho de imponer cualquier condición que deseen a los vencidos."

Estábamos en guerra, en la disputa civil de otro país y entre nosotros en nuestras calles. Cuando cuatro estudiantes desarmados fueron baleados y otros nueve heridos por los guardias de seguridad de la universidad durante una protesta de Vietnam en la Universidad de Kent State en 1970, supe que los disturbios de nuestro país no se limitaban a nuestros centros urbanos; estaba en todas partes, incluso en los terrenos sagrados de las universidades. Amaba mi ciudad y mi país y esperaba que la paz llegara pronto, pero no me involucré en disturbios ni protestas pacíficas. Una adolescente egocéntrica, protesté por los uniformes escolares con otras colegialas usando brasieres de colores debajo de nuestras blusas blancas y doblando por la cintura para acortar nuestras faldas de uniforme cuando las monjas no estaban mirando. Egoístamente, luché por mi libertad de casa no llegando a casa a la hora acordada, pero fui castigada y finalmente encerrada.

En la universidad, las hermandades de mujeres les decían a sus aspirantes qué ponerse, mientras que los estudiantes varones ocasionalmente cruzaban desnudos la Universidad usando solo sus zapatos. No fue la experiencia universitaria que había anticipado, así que me sumergí en mis estudios y me concentré en convertirme en maestra. Al asistir a un concierto de James Taylor en la Universidad de Ohio y escuchar que había comenzado un motín fuera del estadio, corrí al dormitorio de mis amigos para esquivar los perdigones de madera que les estaban disparando a los estudiantes universitarios. Me alegré de que no fueran balas. No teníamos que empezarlo para participar. Esa fue mi visión de la cultura de la época. No protesté ni me amotiné en la universidad; Solo quería convertirme en maestra y regresar a casa para ayudar a los jóvenes a tener un futuro mejor a través de la educación.

No sé cuánto ha progresado nuestra comunidad a lo largo de los años o cuánto impacto puedo haber tenido a través de la educación. Al jubilarme en junio de 2020, todavía veo disturbios raciales, desigualdad y descontento, pero me alienta la gente que todavía está trabajando por el cambio. Un agente de cambio sobresaliente es la pastora Shaquila Simmons Mathews, mejor conocida como "Pastor Shaq." Como directora, podía enviarle un mensaje de texto, llamarla o enviarle un correo electrónico a altas horas de la noche o temprano en la mañana cuando necesitaba apoyo emocional adicional para nuestros estudiantes en crisis por muerte o violencia en la ciudad. Ella se ponía a disposición de los estudiantes que quisieran hablar, orar, llorar o sentarse en silencio en medio de su dolor. Ella conoce el dolor de primera mano.

La Pastora Shaq, es activista y pastora de la comunidad, se encuentra en el frente abogando contra las pandillas, las drogas y la violencia con armas de fuego. Pasa tiempo consolando a otras familias que han sufrido pérdidas debido a la violencia con armas de fuego; predica los funerales de las vidas de jóvenes perdidos. Nunca pensó que ella sería la familia que necesitaba ser consolada; su propio hermano fue asesinado.

Cuando la Pastora Shaq habla con los adolescentes, hay una fuerte conexión entre ellos porque ella ha crecido en las mismas calles donde viven. Ella los motiva, individualmente o en asambleas de estudiantes, para que sean lo mejor que puedan, sin importar las circunstancias. ¡Ella es una fuerza en nuestra comunidad! Ella también usa la educación para generar cambios en la comunidad a través de conexiones individuales.

La Pastor Shaq ha iniciado actividades sociales y programas de mentores para jóvenes durante el año escolar y el verano. *Aún sigo aquí* para hacer lo que pueda, pero la Pastora Shaq nunca deja de hacer más por su comunidad. En 2019, se convirtió en miembro de la junta escolar. Es la ciudadana de Hamilton más célebre de 2020, y recibió honores y premios de muchos grupos comunitarios. Aquí, en sus propias palabras, está la historia de la Pastora Shaq acerca de por qué ella aún sigue aquí.

"Me Pico"
La historia de la Pastora Shaq

Mi vida no ha sido fácil. No me arrepiento y sé que todo sucede por una razón. Doy gracias a Dios por el camino que he recorrido, lo que me ha permitido experimentar algunas cosas increíbles en mi vida. Ahora los comparto con los jóvenes a los que puedo orientar. Puedo ser parte de sus vidas a diario a través de nuestro programa llamado HYPE por sus siglas en inglés (Hamilton Young People Empowered).

Nunca me vi a mí misma como alguien que trabajaría con los jóvenes, pero ahora no puedo verme haciendo nada más. Es curioso cómo obra Dios. Desde los ocho años había querido ser neuróloga o neurocirujano. Aspiraba a ser como el Dr. Ben Carson, que es un neurólogo afroamericano. Había decidido mi universidad, dónde quería practicar y dónde quería vivir. En mi mente, mi vida estaba lista.

A la edad de 18, asistí a los estudios bíblicos para adultos de mi iglesia y a la Escuela Dominical para adultos, pero estaba aburrido. Me dije a mí misma que simplemente me iría con los jóvenes y tal vez tendría un poco más de posibilidades de permanecer despierta. Eso me llevó a trabajar en mi iglesia y en el ministerio de jóvenes.

Para mi sorpresa, fui atraída inmediatamente por la maestra de la Escuela Dominical en ese momento. Ella me desafió y me hizo pensar en mi fe y quién soy como persona, quién soy como cristiana. Mi vida empezó a cambiar. Como resultado, los jóvenes empezaron a acercarse a mí, pero no sabía por qué. Cuando lo veo ahora, sé que fue a través de mis experiencias de vida antes de entregar mi vida a Dios lo que me permitió compartir con ellos, ayudarlos con información sobre ser joven y ser cristiano. Siendo un mentor a una edad tan temprana, supongo que se podría decir que "me pico" el trabajar con jóvenes.

Un día, mi hijo, maestro de la escuela, comenzó a desafiarme a enseñar en la Escuela Dominical. Pasé de enseñar la típica Escuela Dominical a una situación de realidad muy real, "sin restricciones." Les daba a los niños escenarios de la vida real y les hacía saber cómo son las cosas realmente a partir de una interacción de testimonio con ellos. Les hago saber que son geniales y que no tienen que ser parte del mundo para ser geniales, siempre y cuando sigan caminando con Dios y sigan teniendo a Dios primero: eso es lo genial.

Fue en ese momento cuando tuve el desafío de enseñar en la Escuela Dominical que también tuve el desafío de comenzar a asistir al estudio Bíblico. Comencé a hacer crecer mi fe y comencé a aprender más sobre quién soy. Así fue como comencé a crear programas para adolescentes, llevándolos a excursiones, paseos y diferentes reuniones en la iglesia. No sabía el papel que estaba asumiendo, llevándolos a excursiones, diferentes salidas y diferentes reuniones en la iglesia. Ni siquiera sabía el papel que estaba asumiendo, e incluso cuando sabía lo que estaba haciendo, no tenía ningún título. Estaba haciendo el trabajo del ministerio y comencé a hacer crecer el departamento de jóvenes. Pasamos de siete u ocho niños a 22-25 niños que asistían los domingos y eran parte del grupo de jóvenes. Empezamos a crecer y a seguir adelante.

Avance rápido hasta ahora, se hizo un movimiento desde allí y me convertí en pastora. Como pastora principal de mi propia iglesia, Truth & Life Community Church, supe de inmediato que tenía que comenzar a trabajar en el ministerio de jóvenes porque ese es el corazón de la iglesia: los jóvenes.

La próxima generación debe haberles inculcado principios piadosos y cualidades de liderazgo. La iglesia necesita enfocarse e invertir en nuestra juventud. A partir de ahí comencé HYPE (Hamilton Young People Empowered). Comenzó a crecer a más de 100 personas en asistencia. En nuestros servicios mensuales, tenemos música, juegos, comida, conversaciones significativas y mentores para poder ser modelos positivos a seguir. Nuestros jóvenes deben esperar ver caras positivas.

Es curioso cómo tenemos planes para una vida, pero Dios tiene el plan maestro definitivo para nuestras vidas. Creo que a veces Dios se ríe de nuestros planes, sabiendo que tiene un plan maestro para nuestras vidas. Estoy tan contenta de estar en el camino en el que se supone que debo estar.

Es tan extraño que volviera a casa después de vivir en Indianápolis, Indiana, durante 12 años. Tuve la oportunidad de mudarme a casa y he estado de regreso durante cinco años. En ese tiempo, HYPE ha crecido de un programa a ocho programas bajo su paraguas, que incluyen boxeo alto, peluquerías, Belleza y Libros, gimnasio abierto HYPE y el Programa de Mentores para Jóvenes Pastora Shaq.

Debido a la experiencia con HYPE y cómo se ha convertido en una organización de adolescentes en la ciudad de Hamilton, me ha animado mucho. He podido formar parte de muchas juntas y comités y ser parte de muchos de los procesos relacionados con los jóvenes. He podido asociarme con el distrito escolar y otros distritos para crear programas.

Después de que estas experiencias llevaron a llevar HYPE a las escuelas, me propuse postularme para el Ayuntamiento de Hamilton con la misión y la visión de invertir en los jóvenes. Quería que la juventud fuera parte de la comunidad que apoya y edifica a nuestra juventud.

No gané mi carrera para el Ayuntamiento de Hamilton, pero estuve cerca. Aunque no gané, aprendí lecciones valiosas sobre mi comunidad, sobre mí y sobre cargos públicos. Después de las elecciones, la gente dijo: "Deberías postularte para la junta escolar. Realmente podría servir y hacer un buen trabajo que no hubiera podido hacer en el Concejo Municipal." Comencé a pensar en eso y comencé a investigar el papel de la Junta Escolar. Durante ese tiempo, tuve una conversación con un buen amigo, mi exdirector, el Sr. Tom

Alf. Antes de su muerte, el Sr. Alf (que Dios descanse su alma) fue fundamental para guiarme y darme mucha sabiduría. Estaba muy triste por su fallecimiento porque tenía muchas ganas de servir en la Junta Escolar con él.

Sé que soy una líder servidora. He tenido la suerte de impactar la vida de los jóvenes. He tenido la suerte de abrir el HYPE Teen Life Center en el centro de la ciudad de Hamilton en el Journal News Building. Este centro para adolescentes está ubicado en el mismo lugar donde trabajábamos mi hermano y yo y teníamos una ruta de periódico cuando éramos adolescentes. ¡Guauu! ¿Cómo sucede eso?

Soy alguien a quien se descartó y me dijeron que no sería nada porque deje la escuela. Seguí luchando. Mantuve mi cabeza y supe que Dios tiene un plan para mi vida. Siempre cito Jeremías 29:11 sobre mi vida.

"Porque sé los planes que tengo para ti," declara el Señor, "planes para prosperar y no dañarte, planes para darte esperanza y un futuro." (Jeremías 29:11)

Pasé a obtener mi GED (Diploma de Educación General), luego al seminario para convertirme en pastor, y ahora director ejecutivo y fundador de una exitosa organización de adolescentes. Por esto alabo a Dios. Así que no me digas lo que Dios no hará si lo dejas.

-58-
Visitantes Inesperados

Porque lo he elegido para que él dirija a sus hijos y a su casa en pos de él para que guarden el camino del Señor haciendo lo recto y justo, de modo que el Señor le haga cumplir a Abraham lo que le ha prometido."
—Génesis 18:19

"Aún Sigo Aquí."

En un día nublado, el último de octubre, mis alumnos entraban a la escuela a través de una lluvia fría con las sudaderas con capucha levantadas y la cabeza gacha, pasando por nuestro comité de bienvenida de nuestro oficial de recursos, un maestro, un conserje y yo, su director. Todas las mañanas los saludamos con sonrisas y comentarios amistosos y nos alegramos cuando podemos ver algunos de sus rostros o posturas aligerarse un poco mientras suben las escaleras hacia el segundo piso para tomar un desayuno gratis y encender sus libros cromados.

Sorprendentemente, después de dos horas del día, me alertaron de que había un hombre grande con una chaqueta de seguridad de neón que quería subir las escaleras para ver a uno de nuestros maestros. Después de saber su nombre y tener un momento para revisar nuestro sistema para obtener más detalles, abrí nuestras puertas para saludarlo.

Después de un año difícil en la escuela de primer año donde se ubicó el programa alternativo durante algunos años, abandonó la escuela. Él y su hermana tuvieron episodios de depresión e ira por la pérdida de su abuela, quien era el centro de la fuerza de su familia. Sin embargo, se recuperó y obtuvo su licencia GED y CDL para conducir grandes camiones. Dijo que estaba ganando mucho dinero en un negocio de grúas en el que se había convertido en supervisor a los 20 años de edad sobre hombres de treinta. Su plan es obtener su siguiente nivel de licencia cuando cumpla 21 años y comenzar su propio negocio. Dijo que todos los días presenta un plan, dirige a sus hombres en una oración por el día y luego se dirigen a ayudar a las personas que necesitan ayuda. Habló de conocer a mucha gente, los más ricos y los más pobres. Su mejor historia fue la de un hombre rico que tenía un Cadillac y tenía dos ruedas pinchadas. El hombre le pagó $500 para remolcar su automóvil hasta una ciudad del norte con el hombre y su esposa sentados en el asiento delantero. Estaba bastante orgulloso de sus logros y quería compartir la noticia con sus maestros.

Fuimos al salón de Artes del Lenguaje donde visitó a una de sus maestras, quien le dijo lo orgullosa que estaba de él. Le dijo que este Día de Acción de Gracias sería el tercer aniversario de la muerte de su abuela y que iba a ser duro para la familia, como ha sido todos los años sin ella. La maestra expresó su simpatía por la familia y su orgullo por sus logros. El momento parecía más un intercambio enriquecedor "madre-hijo," pero apropiado para una relación maestro-alumno. El maestro lo invitó a compartir sus conocimientos y experiencia con otros estudiantes que deseaban conducir camiones para ganarse la vida, a lo que aceptó. Intercambiaron información de contacto y posibles fechas para que regresara.

Al salir del aula, le pregunté si quería ver a otros profesores. Él dijo: "Sí, si ella todavía está aquí." Mientras él y yo caminábamos hacia el aula de matemáticas, él comentó (en lengua vernácula urbana) que ella era la mejor profesora de matemáticas que había tenido. Entró a su clase y se sentó a su lado en su computadora, y juntos charlaron un poco. Nuevamente se inclinó hacia los comentarios positivos y el orgullo que rezumaba de su antiguo maestro.

De vuelta en mi oficina, su teléfono seguía sonando y lo apagaba cada vez. Le pregunté si debía contestar su teléfono y dijo: "Es mi novia. Está embarazada y hambrienta." Le dije que la combinación de embarazada y hambre significa que es mejor que se vaya para mantenerla feliz. Dijo que estaban esperando una niña muy pronto. Le pedí que enviara buenos deseos a su novia y saludos a su hermana de mi parte mientras lo acompañaba a la puerta. Parecía reticente a irse, pero después de una hora de visita, mis estudiantes actuales también necesitaban atención. Un joven había venido a mi oficina en busca de opciones de crédito flexible con su trabajo en Jersey Mike's, y nuestro visitante lo enseñó a mantenerse en el camino, "no hacer nada estúpido y pensar antes de actuar." El estudiante tiene como objetivo profesional obtener su licencia de conducir comercial y conducir grandes camiones, por lo que los dos hablaron sobre el servicio al cliente y la responsabilidad. Agradecí haber podido presenciar este momento fortuito en mi oficina.

Cuando finalmente contestó su teléfono, le envié un saludo a su novia y le dije que pronto estaría en casa con comida. Se puso de pie unos momentos más, se abrochó la cremallera de su impermeable amarillo neón reflectante y abrió las puertas para salir a la lluvia. Me pregunté qué más nos quedaba por decir a los dos. Quizás nada, solo un momento para empaparse del amor y apoyo que había sentido hoy y hace algunos años.

Conduje hasta la oficina central para obtener una verificación de antecedentes para renovar mis licencias administrativas y de enseñanza y pensé en nuestro visitante. Es testigo de cómo los educadores pueden marcar una diferencia en la vida de los estudiantes.

Cuando regresé al estacionamiento de la escuela con la lluvia aún cayendo, vi a una mujer joven y delgada con una sudadera con capucha negra encorvada hacia la pared junto a las puertas de entrada de la escuela. Pensé que estaba hablando por el intercomunicador, pero estaba en su teléfono. Le pregunté si podía ayudar cuando se volvió y dijo: "Dr. Hulshult, ¿eres tú? ¡Soy yo!" Me tomó unos momentos estudiar su rostro y la reconocí como una exalumna, pero parecía tener unos 40 años. Su rímel estaba manchado, su rostro pálido y sus dientes estaban amarillentos con lagunas en su sonrisa. Dijo que estaba en RESCUE y HOPE ("RESCATE y ESPERANZA"), dos programas de hace años, y que ahora tiene 30 años. La vida había sido dura para ella, pero su recuerdo de su tiempo en la escuela era asombroso.

Recordó el nombre tras el nombre de los estudiantes de su clase, luego los nombres de sus maestros. Tuve que conseguir un papel y un bolígrafo para escribir los detalles y años para poder compartirlos con mis antiguos compañeros. La invité a la escuela para ver a una exsecretaria, con quien había trabajado en la escuela alternativa años atrás. Juntos, los tres compartimos lo que podíamos recordar, algunos momentos divertidos de malas conductas o contratiempos, algunos éxitos, algunas tragedias y el paradero de estudiantes, maestros y secretarias hoy.

Le entristeció saber que la señora Kelley había muerto. Carolyn Kelley fue la secretaria de la escuela alternativa durante muchos años. Su mala salud le provocó varias caídas en la escuela y se vio obligada a jubilarse por discapacidad médica. Ella falleció poco después. Los estudiantes se dieron cuenta de que la mejor parte de los días de la Sra. Kelley fueron en la escuela.

Cuando me vino a la mente nombre tras nombre, y mientras escribía cada nombre en mi papel, junto a la mayoría de ellos escribí R.I.P. Con la epidemia de heroína, muchos de mis antiguos alumnos habían sufrido una sobredosis, se suicidaron o fueron encarcelados, con una muerte que sucedió la noche anterior. Mientras relataba el destino de sus amigos, habló de los niños involucrados, la mayoría alejados de sus situaciones hogareñas. Estaba orgullosa de decir que ella misma ha estado limpia durante un año y encontró el aliento y el apoyo de un antiguo compañero de escuela. Juntos, ella y su novia se ayudaron mutuamente a criar a sus hijos. Tiene tres hijos en la escuela primaria, y yo inconscientemente conté cuántos años pasarían hasta que pudiera ser su director. Todavía estoy aquí, pero ¿dónde estaré entonces?

Hablamos de lo absurdo de considerar un reencuentro con sus compañeros y que nunca tuvimos un anuario para mirar atrás y ver quién más estaba en su clase. Sin embargo, sacó su teléfono y abrió su cuenta de Facebook para mostrarnos muchas fotos de ex compañeros de clase. Estaba conectada con bastantes compañeros de clase. Ella también pidió ser mi amiga en Facebook. Tuve el honor de decir que sí.

La envié de camino con un par de nuevas sudaderas con capucha de "HOPE" ("ESPERANZA") sobras de un cambio de nombre de la escuela. Estaba encantada de tener una sudadera con capucha nueva y otra para compartir con su novia.

Cuando volví a las aulas, vi a uno de nuestros policías y le hablé de ella. Estaba familiarizado con su nombre y me dio la perspectiva de un oficial y su conocimiento de su pasado. Estaba feliz de tener algunas cosas buenas que decir sobre ella y su deseo de ser una buena madre y criar bien a sus hijos, y en sus palabras, "mejor que yo." ¿No es esa la esperanza que tienen todos los padres?

Fui a la ventana del segundo piso y la vi caminar por la calle abrazando sus nuevas sudaderas con capucha de la escuela con la palabra "ESPERANZA" en ellas, y dije una oración para que sintiera algo de esperanza en su futuro. No parecía tan encorvada como cuando nos conocimos hoy.

Ya sea que vengan con historias de éxito o historias tristes de infortunios, siempre me alegra ver a nuestros antiguos alumnos regresar a un lugar donde una vez se sintieron amados y aceptados: su escuela. A pesar de que la escuela alternativa se ha trasladado de un edificio a otro, quizás cinco veces en mi carrera, y la programación ha cambiado, de alguna manera los antiguos alumnos encuentran formas de buscarnos y reconectarse. Tengo la suerte de estar aquí, todavía puedo conectarme con ellos y decirles que todavía son amados y aceptados, independientemente de las trayectorias de la vida. Y estoy orgulloso de nuestros maestros, quienes establecen relaciones de por vida con sus estudiantes.

–59–
Dollar Tree: La Gran Inauguración

Entonces Dios le dijo a Abraham: "En cuanto a ti, debes guardar mi pacto, tú y tu descendencia después de ti para las generaciones venideras." —Génesis 17:9

"Aún Sigo Aquí."

Mi tienda favorita de la infancia fue McCrory's Five and Dime Store en High St. En Navidad, mis padres llevaban a toda la familia a comprar allí y me llevaría una eternidad elegir el regalo perfecto para mamá y papá. Una Navidad, encontré rápidamente una botella de perfume barata pero bonita, que bien podría haber sido etiquetada como "agua de inodoro" por el precio. Luego miré arriba y abajo por todos los pasillos y finalmente me decidí por un cenicero de vidrio azul para mi papá. Me pareció una pieza abstracta de Picasso. Sin embargo, era funcional con la ranura profunda para sostener un cigarrillo encendido. Estaba segura de que a papá le encantaría. Después de hacer nuestras compras secretas, salté al asiento trasero de nuestro Buick del 52 con mis hermanos y grité: "¡McCrory tiene cosas buenas!" Esperé expectante el momento en que papá abriera su obra de arte bellamente elaborada y se sorprendiera tanto. Y él lo hizo. Él dijo: "¡Oh, Nancy, esto es hermoso, pero yo no fumo!?" Me hubiera roto el corazón haberlo decepcionado, pero luego me aseguró que se le daría un buen uso, ya sea como un cenicero para los invitados o como un contenedor para sus monedas adicionales en su tocador. Y mamá siempre olía bien cuando se vestía para la iglesia. Llevaba un vestido acampanado con un cinturón abrochado, medias sedosas con la costura en la parte posterior de las piernas y tacones altos. Completó su atuendo con guantes blancos y un sombrero de una de sus cajas de sombreros, generalmente un sombrero con una red que cubría parcialmente sus ojos. Me gustaba pensar que roció el perfume que le di de Navidad.

Estaba triste cuando McCrory's cerró, al igual que muchas de las tiendas del centro cuando era más joven. Como adulta, encontré una nueva tienda favorita: The Dollar Tree. Ahora llevo a mis nietos de compras allí y les dejo elegir un par de artículos. A veces eligen un artículo para ellos y otro para sus padres. Algunos grandes compran en el pasillo de juguetes en dos minutos y otros compran en todos los pasillos, pero siempre es interesante ver qué artículos llegan a la caja registradora. A menudo pienso en los días de compras de mi infancia en McCrory's cuando estábamos en Dollar Tree, una tienda que tiene algo para todos, ¡y a solo un dólar! Me encantó cuando se abrió una tienda Dollar Tree frente a mi escuela. Durante su gran inauguración, visité y conocí a un exalumno que era la cajera. Es una chica platicadora y brillante de personalidad con una gran sonrisa y trenzas. Observé cómo saludaba a cada cliente con alegría e hizo todo lo posible por hacer un esfuerzo adicional. Hace varios años, pasó por un período triste en su vida cuando, como estudiante de noveno grado, perdió a Abue, la roca de su familia. A través de la lucha y el drama social de ser una estudiante de noveno grado, estaba enojada, explosiva y ruidosa. En el aula de recuperación de créditos de la escuela de noveno grado, lo que necesitábamos era un entorno de trabajo tranquilo para que los estudiantes completaran los cursos en línea. Lo que necesitaba era un espacio para desahogarse, gritar, golpear y dejar salir el dolor que viene con la injusticia, el dolor de corazón y las hormonas.

O salía de clase sin permiso o la enviaban a la oficina porque no podía lidiar con la escuela, con la vida, con el trauma de su familia. Si pudiera calmarse y procesar, podría regresar a clase y terminar algunas tareas. Era inteligente y capaz cuando las emociones no nublaban su razón. Si no podía encontrar algún nivel de funcionamiento en la escuela, tendría que dejar la escuela e intentarlo otro día. Cuando cumplió los 18 años, la dejó.

En una de nuestras reuniones, lloró mientras compartía conmigo una foto en su teléfono de ella misma con su madre y Abue: tres generaciones juntas en una imagen. Cada mujer estaba sonriendo y acurrucada en un sofá. Hice todo lo posible para capturar esta fotografía en un lienzo a través de varios servicios en línea, pero todos informaron que la calidad de la imagen era demasiado pobre para reimprimirla. El verano pasado, la fotografía apareció en mi computadora en busca de algo más, y lo intenté de nuevo, pero fue en vano. Tenía muchas ganas de darle este regalo para representar el amor que todavía siente por su Abue.

No había entrado por completo por las puertas de Dollar Tree cuando escuché su voz gritando: "¡Bienvenida a Dollar Tree! Hola, señora Hulshult, ¿cómo está? Mientras escaneaba los artículos de los clientes a través de su mostrador, encontró una manera de contarme sobre su sueño de convertirse en maestra y quería saber cómo obtener su diploma. Me dijo que había trabajado con éxito en otros trabajos, pero sabe que sería una gran maestra. Estuve de acuerdo. Después de que compré algunas chucherías a través de su mostrador, le prometí regresar al día siguiente con información para que ella comenzara en un programa de GED para graduarse de la pereparatoria.

Al día siguiente volví con un volante y compartí información de contacto. Nos tomamos una foto junto con ella sosteniendo el volante. Le pregunté si podía tuitear nuestra foto y ella estuvo de acuerdo. Ella me mostró fotos de ecografías en su teléfono del bebé de su hermano, y ambos nos emocionamos un poco cuando me dijo que el bebé iba a tener el nombre de su abuela y que ella iba a ser la mejor tía del mundo. Le dije que había escrito un capítulo en mi libro sobre su hermano. Dijo que también quería que escribiera un capítulo sobre ella, así que aquí está, como prometí.

En este intercambio, logró saludar a todos los clientes, inflar globos con gas helio, hacer cambios y reírse de un cliente saliente que la saludaba. En estos momentos, vi su personalidad contagiar de felicidad al resto de clientes de Dollar Tree. Tenía la misma energía poderosa y explosiva, pero ahora la usaba para hacer de su mundo una fuerza positiva. Podía imaginarla en un salón de clases animando a sus alumnos y diciéndoles cómo superó los obstáculos de la vida para alcanzar su sueño.

Antes de irme por segunda vez, nuevamente con más baratijas, ella compartió su trabajo de GED (Diploma de Educación General) con otro empleado, quien pidió una copia para su hijo. Acepté volver de nuevo con más volantes. Cuando me fui, me reí de ella porque me costaba más dinero cada vez que la veía. Estoy segura de que normalmente les grita a los clientes: "¡Que tengan un buen día!" cuando se van. Ese día, ella me dijo: "¡Adiós, Sra. Hulshult! ¡Que tengas una buena vida!"

"¡Tú también amiga!" Hoy no fue solo la gran inauguración de la nueva tienda Dollar Tree: fue la gran apertura de su camino hacia una carrera docente y yo llegué a ser una parte muy pequeña de ella.

Espero estar cerca cuando obtenga su GED y nuevamente cuando se gradúe con su título universitario en educación. Por ahora, volveré al Dollar Tree. Su Abue estaría muy orgullosa de ella, y yo también. No todos los estudiantes salen de la escuela preparatoria con un diploma, pero todos los estudiantes se van con alguna lección de vida. Ha aprendido mucho sobre sí misma, y ahora está lista para dar el siguiente paso y darse cuenta de que ella, como su hermano, son lo que yo llamo "alguien importante."

Cuando la pandemia obligó a la gente a ponerse en cuarentena y cerrar las tiendas, durante meses ya no pudimos disfrutar de nuestras juergas de compras en el Dollar Tree. Comprar en línea solo frente a una computadora no es tan agradable como compartir la experiencia de compra con mis nietos. Y extraño encontrarme con viejos amigos y escuchar sus últimas noticias. Cuando los expertos médicos encuentren una vacuna COVID eficaz, me pondré la inyección y luego volveré al Dollar Tree. Hasta entonces, *aún sigo aquí* en casa.

–60–
¡No Te Preocupes! ¡Solo son Serpientes y Ratones!

"Aún Sigo Aquí."

Todos los días participamos en una batalla para sobrevivir, una batalla contra el bien y el mal. A veces se la conoce como guerra espiritual. Nuestra mayor arma es la oración, y nuestra mayor esperanza es que Dios siempre nos sostenga en las peores partes. El último libro de la Biblia, Apocalipsis, nos recuerda que ya somos vencedores. ¡Dios ya ganó la batalla a través de Su Hijo, Jesucristo!

Entonces el dragón se llenó de ira contra la mujer y se fue a hacer guerra contra el resto de descendencia de ella, aquellos que guardan los mandamientos de Dios y mantienen firme su testimonio de Jesús. (Apocalipsis 12:17)

"¡Mira, vengo pronto! Mi recompensa está conmigo, y le daré a cada uno según sus obras. Yo soy el Alfa y la Omega, el Primero y el Último, el Principio y el Fin." (Apocalipsis 22:12)

"Yo, Jesús, he enviado a mi ángel para darte este testimonio para las iglesias. Yo soy la raíz y el linaje de David y la brillante estrella de la mañana." (Apocalipsis 22:16.)

Como ejemplo de guerra espiritual en mi casa, considere los obstáculos que llegaron a nuestras vidas exactamente en el MOMENTO INCORRECTO, cuando intentábamos nuevas formas de honrar a Dios.

Pre-pandemia cuando nos mudamos a nuestra nueva casa, planeamos un programa llamado "Retiro de BB" (nombrado en memoria del bebé nonato de Ryan y Kristi). Habíamos programado fines de semana para que los pastores y sus equipos de liderazgo tuvieran tiempo fuera de sus oficinas para orar, programar, planificar, comer y descansar. Podrían optar por un paseo por el bosque o una charla alrededor de la fogata. Mi esposo y yo les daríamos las claves y los códigos y nos iríamos para darles tiempo ininterrumpido para enfocarse en Dios.

Un mes antes del primer retiro, me estaba preparando para los invitados y limpiando nuestra despensa cuando vi un envoltorio de chocolate abierto y agujeros en bolsas de comida. Colocamos trampas de pegamento en la despensa para atrapar al ratón, ¡pero no! Esa noche escuchamos ruidos de arañazos en nuestras paredes: ¡AH! ¡RATONES! Colocando trampas de pegamento en el sótano, descubrimos una mañana que una serpiente ratonera negra se había pegado en la trampa de pegamento, se había enrollado alrededor de la trampa y murió antes de que la viéramos. Estábamos asustados y frustrados, hablando de cómo deberíamos cancelar el retiro y poner un letrero de "Se vende" en nuestro jardín.

Le dije a mi esposo que me iba a acostar, que ya estaba harta de serpientes y ratones. Mientras iba descalza hacia la cama, escuché a Darrell gritar: "¡Nancy, hay una serpiente en nuestra cocina!" Salté de la cama para ver, (lo sé, probablemente no fue la mejor idea) y vi una serpiente ratonera de 3 pies descansando justo en el medio de la cocina, no mirando hacia el sótano, sino mirando hacia donde estábamos platicando y dónde dormiríamos.

Satanás estaba en la matanza, esperando que esto nos enviara a empacar, pero no lo hicimos. Darrell le arrojó una de las trampas de pegamento y la sacó de la casa. Oramos y reflexionamos sobre lo que podría estar pasando. Estábamos planeando algo para Dios y Satanás conocía a los dos animales que asustarían a Darrell y me asustarían más a mí: serpientes y ratones.

Darrell colocó trampas de pegamento en cada puerta de un extremo a otro y alrededor de nuestra cama. Ungí cada poste de la puerta con aceite para recuperar lo que era nuestro espacio de paz. Darrell dijo que recordaba que algunas ventanas estaban abiertas cuando nos mudamos, que es como entraron los animales, pero arregló todas las entradas posibles, agujeros en los ladrillos y todas las tuberías para mantener fuera a los animales indeseados.

Capturamos a los animales y limpiamos, reabastecimos la despensa y cocinamos para el retiro. El grupo de la iglesia vino y tuvo un gran retiro. ¡Punto para Dios!

Empezó COVID, y los retiros están en espera. No hay problema. Encontraremos otra forma de honrar a Dios. Con mucho tiempo en casa, comencé a reunir mis testimonios escritos de la fidelidad de Dios para mis nietos. Cuando estamos juntos, jugamos, oramos y nos divertimos. Es posible que escuchen fragmentos de mis historias de fe, pero quiero que sepan que son parte de la historia de salvación de Dios desde Adán hasta Abuelita y Abuelito.

El libro creció para incluir historias asombrosas de amigos, así que encontré un editor y estaba lista para poner los capítulos en orden y encargarme de los detalles finales. Fue entonces cuando me desperté en medio de la noche para encontrar nuestra cocina inundada y un área de nuestro sótano completamente mojada o destruida por el agua: la pared, la alfombra, las luces, mi silla de oración y la computadora para escribir y escuchar sermones. Curiosamente, la única área afectada en la planta baja fue mi espacio de trabajo; La sección de trabajo de Darrell se salvó de daños, gracias a Dios.

A estas alturas, mi esposo Darrell y yo nos miramos cuando suceden cosas inesperadas como estas en los peores momentos posibles y simplemente decimos: "Serpientes y ratones." Es sólo otra trampa para frenarnos y derrotar nuestros ánimos.

"Aún Sigo Aquí."

Después de que limpiamos el agua de ambos pisos, movimos mi computadora y arrancamos la alfombra, regresé a terminar este libro. Darrell se puso a trabajar en las reparaciones. Mientras él levantaba paneles de yeso y yo escribía, le dije: "Gracias, cariño, por todo tu arduo trabajo arreglando este lugar." Sin voltear, respondió: "¡Estoy arreglando lo que Satanás destruyó!"

Espero que este libro honre a Dios y sea una prueba de que podemos seguir adelante cuando El Enemigo intenta obstaculizarnos. Esto es lo que pienso ahora, cuando surgen "serpientes y ratones" en nuestras vidas:

> **Esperar -** Espero dificultades en mi camino. Eso es vida en la Tierra y es temporal.
>
> **Reflexiono -** Reflexiono sobre mis problemas y oro sobre si son causados por El Enemigo para interrumpir mis planes de servir a Dios, o por Dios para hacer que me mueva en una dirección diferente, o por mí debido a mi propia ignorancia o mi orgullo.
>
> **Desviar -** Trato de desviar cualquier tentación o distracción que me impida hacer lo que Dios me ha llamado a hacer, ¡y sigo adelante!
>
> **Conectarse -** Trato de conectarme más con Dios a través de la oración, las Escrituras y las personas piadosas para descubrir los próximos pasos para superar los problemas y seguir adelante con el plan de Dios para mi vida.
>
> *Y sabemos que en todas las cosas Dios obra para el bien de los que lo aman, los que han sido llamados conforme a su propósito. (Romanos 8:28)*

Cuando pensé que este libro estaba completo, Dios me llevó a invitar a otras personas en mi vida a escribir sus testimonios de fe. Si no hubiéramos tenido el retraso, no hubiera sido "bendecida y asombrada" por sus historias. ¡Gracias, queridos amigos!

Para citar el versículo bíblico favorito de Jim Gadd escrito en su diario de oración:

> *Ni la altura ni la profundidad, ni ninguna otra cosa en toda la creación, podrá separarnos del amor de Dios, que es en Cristo Jesús nuestro Señor. (Romanos 8:39)*

Esa es mi oración por ti, Lector. Esa es la manera en que Dios nos dice: *"¡Aún sigo aquí!"*

Epílogo

Cronología de mi trabajo misionero y experiencias de viajes internacionales

"Aún Sigo Aquí."

1987 Aristobulo del Valle, Argentina - Campo de trabajo

1988 Rosario, Argentina - Campo de trabajo

1989 Cobán, Guatemala - Campo de trabajo

1990 Dos de Mayo, Argentina - Campo de trabajo

1991 Quetzaltenango, Guatemala - Campo de trabajo

1995 San José, Argentina - Campo de trabajo (bautismo en Buenos Aires)

1996 Cobán, Guatemala - Campo de trabajo

1996 Pinecrest, Kentucky - Campo de trabajo

1997 Mercedes, Brasil - Campo de trabajo

1997 Eagle, Pass, Texas - Campo de trabajo

1999 Quevedo, Ecuador - Campo de trabajo

2000 Allen, Dakota del Sur - Campo de trabajo

2001 Berisso, Argentina - viaje de graduación de su hijo Michael

2001 Campamento Marengo, Ohio - Campamento de trabajo

2002 Saltillo, México - Campo de trabajo

2003 Hope Hill, Kentucky - Campo de trabajo

2003 Berisso, Argentina - Campo de trabajo

2004 Honduras - Campo de trabajo

2005 Berisso, Argentina - Campo de trabajo

2005 El Bronx, Nueva York - Campo de trabajo

2006 Kenia, África - Campo de trabajo y ceremonia de graduación para seminaristas

2006 Amsterdam, Países Bajos - Tour de escala por la ciudad y la casa de Ana Frank

2007 El Bronx, Nueva York - Campo de trabajo

2008 Leandro N. Alem, Argentina - Campo de trabajo

2009 Leandro N. Alem, Argentina - Campo de trabajo

2012 Roma y Nápoles, Italia - Programa de estudios de Wilks para estudiantes de secundaria

2015 Ciudad de Guatemala, Guatemala - Campo de trabajo

Conciencia Cultural a través de Observaciones al Azar

No te conformes con el patrón de este mundo, pero sé transformado por la renovación de tu mente. Entonces podrá probar y aprobar cuál es la voluntad de Dios: su voluntad buena, agradable y perfecta.
—Romanos 12:2

"Aún Sigo Aquí."

De vivir en una familia del primer mundo con dos ingresos viviendo en demasiadas comodidades para nuestro propio bien, pasé un choque cultural visitando áreas más pobres de África, América Central, América del Sur, algunas partes del sur en Kentucky o una reserva en Dakota del Sur.

Sé que estoy en un choque cultural cuando me doy cuenta ...

... un niño africano de 8 años con la cabeza, el pecho y los zapatos descubiertos, sosteniendo un palo largo, parado solo en acres enormes de pastizales sin cerca y esporádicos árboles altos, protegiendo la vaca de su familia de leones, guepardos y otros depredadores hambrientos

... Los únicos sonidos nocturnos en el campo misionero son los ladridos de perros, los cascos de los caballos y la gente hablando entre ellos

... la familia se reunió para comer un plato de tamales y sin cubiertos, agradeciendo a Dios por sus muchas bendiciones por ese día

... los colores más vibrantes en la ropa se ven en las culturas de África, Ecuador, Guatemala, Brasil y Paraguay, mientras que los tonos más apagados se encuentran en la ropa de noche de Nueva York y L.A.

... una carretilla ruidosa y un par de palas son las herramientas para el trabajo

... las cubetas de pintura y las latas nunca se descartan, siempre se reutilizan

... Las herramientas eléctricas se alquilan, rara vez se poseen

... cocineros sonrientes y ocupados en un cobertizo al aire libre en un barrio pobre de América Central, formando bolas de harina de maíz en círculos y poniéndolas en piedras calientes sobre el fuego

... el agua turbia a temperatura ambiente en un vaso, que se nos ofreció como refresco del calor

... las decoraciones de la casa son dibujos en papel, hilo tejido alrededor de un palo y palabras de las Escrituras pegadas con tachuelas o pegadas a las paredes delgadas como papel

... La casa no tiene ventanas, y el fuego en el hoyo del piso de la cocina es la fuente de cocción y calor del hogar

... Cortinas ondeando horizontalmente sobre la cama de mi hijo con mantas adicionales, y no hay termostato, solo un pequeño calentador en la cocina para matar el frío de la mañana del invierno

... El repiqueteo de pies diminutos, corriendo de un lado a otro debajo de mi cama, y ocasionalmente sobre mi cobija

... Hombres, mujeres y niños sentados en el suelo con una cobija extendida ante ellos llena de brazaletes de cuentas y collares de alambre, mirando para ver si les comprarán algo para alimentar a sus hijos.

... los servicios de adoración vespertinos nunca comienzan a tiempo y duran horas, pero nunca quiero que terminen

... todos cantan a todo volumen y en su mayoría afinados, y los instrumentos musicales son voces y aplausos

... las oraciones son fuertes, largas e intensas, con brazos y rostros levantados al cielo

... los suministros médicos estériles vienen en pequeñas bolsas de papel marrón

... Ciclistas a lo largo del costado de la carretera de Kenia, llevando ataúdes de madera en las parrillas traseras

... los teléfonos rara vez suenan, pero la gente se visita

... no hay vallas publicitarias a los lados de las carreteras

... No hay basura en el camino, porque no hay consumibles, papel o plástico

... sin sistema de saneamiento y basura en las calles y aceras de la ciudad

... el tiempo es corto, la esperanza de vida es corta, pero conocer a un amigo es tener un amigo de por vida

... las horas de inicio son simplemente sugerencias

... "20 minutos" podría significar dos horas, dos millas o más

... Las radios CB son las llamadas al 911 en los caminos de la jungla

… Camino significa un camino a través de los arbustos y árboles, y tal vez un camino de tierra

… los médicos no siempre están disponibles, la oración es suficiente

… las farmacias no tienen mostrador y la mayoría de los medicamentos se venden sin receta

… comprar en el mercado local es fácil porque no hay opciones, solo lo que está disponible ese día

… el pan es literalmente "nuestro pan de cada día" y huele y sabe delicioso

… Dios tiene diferentes nombres en diferentes países, pero cada lugar tiene un Dios o más de uno

… una Coca-Cola es un placer, no una bebida diaria

… barra de jabón comunitario, a menudo hecho a mano, rara vez jabón líquido o desinfectante para manos

… duchas al aire libre y tanques de agua elevados que ahorran agua de lluvia

… toda una familia compartiendo una cama

… sin camas, solo colchonetas de paja en el suelo

… una silla, si la hubiera, para la compañía

… Ropa colgada afuera en cuerdas, cercas o sobre el marco de la ventana

… Gallineros junto a las mesas al aire libre y la parrilla

… niños haciendo un día entero de bloques de construcción de madera de desecho en el sitio de construcción

… no hay juguetes en la casa y tal vez un balón de fútbol comunitario en el patio

… No hay niños llorando, excepto de hambre o sed, no hay rabietas o contestones con los adultos

… los perros son mascotas y alarmas de la casa, y los gallos son relojes de alarma

... El café es fuerte, el té es relajante y el agua es un premio

... Menos basura, menos consumibles, menos desperdicio, más usos múltiples para todo

... las presentaciones son más formales y extensas, con respeto siempre hacia los jefes de la familia, la iglesia y los dignatarios locales

... Las cabañas de estiércol con techo de paja no necesitan puertas ni timbres. La lanza del hombre clavada en el suelo junto a la puerta sirve como señal de "no molestar" para el resto de la comunidad

... las moscas son un signo de bendición, porque hay algún tipo de fuente de alimento disponible que las atrae

... "Sí" significa "tal vez", dependiendo de tantas cosas

... la naturaleza tiene todo lo que necesitamos si sabemos cómo cuidarla y usarla para el propósito correcto

... cada país tiene belleza en su gente y su tierra

... la gente habla más lento, más bajo, con más respeto y menos exigencia

... los obsequios suelen ser hechos a mano, son significativos y se presentan con profundo aprecio y reserva, a veces con humildes disculpas, lo que generalmente me hace llorar.

... no hay lugar como el hogar, y nadie como la familia, no importa a dónde vaya

... por la gracia de Dios, *aún sigo aquí*

Día Tras Día en la Vida: Temas de mi Diario

Que estas palabras de mi boca y esta meditación de mi corazón sean agradables a tus ojos, Señor, Roca mía y Redentor mío.
—Salmo 19:14)

"Aún Sigo Aquí."

Descodificar
Descifrar
Decidir
Disciplina
Diseño
Entregar

Curaciones
Milagros
Sueños
Profecías
Bendiciones

Inconcebible
Increíble
Notable
Insondable

Oración
Retiros
Servicio
Escuchando
Estudiando
Meditaciones
Silencio
Paz

Perdón
Reconciliación
Restauración
Amistad
Paz

Ánimo
Victoria
Historia
Gloria

Intercesión por
Resultados instantáneos
Conversiones inmediatas
Salvaciones relámpago
Oración por paciencia

Creciente
Aprendizaje
Desarrollando
Todavía forcejeando

Completa los huecos
Cubre errores pasados
Quién soy
Pero un pecador más
Salvado por la gracia

Hacer la diferencia
Ser digno
Compartir experiencias
Mostrar compasión
Acercar a la gente
Cuando otros se han rendido
Y han seguido adelante
Mantener el rumbo

Mudarse
Acercarse
Disfruta la amistad
Ser curado
Seguir adelante
Aceptar
La vida tiene estaciones

Fidelidad eterna
Unidad para siempre
Pasión con
compasión Puro y raro
El amor de una pareja
Como el de mi salvador
Es incomparable

Te extraño desde tu tumba
Pero sigues ayudándome
Nunca dejes de susurrar
Palabras de sabiduría
Y risas ocasionales
La vida es divertida de esa forma
Fatigado y acostado en el sofá

Necesito algo que me anime cuando estoy deprimido
Tareas deshechas
Tareas incompletas
Listas de tareas pendientes girando en mi cerebro
No hay medicina que me arruine
Solo unos chocolates para mi alma
Ese es el plan
Y tal vez algunos más
Me quejaré más tarde
Que mi pesa debe estar mal
Rezo por fuerza y energía
Y algo de autocontrol
¿Puedes alcanzar mi Biblia por mí?
Y por favor tira estos envoltorios
Quizás mañana sea un día mejor

La depresión es deprimente
Derriba a otras personas
Necesito energía extra
Y la fuerza para ser una bendición
Para mantener mi propia vida en tierra firme

Reza y persevera
Mañana es otro día
Dilemas
espirituales Lo que
es correcto
Y que se espera
Desearía que fueran iguales
Evitarme
Me paro en la verdad
Eso es todo lo que tengo
En el final

Amor y límites morales
La combinación perfecta

Purificación para la
Cuaresma Preparando
y purificado Meditación
y reflexión

Oración
Ejercicio
Exorcizar
Unción
Ayuno
Resurrección

Ser salvo es un proceso

El amor de Dios es un cheque en blanco
Que ya ha sido firmado
Con sangre

Uno de los actos de amor más duros
Es hacer y decir
Nada
Es una reversión
Del amor en acción

Dios no siempre me necesita
Siempre lo necesito
Si siempre necesitara mi ayuda
Ya me hubiera despedido
Por mi incompetencia
Y humanidad

Amigo confundido
Corazón sensible
Misericordia y gracia
Para hacer frente

Misiones es nuestra misión
Planificación
Financiación
Empacando
Yendo
Transportando
Orando
Cualquier parte
Estamos llamados a hacer
Hacemos
Y nos vamos

Oraciones de Mi Diario

Muchas de mis oraciones son conversacionales sobre mis días o noches, sobre mis preocupaciones, las preocupaciones del mundo y las preocupaciones de las personas que me han pedido que ore por ellas. Intento comenzar con un espíritu de agradecimiento por la vida y las bendiciones. A veces mis oraciones son breves y largas de exasperación: "¡Ayúdame, Señor!" Las oraciones repetidas de pánico o dolor (como migrañas) suenan así: "¡Jesús! ¡Jesús! ¡Jesús!" A veces no digo nada y simplemente lloro ... en momentos de profundo dolor o alegría inimaginable. Las lágrimas también son expresiones de oraciones.

A veces utilizo las palabras de Jesús y rezo el Padrenuestro de la Biblia:

Entonces, así es como debes orar: "Padre nuestro que estás en los cielos, santificado sea tu nombre, venga tu reino, hágase tu voluntad, en la tierra como en el cielo. Danos hoy nuestro pan de cada día. Y perdónanos nuestras deudas, como también nosotros perdonamos a nuestros deudores. Y no nos metas en tentación, más líbranos del maligno "(Mateo 6: 9-13).

En mi tiempo de oración diario, escribo oraciones y las agrego a medida que pasa el tiempo. Las respuestas a las oraciones están fechadas y marcadas como evidencia de que Dios me escucha y responde a nuestras oraciones.

Para aquellos que me han dicho que tienen problemas para orar, les comparto algunas oraciones de mis notas.

Por las bendiciones de Dios:
Gracias, Dios, por darme la vida, por una hermosa familia, por grandes mentores y amigos, por oportunidades, por provisión, por gracia y perdón, por otro día para vivir y amar. ¡A ti te doy el honor y la gloria por todo!

Para mi familia:
Señor, Dios Padre, Jesús y Espíritu Santo, gracias por nuestra maravillosa familia. Por favor, en el nombre de Jesús, ayúdanos a mantener relaciones pacíficas y estables. Dios Trino, por favor ayuda a nuestros tres hijos y sus familias a mantenerse conectados, a apoyarse y celebrarse mutuamente, y a guiar a sus familias con fortaleza, integridad y fidelidad. Por favor, mantenga a cada miembro de nuestra familia protegido de las tentaciones y los males del mundo, y acérquelos a usted. (Cada nombre de los miembros de la familia mencionados aquí con solicitudes especiales, por ejemplo, Señor Dios, Jesús y Espíritu Santo, gracias por traer a un bebé a nuestra familia. Él fue entretejido en el vientre de su madre, como usted dice que todos somos. , y ha salido a

la luz del mundo, un mundo con COVID19, pero un mundo de amor para él. ¡Mantenlo cerca de ti, dale salud, felicidad y una vida llena de propósito!)

Para mi monitoreado:

Señor y Dios de todo lo que es asombroso, ¡gracias por mi nuevo amigo y aprendiz, nuestro "Vashti"! Ayúdala, en el nombre de Jesús, a construir una base sólida para su vida espiritual y su ministerio. Por favor ayúdame a guiarla enfocándome solo en ti. Gracias por ampliar mi propósito y por el honor de animarla en su juventud.

Para un predicador en un servicio dominical en línea:

Espíritu Santo, te escuché a través del sermón de Devona diciéndome que "supere esto", que llene mi cuerno de aceite y "¡adelante!"

Como el Señor le dijo a Samuel: "¿Hasta cuándo llorarás por Saúl, ya que lo he rechazado como rey de Israel? Llena tu cuerno de aceite y sigue tu camino; Te envío a Isaí de Belén. He elegido a uno de sus hijos para que sea rey ". (1 Samuel 16: 1)

Reclamo tu Espíritu de sanidad, justicia, valor, verdad, fe y discernimiento. Guíame, guíame, lléname con tu poder, amor y gracia. Úsame en el tiempo que me queda en la tierra para que pueda recuperar el tiempo perdido en las inútiles emociones humanas. Duplica mi porción para servirte, aprovechar mis dones espirituales y aprovechar al máximo cada día para servirte y amar a los demás. ¡Gracias por devolverme la vida y la luz a mi alma! ¡Gracias por Devona y otras mujeres en la fe, que predican tu Palabra con claridad y pasión!

Por el perdón:

Señor Dios, Jesús y Espíritu Santo, me arrepiento de haber perdido el tiempo en temor, ira y dudas sobre mí mismo. Perdóname por revolcarme en mi humanidad e ignorar tu Verdad y mi identidad y capacidad como tu hijo. Restaura y revive con pasión y propósito los dones espirituales que me has dado. Quiero aprovechar al máximo la persona para la que me creaste.

Para el editor y los lectores de este libro:

Señor, gracias por enviarme un publicador cristiano que ama a Jesús y le encanta compartir el mensaje de fe y salvación. Bendícela a ella ya todos los que lean este libro, para que se sientan animados a dar los próximos pasos de fe, a creer en ti y a compartir sus Buenas Nuevas con los demás.

Amén. ¡Que así sea!

Nota Sobre la Autora

La Rev. Dra. Nancy Hulshult vive en Middletown, Ohio, con su esposo de 44 años, Darrell Hulshult. Ha trabajado durante más de 40 años como maestra y directora en escuelas cristianas y públicas de Hamilton, Ohio. Juntos han servido como líderes de misiones y líderes de jóvenes en su iglesia, así como líderes de un servicio religioso para adultos y adolescentes con necesidades especiales.

Hulshult recibió su Licenciatura en Inglés de Preparatoria y Educación de Kinder a Primaria de la Universidad Bowling Green State. Obtuvo su doctorado en Liderazgo Educativo de la Universidad de Miami y escribió su disertación sobre Liderazgo Moral en Educación Alternativa.

En la Universidad de Miami, Hulshult fue reconocida como representante del Seminario Nacional de Investigación para Estudiantes Graduados David L. Clark en Administración y Política Educativa. Como maestra en las escuelas de la ciudad de Hamilton, fue reconocida como Christa McAuliffe Fellow de Ohio y participó en la conferencia nacional en Washington, DC para innovaciones en educación.

Hulshult es una ministra ordenada con licencia en la Iglesia de Dios, Anderson, Indiana, y estudió tres años en la Escuela de Teología Anderson.

Hulshult estuvo activa como juez de gimnasia durante más de 20 años y obtuvo el rango de juez internacional Brevet. Se ofreció como voluntaria en los Juegos Universitarios Mundiales, los Juegos Panamericanos y fue jueza en competencias nacionales colegiales y privadas. Formó parte de la junta de la Asociación Nacional de Jueces de Gimnasia Femenina.

Hulshult, madre de tres niños y abuela de 12 nietos y 3 nietos adoptivos, y ahora jubilada de la educación, disfruta de pasar tiempo con su familia y servir a los demás en su iglesia y comunidad. Su pasaje bíblico favorito es de Filipenses 4:13 - "Todo lo puedo en Cristo que me fortalece" y Proverbios 22: 6 - "Instruye al niño en el camino que debe andar, y cuando sea viejo, no se apartará de él."

www.ingramcontent.com/pod-product-compliance
Lightning Source LLC
Chambersburg PA
CBHW071214080526
44587CB00013BA/1372